本书由“中央高校建设世界一流大学（学科）和特色发展引导专项资金”资助出版

大变局下的南高加索地区

SOUTH CAUCASUS IN THE CHANGING WORLD ORDER

郑云天 / 著

中国社会科学出版社

图书在版编目（CIP）数据

大变局下的南高加索地区／郑云天著．—北京：中国社会科学出版社，2024．5．—ISBN 978－7－5227－3770－6

Ⅰ．D851．22

中国国家版本馆 CIP 数据核字第 2024P4U500 号

出 版 人　赵剑英
责任编辑　白天舒
责任校对　师敏革
责任印制　王　超

出　　版　中国社会科学出版社
社　　址　北京鼓楼西大街甲 158 号
邮　　编　100720
网　　址　http：//www.csspw.cn
发 行 部　010－84083685
门 市 部　010－84029450
经　　销　新华书店及其他书店

印　　刷　北京明恒达印务有限公司
装　　订　廊坊市广阳区广增装订厂
版　　次　2024 年 5 月第 1 版
印　　次　2024 年 5 月第 1 次印刷

开　　本　650×960　1/16
印　　张　15.5
插　　页　2
字　　数　202 千字
定　　价　78.00 元

前　言

对多数中国读者而言，南高加索地区神秘又陌生。除了偶尔因地区热点事件而见诸媒体新闻报道外，这一地区的格鲁吉亚、亚美尼亚和阿塞拜疆三国很少让人们产生深刻印象。在涉足南高加索地区之前，我所了解的也仅限于同科学社会主义与国际共产主义运动学科相关的粗浅的常识：斯大林是格鲁吉亚人，米高扬是亚美尼亚人，阿塞拜疆的巴库是苏联石油之都，三个国家都是苏联加盟共和国。

2018 年初，我成为国家社会科学基金重大专项“一带一路沿线国家信息数据库”的南高加索地区子课题负责人，由此开始尝试进行一些学术探索。2019 年 11 月，在中国人民大学国家发展与战略研究院的支持下，我应邀赴亚美尼亚首都埃里温，出席由埃里温国立大学（Yerevan State University）、“中国—欧亚战略研究中心”（“China-Eurasia” Council for Political and Strategic Research，Foundation）为庆祝中华人民共和国成立 70 周年联合举办的第二届“当代中国与欧亚地区”国际学术研讨会并发表主旨演讲，与当地高校和智库商讨开展合作交流。实地探访这个古老、独特又极为迷人的南高加索国家，一种难以名状的异域风情总是萦绕在心里。亚美尼亚随处都体现着欧亚文明的交融，从环境、建筑、人们的外貌和饮食，到交谈中流露出的价值观念，既有欧洲的影子，又有苏俄的烙印，还有中东、西亚的特质，它们表面上形态迥异，彼此矛盾甚至冲突，实际上却在亚美尼亚都能和谐共存，时刻给人带来恍若隔世的难忘体验。在回国的飞机上，向下望着绵延雄浑的高加索山脉，我坚定了在南高加索地区研究领域继续求索的决心和信心。

此后，突如其来的新冠疫情中断了我与欧亚地区学术同仁的线下交流，但是我们的学术沟通非但没有停止，反而更加密切。我所工作的中国人民大学国际关系学院世界社会主义研究所与“中国—欧亚战略研究中心”联合举办了庆祝中国共产党建党 100 周年研讨会、第三届“当代中国与欧亚地区”论坛以及庆祝中国与亚美尼亚建交 30 周年研讨会等多个国际会议，合作出版了两本专著，分别是 *China and Eurasia*：*Rethinking Cooperation and Contradictions in the Era of Changing World Order*（中文译名《百年未有之大变局下中国与欧亚地区合作与矛盾的再思考》，2021 年由 Routledge 全球发行）与 *China and Eurasian Powers in a Multipolar World Order 2.0*：*Security*，*E-conomy and Cyberspace*（中文译名《多极世界秩序 2.0 时代的中国与亚欧大陆：安全、经济和网络空间》，2023 年由 Routledge 全球发行），都取得了较好的国际反响。2022 年 7 月，中国人民大学国际关系学院与“中国—欧亚战略研究中心”签订合作备忘录，将为推动中国与南高加索地区的学术与人文交流创造新的历史机遇。

本书得到了来自中国和欧亚地区（尤其是南高加索）学界的大力支持。在此，由衷感谢中国人民大学国际关系学院领导、老师与研究生同学的关心和帮助；由衷感谢中国人民大学国家发展与战略研究院、欧亚研究院和“一带一路”研究中心许勤华教授的提携与鼓励；由衷感谢中国社会科学院俄罗斯东欧中亚研究所吕萍、徐坡岭和苏畅等业界资深专家的宝贵建议与所提供的丰富的学术资源；由衷感谢亚美尼亚“中国—欧亚战略研究中心”创始人、主任麦哈尔·萨哈基扬（Mher Sahakyan）博士及其家人的支持、鼓励和帮助；由衷感谢我指导的亚美尼亚籍研究生那斯雅（Araksya Nersisyan）和中国籍研究生潘诗姮的协助；由衷感谢中国社会科学出版社的宝贵建议、支持与帮助。由于个人能力、时间和条件所限，本书还存在诸多纰漏，恳请同行和读者谅解并不吝批评。

郑云天

2024 年 4 月

目　录

绪　论

南高加索，也称外高加索或后高加索，从行政区域上来讲主要包含高加索山脉以南的格鲁吉亚、亚美尼亚、阿塞拜疆三国所在地区。南高加索地区不仅拥有丰富的自然资源和能源禀赋，地缘地理位置也极为重要。它位于亚欧大陆腹地，毗邻俄罗斯、伊朗、土耳其，东临里海，西邻黑海，扼守着里海能源进入黑海的咽喉，是亚欧两个大洲的联结地带，也是古代丝绸之路的重要过境地区和共建"一带一路"的节点地区。而地处该地区的格鲁吉亚、亚美尼亚和阿塞拜疆不仅是欧亚地区重要的交通和能源运输枢纽，也是多元文化交会的中心。在国际形势复杂多变的时代，欧亚地区（尤其是南高加索）各国面临新干涉主义、新殖民主义、单边主义和强权政治以及恐怖主义的多重威胁，仍然处于艰难探索适合本国国情发展道路的变革转型过程中。在区域国别学成为一级学科的背景下，本书将以南高加索地区及其三国为对象，重点关注并全面梳理分析它们的历史、现状与未来。

本书各章内容如下：第一章，介绍南高加索的地缘政治定位，为全书奠定研究基础；第二章，评述中国南高加索研究的历程与现状，从中国国内相关学科的学术发展史角度进行理析；第三章，展现南高加索各国的国情特质，包括格鲁吉亚、亚美尼亚、阿塞拜疆的经济转型、政治模式、历史文化、社会发展、军事外交等情况；

第四章，分析南高加索的地缘战略安全，深入探讨各国面临的内部与外部挑战；第五章，聚焦共建“一带一路”下的南高加索地区，展望中国与该地区三国的合作前景。

综合来看，本书具有以下三方面研究意义。

第一，有利于强化国内学界关于南高加索地区的区域国别研究基础。自冷战结束以来，南高加索地区一直是俄罗斯和美国战略博弈的重点对象。2022 年爆发的俄乌冲突使南高加索再次被国际社会广泛关注。在此背景下，深化南高加索的区域国别研究，对于理解俄罗斯、美国及欧盟在亚欧大陆的战略博弈，评估中国周边安全形势，以及高质量推进共建“一带一路”具有重要意义。然而目前国内有关该地区的国别研究成果相对较少，本书持续跟踪关注南高加索地区问题，能够拓展学界区域国别的研究空间，并为相关政策的制定提供参考。

第二，有益于提升国内关于共建“一带一路”国家的研究水平。南高加索是最早响应“一带一路”倡议的地区之一，横跨其区域内的“跨里海国际运输路线”是中国西部与欧盟之间的最短路线，对于丝绸之路经济带具有至关重要的地缘战略价值。中国也非常重视该地区在中间走廊中的作用，积极助力其基础设施建设，进一步畅通亚欧大陆物流通道。南高加索参与共建“一带一路”的愿望十分强烈，中国也将落实好全球发展倡议和全球安全倡议，推动各领域务实合作取得更多丰硕成果。随着共建“一带一路”步入第十个年头，本书以此为契机，能够提升学界关于共建“一带一路”国家的研究水平，为推动高质量共建“一带一路”贡献学术智慧。

第三，有助于促进国内外关于共建“一带一路”和欧亚地区问题研究的交流合作。亚欧大陆是世界地缘战略格局中矛盾最复杂、形势最严峻的板块，同时又是最为朝气蓬勃，对世界和平与发展、国际秩序构建影响最重大的地区。相较于一些国家将发展议题政治化、搞“小院高墙”和极限制裁、人为制造分裂和对抗的做法，中国则以负责任大国的姿态，致力于让参与共建“一带一路”的各国共创普惠平衡、协调包容、合作共赢、共同繁荣的发展格局。中国展现的大国形象与责任担当促使欧亚地区学界越来越关注中国，他们聚焦“在新的世界秩序变革下中国与欧亚地区向何处去”“中国在欧亚地区的大国责任与角色”等主题，在重构研究话语的过程中一方面对西方主导的资本主义制度与全球治理体系进行批判与反思，另一方面对新时代中国特色社会主义给予肯定与期许。世界“向东看”“向中国看”不再仅仅是一种“流行趋势”，而是一种着眼未来、回归正途的务实选择。因此，本书希冀能为讲好共建“一带一路”故事、推动中国与欧亚各国友好合作尽一份绵薄之力。

第一章

南高加索的地缘政治定位

高加索地区以横亘于亚欧大陆[①]的高加索山脉为主线，北端紧靠俄罗斯文明，南端面朝伊朗高原延伸的波斯文明和安纳托利亚高地的奥斯曼文明，东端是油气资源丰富的里海，西端是兵家必争的黑海。在中国古代丝绸之路的带动下，多民族、多宗教和多元文化在此共存。当前高加索地区由两部分组成：位于俄罗斯联邦境内的北高加索，包括车臣、达吉斯坦、印古什、北奥赛梯等多个族群自治单元，以及三个主权国家格鲁吉亚、亚美尼亚和阿塞拜疆组成的南高加索[②]。地处文明的交会地，加上多样的地形特征，使南高加索地区的地缘政治定位相对模糊复杂。本质上说，“它可以被称为地区（region），却又难以被视为地区”。[③]

① 在现有的文献中，“Eurasia”有“亚欧大陆”“亚欧地区”“欧亚大陆”和“欧亚地区”等不同表述。除引用内容以外，本书统一使用“亚欧大陆”和“欧亚地区”。

② 除引用内容以外，本书统一使用“南高加索”。高加索山脉北面属于俄罗斯联邦北高加索地区，因而不属于研究范围。

③ 孙超：《南高加索安全复合体的生成困境探析》，《俄罗斯研究》2017年第2期。

在世界历史学家和地缘政治研究者眼中，南高加索地区的异域特色总是令人好奇和神往。“在喀尔巴阡山、黑海、高加索地区，这些西方文化特征竟能顽强地保留下来，而再向东行进，欧洲的印迹便在我眼前一步步淡去，里海的自然边界成为欧亚的最后分界线，随后即进入更加荒芜的卡拉库姆沙漠。”① 同时，试图到这里探寻的人们又充满着因未知而产生的种种不安。迄今为止，亚欧大陆的历史在很大程度上一直都是伟大文明兴起和衰亡的历史，而每一个伟大文明的衰亡“都是因其内乱削弱了自身的力量、进而由随时准备入侵的游牧民族促成的”。② 由于由东向西的民族大迁徙，大草原西部诸民族的种族组成情况逐渐发生变化，至少在西至里海的地区内，由原先的高加索种人占优势变为蒙古种人占优势。如果着眼于地缘政治的局势，从古代到近代，“我们不难发现，高加索地区和中国都曾遭受到相同的危险，前者的危险来自波斯和罗马帝国，后者的危险来自它的北部边境”。③ 亚欧大陆的边缘地区那些古老的文明中心对周围的游牧部落来说，有如一块块有着不可抗拒的吸引力的磁铁。“丰富的农作物、堆满谷物的粮仓、城市里令人眼花缭乱的各种奢侈品，所有这一切都吸引着大草原和沙漠地区饥饿的游牧民。因此，诸古老的文明中心不时遭到侵掠，尤其是美索不达米亚的城市，它们比克里特岛、尼罗河或印度河流域的城市更易受到侵掠。不用说，所有文明的定居民族都将游牧民视为令人厌恶

① ［美］罗伯特·D. 卡普兰：《即将到来的地缘战争：无法回避的大国冲突及对地理宿命的抗争》，涵朴译，广东人民出版社 2016 年版，第 3 页。

② ［美］斯塔夫里阿诺斯：《全球通史：从史前史到 21 世纪》（第 7 版/修订版），吴象婴等译，北京大学出版社 2012 年版，第 34 页。

③ ［法］让－皮埃尔·马艾：《从埃及到高加索：探索未知的古文献世界》，阿米娜等译，生活·读书·新知三联书店 2015 年版，第 197 页。

的东西。”[1]

东西方中间的交界地带，自地中海和黑海东岸至喜马拉雅山脉，在过去和今天人们的眼中也许不算十分重要的地段，而实际上，这里则如同一口融合了不同民族、不同语言、不同宗教、不同志向、不同恐惧的“沸腾大锅”——“长久以来受到压制的古老纷争和冲突，如今又被血腥地重新激起，而外部势力则在这个石油和矿产丰富的地区，争夺政治、经济或宗教的权力。历史又回到了大熔炉里，几乎任何事情都有可能发生”。[2] 今天这里是一些异邦族群和边缘国家的所在地，如哈萨克斯坦和乌兹别克斯坦、吉尔吉斯斯坦和土库曼斯坦、塔吉克斯坦和高加索山脉国家；充满动荡、暴力并威胁着国际安全的地区，如阿富汗、伊朗、伊拉克、叙利亚；或所谓的“最佳民主实践国”，如俄罗斯和阿塞拜疆。在西方人看来，似乎是一系列“失败国家”和“没落国家”的聚集地；[3] 因而“人们对高加索和大草原的印象十分陈旧，认为那些地区充满了暴力和犯罪”。[4]

近现代以来，南高加索地区一直是苏联（尤其是俄罗斯）连通亚欧大陆的枢纽。“从历史上来说，高加索始终紧扣俄罗斯人的心弦，索尔仁尼琴这样激烈的民族主义者，特别对它充满恐惧和敬畏。在黑海和里海之间有一座大陆桥，欧洲在这里逐步消失于绵延600英里、高达18000英尺的群山中，那蜿蜒的山脊格外迷人，舒展而平坦的草原向北延伸”；“俄罗斯人对高加索地区复杂

---

① ［美］斯塔夫里阿诺斯：《全球通史：从史前史到21世纪》（第7版/修订版），吴象婴等译，北京大学出版社2012年版，第74页。

② ［英］彼得·霍普柯克：《新大博弈：一战中亚争霸记》，邓财英译，民主与建设出版社2020年版，第265—266、416页。

③ ［英］彼得·弗兰科潘：《丝绸之路：一部全新的世界史》，邵旭东、孙芳译，浙江大学出版社2016年版，“前言”第Ⅱ—Ⅲ页。

④ ［英］彼得·弗兰科潘：《丝绸之路：一部全新的世界史》，邵旭东、孙芳译，浙江大学出版社2016年版，第243页。

的感情，让他们既着迷又惶恐，俄罗斯的整个历史故事，也在这里打开了窗口”。[①] 为了对该地区施加影响，“俄罗斯手里还有其他筹码：位于立陶宛和波兰之间的波罗的海海域的强大海军基地；高加索和中亚地区大量讲俄语的少数民族；亲俄罗斯的亚美尼亚人。此外，格鲁吉亚受到亲俄罗斯的分离省份阿布哈兹和南奥赛梯的威胁；在哈萨克斯坦的空军基地和导弹试验基地，在吉尔吉斯斯坦的空军基地，覆盖范围可达中国、阿富汗和印度次大陆；塔吉克斯坦也允许俄罗斯军队巡逻其与阿富汗的边界”。[②] 不同于高加索地区历史上的反帝斗争，当前高加索地区的冲突主要围绕民族自决的主题展开。自 20 世纪 80 年代以来，南高加索地区就已经成为苏联（或“后苏联”）空间最动荡的地域，态势延续至今。

苏联解体后，世界上其他的主要经济体（如美国、欧盟和中国）都在加强同南高加索地区的联系。21 世纪以来的 20 多年里，中国在南高加索三国的地缘位势呈现出逐年上升趋势与“三阶段”演变特征，即 2000—2005 年为低位稳定阶段，2006—2012 年为起步增长阶段，2013 年至今为快速增长阶段。从 2000—2020 年地缘位势平均值、增长速度与增长幅度三个方面看，均呈现出“中国—亚美尼亚 > 中国—阿塞拜疆 > 中国—格鲁吉亚”的空间特征。中国—亚美尼亚地缘位势最高。从地缘位势时序特征看，中国—亚美尼亚起步水平低，后期快速上升；中国—阿塞拜疆起步水平高，后期波动上升；中国—格鲁吉亚起步水平低，后期均匀上升。影响

① ［美］罗伯特·D. 卡普兰：《即将到来的地缘战争：无法回避的大国冲突及对地理宿命的抗争》，涵朴译，广东人民出版社 2016 年版，第 170、171 页。

② ［美］罗伯特·D. 卡普兰：《即将到来的地缘战争：无法回避的大国冲突及对地理宿命的抗争》，涵朴译，广东人民出版社 2016 年版，第 193—194 页。

双方地缘关系演变的驱动因素分为正向驱动力与负向驱动力。“正向驱动力包括地缘区位、地缘经济、地缘文化与地缘外交，其中地缘区位是本底力，地缘经济是主导力，地缘文化是潜在力，地缘外交是根源力。负向驱动力一方面包括南高加索三国内部地缘政治的欠稳定性因素与地缘文化的强分裂性因素，另一方面包括中国对南高加索三国地缘外交的难介入性因素与地缘经济的弱竞争性因素。两类驱动系统的内部各要素相互作用，共同影响双方地缘关系的演变。”① 在共建“一带一路”的背景下，以欧亚经济联盟和上海合作组织为抓手，探究中国与南高加索地缘关系的演变对双方的经济、文化、安全等多方面的地缘战略合作都具有极其重要的现实意义。

① 巴士奇等：《基于地缘位势模型的中国与南高加索三国地缘关系探讨》，《地理科学进展》2022 年第 11 期。

第二章

中国南高加索研究的历程与现状

在古丝绸之路的推动下，东西方文明曾在南高加索实现交会融合。习近平主席指出：“亚欧大陆是世界上人口最多、国家最多、文明最具多样性的地区。”① 时至今日，该地区在共建“一带一路”中居于不可替代的重要地位，既是“丝绸之路经济带”互联互通的核心区，也是“丝绸之路经济带”建设的优先区域。相比其他区域国别的问题域，中国的南高加索研究尽管尚属年轻，但始终随着时代变迁而不断丰富、发展与完善，研究机构、团队、成果与范式独特而鲜明。区域国别学一级学科的建立为提升中国的南高加索研究水平提供了崭新的契机，也赋予了关键的使命。全面而深入地梳理分析中国关于南高加索研究的历程、现状、特征、困境和前景具有重要的理论和现实价值。

① 《习近平出席欧亚经济联盟第二届欧亚经济论坛全会开幕式并致辞》，《人民日报》2023 年 5 月 25 日。

一 南高加索研究创设的缘起及动因

1991 年南高加索各国独立后，国内该领域严格意义上的研究才由此诞生。1991 年之前，国内学界更多从地区发展、民族文化等角度研究该地区。当时，有几个专门的研究机构，比如，1963 年，经周恩来总理批示成立的苏联远东研究所（现为黑龙江省社会科学院俄罗斯研究所），研究与中国相邻的西伯利亚远东地区；1980 年成立的新疆社会科学院中亚研究所，研究和新疆相邻的苏联地区的政治、经济、文化、民族、宗教、外交、历史等诸多问题。这其中就包含南高加索地区。“从国际范围看，西方很多研究机构也将中亚和高加索地区放在一起研究，比如，美国中亚高加索研究所从一开始就把中亚和高加索作为一个区域来研究，‘9·11’事件后，更是把南亚也纳入到研究范围之中。”①

中国是最早承认南高加索三国独立，并最早与之建立外交关系的国家之一。建交后，包括外交部、中共中央对外联络部和商务部在内的多个部委都成立了相关的处室，比如，外交部苏联东欧司在 1992 年改为东欧中亚司（今为欧亚司），将南高加索纳入该司的业务范围。苏联解体后，中国社会科学院的苏联东欧研究所改名为东欧中亚研究所。除北京市以外，上海市、新疆维吾尔自治区和甘肃省兰州市也成立了实体或非实体科研机构，并粗具规模。从研究人员构成来看，研究南高加索问题的很多资深专家都是“半路出家”的，从研究苏联的经济、法律和民族等问题转为研究区域国别的相

① 孙壮志、王海媚：《21 世纪以来中国的中亚研究：进展与不足——孙壮志研究员访谈》，《国际政治研究》2019 年第 2 期。

关问题，慢慢地，一批年轻的研究力量逐渐成长起来。[①] 在这一时期，全国学者有 40—50 人，科研队伍相对稳定，研究主要聚焦于政治经济形势、社会发展、地区安全和外交关系等问题。

目前，国内南高加索研究比较全面、权威的机构是中国社会科学院俄罗斯东欧中亚研究所的中亚与高加索研究室。该研究室每年都发表大量科研成果，出版了很多有影响的学术著作，并定期发布系列报告，承办《俄罗斯东欧中亚研究》专业期刊。研究室主要关注中亚与南高加索地区政治经济形势变化、安全问题、能源问题、区域合作问题、上合组织的发展与定位、地区大国关系及国别问题等。除了中国社科院以外，兰州大学中亚研究所、北京的中国现代国际关系研究院与中国国际问题研究院、新疆社会科学院中亚研究所、新疆大学中亚文化研究所、北京大学国际关系学院、中国人民大学国际关系学院世界社会主义研究所与俄罗斯东欧中亚研究所、上海社会科学院欧亚所、陕西师范大学中亚研究所等机构多年来也致力于深化南高加索地区研究，取得了较好成绩。值得一提的是，国务院发展研究中心的欧亚社会发展研究所的《欧亚发展研究》（年度报告）和《欧亚社会发展研究》（刊物）是该领域比较有代表性的内部发行出版物，为国家制定政策提供了重要参考。

在人才培养方面，为了更好地与国际接轨，国内高校扩大了南高加索地区研究方向的招生规模。兰州大学、上海外国语大学、新疆大学、新疆师范大学、陕西师范大学、吉林大学、南京大学、浙江大学、哈尔滨工业大学等已是国内授予苏联加盟共和国留学生学位的主力机构，有关南高加索研究的学位论文数量不断增加。在博硕士学位论文中，以地区、国家、上海合作组织等为视角的学位论

---

① 孙壮志、王海媚：《21 世纪以来中国的中亚研究：进展与不足——孙壮志研究员访谈》，《国际政治研究》2019 年第 2 期。

文数量略低于中国与南高加索关系的学位论文数量，政策对博硕士学位论文选择南高加索议题的影响呈正相关关系，其中以中国为研究对象的南高加索地区“安全、族群关系、能源、文化、经济等内容是博硕士学位论文最为常见的选题方向”。①

二　南高加索研究的学术发展节点

近年来，以南高加索的区域国别研究为主题的学术交流活动比较活跃，其中以下节点性事件具有一定的代表性。

2003 年 10 月，中国社会科学院世界经济与政治研究所和日本笹川平和财团共同举办“中亚与南高加索：寻求稳定和经济发展”学术研讨会。来自中国、美国、俄罗斯、日本、韩国、印度、亚美尼亚、阿塞拜疆、蒙古等国家的约 50 名专家学者参加了会议，与会专家们聚焦地缘政治格局、中亚与南高加索经济发展趋势、东亚经验及其对中亚与南高加索的启示、中亚与南高加索地区问题，深入探讨伊拉克战争后的中亚地缘政治图景、上海合作组织的作用、乌兹别克斯坦经济发展中的制度制约、阿塞拜疆的社会经济形势及经济发展前景、哈萨克斯坦的能源政策与能源项目、吉尔吉斯斯坦的经济失败及有必要对华盛顿共识进行反思、中国的外国直接投资政策及相关的制度建设等问题。②

2022 年 1 月，中国人民大学欧亚研究院成立仪式暨首届“一带一路”与欧亚发展论坛成功举行。在共建“一带一路”倡议需求驱

---

① 肖斌：《中国中亚研究：知识增长、知识发现和努力方向》，《俄罗斯东欧中亚研究》2019 年第 5 期。

② 笑飞：《中亚与南高加索地区问题研讨会召开》，《中国社会科学院院报》2003 年 11 月 13 日。

动下，欧亚地缘关系位置的重要性更加凸显，持续深化欧亚相关研究的理论和实践需求更加迫切。① 欧亚研究院的成立将进一步推动中国人民大学传承优良传统，集中学科优势，围绕区域和国别研究、全球治理、经济发展、社会治理、公共外交、共建“一带一路”等议题展开深入研究，强化中国特色欧亚研究（尤其是南高加索地区研究）的相关学科建设，构建欧亚研究跨学科和知识体系，打造全国及全球欧亚研究学术共同体，推动文明交流互鉴，积极为国家建设发展提供智力支持，为全球治理体系的改革做出应有的贡献。

同时，以中国人民大学、复旦大学、同济大学、中共江苏省委党校等机构为主体的研究者与欧亚地区②学界开展了卓有成效的学术合作。

2022 年 4 月，为庆祝中国与亚美尼亚建立外交关系 30 周年，由中国人民大学国际关系学院世界社会主义研究所和亚美尼亚“中国—欧亚战略研究中心”联合主办的首届中国—亚美尼亚论坛，在亚美尼亚首都埃里温和线上同步举行。中华人民共和国驻亚美尼亚特命全权大使范勇在开幕致辞中表达了对中亚论坛举办的欢迎和对两家合办机构的感谢。他指出，中亚两国是彼此信赖的好朋友、好伙

---

① 《中国人民大学欧亚研究院成立仪式暨首届“一带一路”与欧亚发展论坛成功召开》，中国人民大学国家发展与战略研究院，http：//nads. ruc. edu. cn/yjdt/e8bbfdf7e70941949ef8472570a4d36c. htm？ eqid = ed27b83f0000df0100000002643e605c。

② “欧亚地区”分“大欧亚”和“小欧亚”。“大欧亚”指的是欧洲与亚洲的集合；“小欧亚”主要指除了波罗的海三国以外的苏联地区，也有学者称之为“欧亚中心”“后苏联欧亚”（Post-Soviet Eurasia）。在当代学术话语体系中，“欧亚”主要代指“小欧亚”、“欧亚中心”及苏联地区。欧亚一体化的地域范围也仅在“小欧亚”地区。参见王晨星、姜磊《欧亚经济联盟的理论与实践——兼议中国的战略选择》，《当代亚太》2019 年第 6 期。

伴。建交30年来，两国关系保持健康稳定发展的良好势头，双方政治互信达到新高度、务实合作实现新发展、人文交流展现新气象，两国人民携手抗疫心更近、情更深。新形势下，双方要再接再厉，始终秉持相互尊重、平等互利、合作共赢理念，深化传统友好，拓展务实合作，推进民心相通，努力实现中亚友好合作关系新的更大发展。希望两国学者加强交流，为两国关系未来发展提供更多支持。

2022年6月，由中国人民大学国家发展与战略研究院主办、中国人民大学欧亚研究院和中国人民大学国际关系学院世界社会主义研究所共同承办的“人大区域国别论坛第五期：多极世界秩序2.0时代的中国‘一带一路’与南高加索”讲座暨第五期“当代世界左翼政治”学术工作坊通过ZOOM线上方式以中英双语举办。本次学术研讨邀请亚美尼亚“中国—欧亚战略研究中心”主任、香港大学亚洲全球研究院研究员麦哈尔·萨哈基扬（Mher Sahakyan）进行主旨演讲，旨在介绍在大变局和多极化的时代，共建“一带一路”在南高加索地区的合作现状。2022年7月，中国人民大学国际关系学院与亚美尼亚“中国—欧亚战略研究中心”签署合作备忘录。

作为国家社会科学基金重大专项“一带一路沿线国家信息数据库”的重要成果，中国人民大学国家发展与战略研究院“一带一路”国别研究系列丛书已由中国社会科学出版社出版，从2020年到2023年已出版17本，其中涉及南高加索地区的著作包括：《“一带一路”国别研究：格鲁吉亚地缘政治分析》《地缘政治节点上的亚美尼亚》《地缘政治节点上的阿塞拜疆》。这三本书是国内目前除了《列国志》（社会科学文献出版社）系列和《“一带一路”国别概览》（大连海事大学出版社）系列普及类读物以外，第一套系统研究南高加索地区的学术著作。它们以“一带一路沿线国家信息数据库”为基础，重点研究格鲁吉亚、亚美尼亚、阿塞拜疆的历史文化、经济社会发展现状、大国博弈、地缘政治风险以及共建“一带一路”的定位及前景，通过定量与定性相结合的方法，全面深入分析共建“一带一路”的一系列重大现实问题，为国家有关部委、高校智库及科研院所提供决策参考。自出版以来，该套丛书的国内外影响力不断扩展。一方面，丛书得到了中共中央宣传部、外交部、中共中央对外联络部、国家发展和改革委员会、商务部、生态环境部等国家部委的关注，多家媒体持续关注此书；另一方面，丛书被多国驻华使馆、共建“一带一路”国家的政府部门及高校智库关注并热议，有的国别分册成为驻华使馆的外事礼物（如《“一带一路”国别研究：格鲁吉亚地缘政治分析》）。该书现已成为中国社会科学出版社关于“一带一路”研究领域重要的精品系列图书之一。

2020—2023 年在亚美尼亚智库建立的学术平台支持下，国内学者与欧亚地区学者通力合作，在海外出版发行了两本英文著作。第一本《百年未有之大变局下中国与欧亚地区合作与矛盾的再思考》聚焦欧亚国家的学者在有关中国与欧亚地区关系的学理思考，汇集 2018 年和 2019 年两届亚美尼亚“中国与欧亚地区”国际论坛的前沿成果；作者遍及亚美尼亚、奥地利、中国、俄罗斯、印度、格鲁吉亚、阿联酋、黑山等国家；研究角度涵盖了多边主义与全球治理、共建“一带一路”、欧亚经济联盟、数字时代区域合作、中国与俄罗斯关系、中国印度与东盟大三角等诸多领域。① 第二本《多极世界秩序 2.0 时代的中国与亚欧大陆：安全经济与网络空间》围绕“新的世界秩序变革下中国与亚欧大陆向何处去”的主题，展开富有建设性的思索与交流，聚焦于安全、外交、经贸和网络等重大议题，作者遍及亚美尼亚、奥地利、孟加拉国、中

① Zheng Yuntian, “Preface in Chinese, Edited by Mher Sahakyan and Heinz Gärtner”, *China and Eurasia: Rethinking Cooperation and Contradictions in the Era of Changing World Order*, Abingdon (UK) and New York (USA): Routledge, 2022.

国、希腊、意大利、波兰、俄罗斯、塞尔维亚、西班牙和土耳其等国。从某种意义上，这些学者正通过不懈努力与合作，构筑起新时代亚欧大陆的学术共同体。① 上述两本著作已被哈佛大学、牛津大学、麻省理工学院、哥伦比亚大学、约翰霍普金斯大学、香港大学等知名大学图书馆，以及俄罗斯图书馆引文系统、日本国立国会图书馆、爱沙尼亚国防军图书馆、德国全球与区域研究院等权威机构收录。

三　南高加索研究的代表性观点

（一）南高加索地区整体性研究

第一，南高加索国家经济自由水平、民主政治和国家管理能力的变化及其原因。肖斌认为，中亚及南高加索国家（哈萨克斯坦、吉尔吉斯斯坦、塔吉克斯坦、土库曼斯坦、乌兹别克斯坦、亚美尼亚、阿塞拜疆和格鲁吉亚）的经济社会发展总体上平稳向上，主要原因是经济自由度、国内民主政治和国家管理能力建设都有不同程度的提高。总体而言，“2012 年格鲁吉亚、亚美尼亚、吉尔吉斯斯坦、哈萨克斯坦和阿塞拜疆的经济自由度较高，经济有较强的发展潜力且有不同程度的提高，上述国的国内民主政治发展水平不一国家的财政能力对中亚及外高加索国家的经济社会发展有决定性的影响尤其对那些自然禀赋较差的国家影响较大，如格鲁吉亚、亚美尼亚、吉尔吉斯斯坦和塔吉克斯坦。腐败问题依然是一个普

① Zheng Yuntian, “Preface in Chinese, Edited by Mher Sahakyan”, *China and Eurasian Powers in a Multipolar World Order 2.0*, Abingdon (UK) and New York (USA): Routledge, 2023.

遍性问题且亟待解决。不佳的地区安全环境对中亚及外高加索国家的经济社会发展也有直接影响”。[①]

第二，南高加索安全复合体的相关问题。孙超的研究如下。苏联的解体带来了亚欧大陆地缘政治秩序的剧变。随着俄罗斯实力的下降，既保持后苏联空间地区特性又具备独特地域特征的“次地区”迅速成型。中亚、波罗的海地区、南高加索在世界政治中的主体位置越来越高，呈新型地缘政治区域的特征。而南高加索地缘政治区域的成型，既是苏联解体的产物，也是新兴民族国家主体性成长与互动的结果。南高加索地域并不是独立的安全复合体，也由于地缘位置和历史因素，难以整合进欧盟和俄罗斯的大国安全复合体中。地域中三个国家在艰难的转型过程中逐渐与周边强邻建立互动关系。对阿塞拜疆和格鲁吉亚来说，俄罗斯是其实现领土完整性的核心角色，亚美尼亚则与土耳其存在仇恨记忆。与强邻互动逐渐形成了独特的关系文化：南北向的俄罗斯、亚美尼亚与伊朗的友好文化，东西向的土耳其、格鲁吉亚与阿塞拜疆的友好文化。这种友好文化的存在，并不影响三个国家多边多方向地对外交往。例如在对近邻俄罗斯的关系方面，三国形成了完全不同的对外政策：亚美尼亚与俄罗斯保持紧密的同盟关系，格鲁吉亚则谋求与西方合作遏制俄罗斯在南高加索地域的影响力，而阿塞拜疆则开展平衡外交，在与俄罗斯互动的同时保持距离。南高加索地域无政府状态的存在并不是国际体系自然衍生的结果，而是生于两个安全复合体夹缝之间，受到各方影响。欧盟、俄罗斯、土耳其和伊朗难以主导该地域，当地安全关系结构并没有被大国利益覆盖（overlay），各方在南高加索地域获得了权力平衡。三个国家内部并未形成相互依赖的安全关系结构，

① 肖斌：《2012 年中亚及外高加索国家经济社会发展报告》，《俄罗斯中亚东欧市场》2013 年第 2 期。

处理外部威胁的能力也较为有限。由于三个国家各自依托于域外大国，且都保持着多边多方向的对外政策，南高加索地域难以形成中心—外围结构，内部缺乏均势，国家权力也无法有效地投射到南高加索地域以外，安全复合体结构难以形成。①

第三，南高加索地区“去俄罗斯化”相关研究。汪金国等人认为，苏联解体后，南高加索三国迅速走上“去俄罗斯化”道路。通过限制使用俄语、重构历史叙事、排挤境内俄罗斯人和拒绝俄罗斯主导的政治安全体系等方式，三国在消除俄罗斯影响方面取得了一定的成效，但过激的“去俄罗斯化”措施也给三国的教育文化、经济发展、族际关系以及与俄罗斯之间的关系带来了一定的负面影响。考虑到与俄罗斯之间既存的根深蒂固的联系，“去俄罗斯化”进程的难度本身就很大，同时，三国在应对地区冲突和发展经济等方面对俄罗斯的依赖性，一定程度上也会消减“去俄罗斯化”进程的动机和效力，而国际局势变化和南高加索地区地缘政治环境的复杂性会提高“去俄罗斯化”的成本和风险。总体来看，短期内三国“去俄罗斯化”步伐不会停止，但对其进一步发展的成效也难有过高期许。②

第四，南高加索地区形势问题。邓浩的观点如下：中亚和南高加索国家的独立及其发展牵动着欧亚地区形势和格局的演变，对亚欧大陆局势的走向具有日益重要的作用。独立以来，该地区国家经历了独立之初的剧烈震荡，逐渐走向平稳发展，正进入一个复杂多变时期。纵观中亚南高地区独立以来的形势演变，可以看出，地区局势总体上朝着日趋稳定的方向发展。政治上，各国都在积极探索

① 孙超：《南高加索安全复合体的生成困境探析》，《俄罗斯研究》2017年第2期。

② 汪金国、杨忞：《外高加索三国的“去俄罗斯化”：动因、路径、影响及前景》，《俄罗斯东欧中亚研究》2022年第6期。

符合本国国情的发展道路，并以稳定为前提和目标，推进各自的政治改革。求稳逐渐成为各国主流民意。经济上，各国都在应对“燃眉之急”的经济困难，同时着眼长远，稳步推进结构性改革，增强抵御外部风险的自主发展能力。安全上，各国均严厉打击极端激进势力，严防反对派做大做强，并相机吸引大国势力维护本国和地区稳定。从大国争夺来看，俄美等外部势力在中亚南高已形成竞争共存局面，地缘政治多极化成为客观现实，其中起关键作用的是美国、俄罗斯和中国及相互关系。中亚南高国家之间经济体制各异，各国均珍惜来之不易的主权，普遍内顾倾向严重，缺乏合作共赢意识，导致地区合作步履维艰，严重影响各国经济发展。目前，地区国家都在经历一个经济低速增长的调整时期，促使各国越来深切地认识到开展彼此合作共克时艰的重要性，开始积极主动改善周边环境（特别是“邻里关系”），以创造良好的投资环境吸引外资。这为加强地区合作提供了强劲动力。同时，域外大国纷纷推出提振本地区经济的宏伟计划，如美国的“新丝绸之路”计划、俄罗斯以“欧亚经济联盟”为核心的经济一体化战略、中国的共建“一带一路”等。这也促使地区国家彼此之间的经济联系日益紧密，为增强地区合作提供了有利契机。总体来看，虽然未来地区合作仍面临不少困难和阻力，但在内外多重力量的推动下，地区合作终将起步并逐渐向前推进。由于地区国家之间关系错综复杂，区域合作不可能一蹴而就，更可能的是采取诸如小多边、跨区域、领域性等灵活务实的方式逐步前行。未来中亚南高地区局势发展取决于内外多种因素的综合作用，总体上看是机遇大于挑战、希望多于困难。[①]

---

① 邓浩：《中亚和外高加索地区形势的演变及其走向》，《俄罗斯东欧中亚研究》2017 年第 6 期。

（二）俄罗斯等国的南高加索地区战略研究

第一，冷战后俄罗斯对南高加索战略的演变。汪金国等人认为，南高加索地区作为一个资源、民族和历史文化都极为丰富的战略地区，在国际政治中也具有极高的战略价值。这种价值对俄罗斯而言尤为重要。苏联解体后，出于多方面原因，俄罗斯对南高加索的战略也是几经变化。从地缘文化视角来讲，由于多种文明在此发端，它理所当然会引起人们的特别关注。高加索的大部分地区（北部和南部）均作为伊斯兰世界的一部分，因而易受具有较为激进的观念在内的文化与政治取向的影响。这一现实业已对外来行为者在该地区的政策和南高加索各国的外交政策定位产生了影响。南高加索地区还是俄罗斯和中东之间［或者说是中东的伊斯兰文明（尤其是伊朗和土耳其）和俄罗斯的东正教之间］的战略缓冲区。从南高加索本身的战略地位和俄罗斯在该地区的地缘战略利益来看，在对利益安全更为关注的情况下，俄罗斯在南高加索的战略目标将主要集中在以下三个方面。一是遏制宗教极端主义在北高加索地区的泛滥，防止车臣等地区的进一步动荡，这属于边界安全的范畴；二是阻止至少是遏制美欧国家以及土耳其、伊朗等在南高加索侵害俄罗斯经济政治和军事利益的企图，这是其安全边界的要求；三是在南高加索（尤其是里海）地区发挥俄罗斯的传统优势与影响，主导该地区的能源开发和交易活动，捍卫自己在该地区的经济利益，这是其利益安全的诉求。从俄罗斯在南高加索的战略目标及其所实行的外交政策来看，将南高加索地区转变成一个俄罗斯地缘政治影响占优势的区域本身并不是目的，其根本目的则在于实现俄罗斯在该地区的政治、经济和战略等多方面的利益，最大限度地维护其在该地区的利益安全。这是俄罗斯国家利益发展的逻辑使然，也是其在该地区战略目标的归宿所在。①

第二，南高加索国家与俄罗斯的安全关系。姜磊认为，苏联解体后，南高加索三国与俄罗斯形成了三种迥然不同的安全关系：敌对关系、盟友关系和平衡关系。这三个国家同处南高加索这一狭窄区域，又都是苏联加盟共和国，在独立后却与俄罗斯发展出如此不同的关系，原因众多，但其中最为重要的是其所处的国际体系结构与地区结构这一双重结构的矛盾互动。“美国掌控的国际体系与俄罗斯掌控的独联体地区体系之间矛盾重重，两个体系对身处其中的国家行为体施加的力量在很大程度上是相反、矛盾的，加之两者力量强度的相对平衡，从而客观上相互抵消。这就令作为小国的外高加索三国免于完全单独受制于国际结构或地区结构，在对外政策选择上具备了自由选择的空间，从而能够选择不同的对俄安全关系。”②

第三，日本在南高加索地区的布局。肖斌等人认为，“出于争当政治大国的需要，日本积极发展与中亚及南高加索地区国家的能源关系，并在对外政策和国家能源政策推动下，逐步形成了以‘里海能源开发计划’为核心的地区能源政策，在石油、天然气、铀矿勘探开发等方面取得了成效。基于对日本、中亚及南高加索地区能源政策和实践的考察，可以看到，如果大国关系没有发生根本性的变化，在中亚及外高加索地区相对稳定的条件下，通过双边或多边国际合作开发中亚及外高加索地区的能源资源将可能成为日本对外能源政策的重点”。③

---

① 汪金国、王志远：《论冷战后俄罗斯对南高加索战略的演变》，《俄罗斯中亚东欧研究》2009 年第 5 期。

② 姜磊：《外高加索国家与俄罗斯安全关系的双重结构分析》，《俄罗斯东欧中亚研究》2014 年第 1 期。

③ 肖斌、张晓慧：《日本与中亚及外高加索地区的能源关系：政策及实践》，《新疆社会科学》2013 年第 2 期。

（三）中国在南高加索地区的影响研究

第一，共建“一带一路”下中国与南高加索各国的贸易分析。张海朋等人认为，南高加索国家地处欧亚十字路口，是古丝绸之路上的重要国家，也是共建“一带一路”的核心节点，区位战略意义重大。借助 HM 指数和贸易互补性指数，从贸易总体格局和贸易商品特征两个角度分析双向贸易关系，并探究了影响其贸易发展的因素。结果表明：中国与南高加索三国长期保持贸易往来，贸易总额呈波动攀升趋势，阶段性特征明显；贸易差额起伏变化，整体长期维持贸易顺差状态；南高加索三国对中国的贸易依赖性显著大于中国对其依赖性；中国对南高加索三国出口商品互补性显著高于进口互补性，说明与作为中国进口商品来源国相比，南高加索三国作为中国商品的消费市场更具优势；中国对南高加索三国出口商品类型较为相似，结构呈集中与多元并存态势，主要出口商品逐步由资源、劳动密集型的低附加值商品向技术密集型等高附加值商品转变，而中国自南高加索三国进口的商品类型虽有所扩展，但主要类型仍较为单一，高度集中于未加工或半加工类资源型商品；地理距离、政局稳定性、产业结构、地缘关系、贸易环境及便利性是影响中国与南高加索三国贸易发展的主要因素。其中，地理距离对双向贸易具有抑制作用，但随着基础设施条件改善，其影响将趋于弱化；南高加索三国的政局稳定性有利于促进双向贸易发展；产业结构的互补性会促进进出口贸易繁荣；南高加索三国的特殊地缘关系对中国在其贸易格局中的地位影响较大；贸易环境及便利性差异导致其与中国贸易发展的差距。[①]

第二，中国与南高加索三国的文化教育交流。杨忞等人认为，

① 张海朋、刘卫东、刘志高：《“一带一路”倡议下中国与重要节点地区的贸易格局及影响因素——以外高加索国家为例》，《地理与地理信息科学》2021 年第 1 期。

南高加索三国作为“丝绸之路”沿线上的重要国家，扮演着连通中国、中亚与欧洲的重要角色。自提出共建“一带一路”以来，中国与南高加索三国通过建立孔子学院、互派留学生、开展校际合作、互设研究中心、召开学术研讨会、举办文化推广活动等方式，稳步推进教育文化交流合作，大大提升了中国在南高加索地区的影响力。但存在的问题也是不容忽视的，参与交流的主体积极性不足，协议落实不到位，交流模式单一、不对称等严重影响合作的规模、深度和质量。对此，加强南高加索三国的智库建设、提高民众对教育文化交流合作的重要性认识、完善监管机制、区别发展、有效利用社会资源、促进交流模式的多样化发展则十分必要。①

第三，中国与俄罗斯的南高加索三国外交模式比较研究。杨进认为，南高加索是亚欧大陆具有独特地缘政治、经济和文化属性的地区，其重要的地缘战略位置、丰富的自然与人文资源及背靠的广阔市场为大国参与地区合作提供了良好机遇，同时，地缘政治竞争也为地区带来了一些消极影响。中俄两国与南高加索三国因历史缘由与地缘差异，各自的外交利益、目标、政策工具及互动模式明显不同。俄罗斯在南高加索地区拥有综合国家利益，其目标不仅限于经济领域，在地缘政治和安全领域有着更加重要的考量，外交政策工具也更加丰富多元，形成了俄罗斯与南高加索三国独特的外交互动模式。中国是该地区地缘政治玩家的后来者，并受地理阻隔因素影响，对南高加索的主要利益体现于共建“一带一路”的实施方面，中国更看重经济外交利益和全球影响力的辐射效应，因此在与这些国家的外交互动模式上与俄罗斯存在显著差别。同时，作为全球性大国，中俄两国在该地区紧密合作，

① 杨忞、汪金国：《“一带一路”背景下中国与外高加索三国教育文化交流》，《甘肃教育研究》2022 年第 4 期。

使南高加索外交成为中俄全面战略协作伙伴关系的有机组成部分。中俄全面战略协作伙伴关系为欧亚地区构建的健康且有利于各国实现本国外交战略目标的基本关系，是引领地区格局演变的主要力量之一。南高加索国家与中国、俄罗斯的战略互动与合作，无论依托双边还是多边框架，都能够给本国带来更加平衡和务实的合作利益。在不同领域，尽管各国与中俄合作的广度和深度不同，对与两国合作的利益认知也有显著差异，但这不妨碍其积极运筹与中俄两国的战略伙伴关系。可以预见，保持与中俄两国的正常外交关系，推动与中俄两国在双边政治、经济、安全和人文等领域的合作，并积极参与中俄在上海合作组织、共建“一带一路”、欧亚经济联盟以及“大欧亚伙伴关系”等多边机制内的战略合作与互动，将是各国长期坚持的外交优先方向。[①]

第四，国外智库前沿成果译介。杨莉编译了罗兰（Nadeège Rolland）于2018年12月在法国国际关系研究所（IFRI）官网发布的一份简报《中国在东欧及南高加索地区的规划》（“China’s Ambitions in Eastern Europe and the South Caucasus”）。报告认为，中国所谋求的是长远的目标，即在中国力量的支持下，以共建“一带一路”来重塑整个欧亚边境线。东欧与南高加索地区诸国则相对处于中国外交的盲点。其原因主要有三，其一是这些国家的市场对于中国产品的潜在需求不高，其二是其出产的原材料很少是中国经济发展所需的，其三则是这些国家严重缺乏交通基础设施，这也限制了这些国家进入中国市场。在中国所承诺的多领域扩大合作与投资的支持下，为推进共建“一带一路”开展的各种外交活动正得到逐步完善。作为一个后来者，中国不急不缓地探索着所有可能

① 杨进：《中俄与南高加索三国外交关系模式比较及辨析》，《俄罗斯学刊》2020年第5期。

的途径。这种没有特别针对性的举动折射出的正是中国有意为之的实用主义战术。从根本上说，“中国谋求的是一个当西方影响力减弱后政治上仍然稳定的欧亚大陆”。[①]

四　区域国别学一级学科对南高加索研究的推动作用

其一，在全面深入了解其他国家区域国别研究的学术动向的基础上，建立国内研究自身特色。以美国为例，具有较高学术水准和较好学术声誉的中亚研究学术期刊包括：《中亚观察》（*Central Asian Survey*）、《后共产主义问题》（*Problems of Post-Communism*）、《共产主义与后共产主义研究》（*Communist and Post-Communist Studies*）、《欧亚研究》（*Euro-Asia Studies*）、《中亚与高加索》（*Central Asia and Caucasus*）、《欧亚地理学与经济学》（*Eurasian Geography and Economics*）等。[②] 中国的南高加索研究一方面要保持自身的特色，如加大对上海合作组织、南高加索安全形势、大国介入南高加索事务等问题的研究力度；另一方面要与国际学界就共同关心的南高加索整体性、一般性问题展开积极而富有建设性的学术对话。

其二，在共建“一带一路”的背景下，建立起“立体的”学术合作模式。中国同南高加索国家有着密切的社会联系，地区合作拥有地缘和制度优势。完善地区治理体系，要求各种多边机制能够相互配合、和睦共处、密切合作。随着共建“一带一路”推进，成果

① ［美］罗兰：《中国在东欧及南高加索地区的规划》，杨莉编译，《国外社会科学》2019 年第 2 期。

② 曾向红：《“一带一路”倡议的智力支持——中亚研究的现状与未来》，《国际展望》2016 年第 5 期。

发表平台缺乏的现象得到了一定的改观。如《世界经济与政治》《当代亚太》《外交评论》《国际安全研究》《国际观察》《国际论坛》《国际展望》等主流国际关系刊物开始较多刊发涉及“一带”或区域问题研究的论文。“地区治理与地区主义、多边主义一脉相承，要求从地区的角度来考虑和处理政治、经济、社会等事务中产生的问题，体现并反映地区的整体利益与进程。”①

其三，打破现实需要与学科建设的鸿沟和壁垒，实现二者共同发展。从根本上说，成熟的学科体系不但是科学知识的基本单元，而且能够在研究上形成涵盖整个南高加索研究的宏观、中观和微观理论体系，在具体的问题上需通过持续不断地证伪形成“理论饱和”。该领域研究者应当把握好当前国内区域国别研究飞速发展的时机，从拓展研究议题、鼓励理论创新、完善人才培养模式、推进同南高加索地区的研究者开展合作研究等方面入手，加快相关研究工作进度，借此促进国内研究取得重大进展。学术界有必要通过选择合适的研究议题开展创新性研究，以尽可能缩减需要与供给之间的鸿沟。“事实上，考虑到区域合作研究有助于促进两者之间的联结和弥合，加上学术界对此问题的研究已有一定基础，从区域合作研究入手进行创新性研究，不失为一条缩减鸿沟的可行路径。”②

---

① 孙壮志：《欧亚区域秩序变革与中国—中亚关系》，《当代世界》2023年第6期。

② 参见肖斌《中国中亚研究：知识增长、知识发现和努力方向》，《俄罗斯东欧中亚研究》2019年第5期；曾向红、杨恕《中国中亚研究30年来进展评估——基于观察视角与研究主题的评估框架》，《国际观察》2020年第6期；曾向红《深入研究中亚地区合作的意义与路径》，《国际关系研究》2020年第2期。

第三章

南高加索各国的国情特质

格鲁吉亚国土面积近 7 万平方千米，地理位置正好处于俄罗斯与中东之间，拥有黑海出海口，不但对俄罗斯周边地区稳定具有重要影响，而且对俄罗斯能否在中东地区施加影响至关重要。而对于美国和西方各国来说，该国也是遏制俄罗斯控制中亚中东的重要地点。自 2003 年“玫瑰革命”以来，这里已经日益成为俄美欧角力的竞技场。

亚美尼亚面积不足 3 万平方千米，是南高加索地区规模最小的国家。它被格鲁吉亚、阿塞拜疆、土耳其和伊朗环绕，是名副其实的欧亚腹地。历史上亚美尼亚民族曾谱写出独特鲜明的历史轨迹。作为世界上第一个将基督教定为国教且一直传承至今的国度，亚美尼亚具有独树一帜的深厚文化积淀。近代以来，它曾被奥斯曼土耳其帝国统治，遭受过统治者的屠戮，其后成为苏联的加盟共和国，苏联解体后独立，但又与邻国不断发生冲突，国内经济屡遭重创，周边安全环境始终充满不确定性。

阿塞拜疆面积 8.6 万平方千米，是南高加索地区面积最大、经济实力最强的国家，东临里海，西接亚美尼亚，北邻俄罗斯和格鲁吉亚，南面与伊朗和土耳其相邻。阿塞拜疆跨过里海与哈萨克斯坦、土库曼斯坦相连，因此又被称为中亚的延伸地。阿塞拜疆曾是古丝绸之路南线的驿站，蕴藏着丰富的油气资源，在欧亚地区的战略地位十分关键。

格鲁吉亚、亚美尼亚与阿塞拜疆作为苏联加盟共和国，在马克思主义发展史和国际共产主义运动史中具有独树一帜的地位。三国独立后一直在南高加索地区复杂的地缘政治利益冲突环境下谋求务实平衡的对外战略。在等距离外交的政策选择下，三国高度重视本国经济的可持续发展，努力保持开放性与自主性的平衡。

一　格鲁吉亚独特的大国博弈

由于地理位置特殊，多年来格鲁吉亚同俄罗斯、美国和欧盟形成了纷繁复杂的关系，各个域外大国围绕格鲁吉亚展开的博弈，正是南高加索地区历史和现实的缩影。

（一）格鲁吉亚简况

格鲁吉亚（格鲁吉亚语：საქართველო，英语：Georgia，俄语：Грузия）位于连接亚欧大陆的南高加索中西部，包括南高加索整个黑海沿岸、库拉河中游和库拉河支流阿拉扎尼河谷地。西邻黑海，西南与土耳其接壤，北与俄罗斯接壤，东南和阿塞拜疆及亚美尼亚共和国毗邻。国土面积6.97万平方千米。① 人口约为370万人，主要民族为格鲁吉亚族。官方语言为格鲁吉亚语，居民多通晓俄语。主要信仰东正教，少数信仰伊斯兰教。首都是第比利斯。

公元8—9世纪初先后建立多个公国和王国。978年建立格鲁吉

① 数据来源：https：//www. kylc. com/stats。

亚王国，并在 11—12 世纪时期达到鼎盛，后被蒙古帝国攻陷，发生分裂。19 世纪被俄罗斯帝国吞并。1921 年成立格鲁吉亚苏维埃社会主义共和国，1922 年加入苏联，成为苏联加盟共和国之一。1990 年改名格鲁吉亚共和国。1991 年 4 月 9 日宣布独立。1993 年加入独联体。1995 年 8 月 24 日该国通过新宪法，国名定为格鲁吉亚。2008 年 8 月 8 日爆发了俄罗斯格鲁吉亚战争，同年 8 月 14 日格鲁吉亚决定退出独联体，并于 2009 年 8 月 18 日完成手续，正式退出。2015 年 10 月 28 日，第 70 届联合国大会改选联合国人权理事会成员，格鲁吉亚成功获选，任期自 2016 年至 2018 年。2018 年 7 月 12 日，北约秘书长确认格鲁吉亚加入北约。

2022 年 GDP 约为 246 亿美元，人均 GDP 约 6600 美元，属于中等收入经济体。[①] 格鲁吉亚大部分地区是山地，自然资源相对贫乏。格鲁吉亚的主要矿产是锰矿，“奇阿图拉”锰矿区是全球较大的锰矿区，可开采量约 1.6 亿吨。此外，格鲁吉亚的森林覆盖率达 40%，水利资源也十分丰富。2015 年 3 月，申请成为亚投行创始成员国之一。[②] 2003 年“玫瑰革命”之后，格鲁吉亚的国民经济保持了一定的恢复性增长，受到 2008 年俄格冲突和随后的全球金融危机影响，格鲁吉亚经济环境出现恶化。2008 年，GDP 增速仅为 2.1%，2009 年出现了高达 3.9% 的负增长，GDP 总量也降至 107.7 亿美元，为 2003 年以来的最低点。随着俄格冲突的逐步缓解、新政府的上台和国际经济大环境的恢复，格鲁吉亚国民经济开始逐渐好转。[③]

格鲁吉亚的产业结构相对合理，2013 年农业、工业和服务业占 GDP 比例依次为 9.3%、17.2% 和 73.5%。“三驾马车”中消费占比高达 74.2%，投资和出口的比例则分别为 25.1% 和 18%。格鲁吉亚

① 世界银行，data. worldbank. org. cn/country/georgia? view = chart。

② 格鲁吉亚环保和自然资源部，www. moe. gov. ge。

③ 联合国开发计划署，hdr. undp. org/en/countries/profiles/GEO。

的经济中，农业、交通通信和旅游业是重要产业。格鲁吉亚被视为葡萄酒的发源地之一，葡萄酒也是格鲁吉亚重要的出口农产品。随着格鲁吉亚加大对于基础设施的投入力度，交通通信业占 GDP 的比重逐年增加，目前已超过 10%。格鲁吉亚公路、铁路、航空、航运和管道发展齐全，特别是毗邻黑海的地缘优势使格鲁吉亚成为重要的石油转运地。旅游业也是格鲁吉亚经济的重要一环，2019 年，全球赴该国旅游人次数约为 930 万人次。作为格鲁吉亚经济最重要的部门之一，旅游业约占整体 GDP 的 11%。2022 年 1—6 月，格鲁吉亚共接待超过 162.5 万人次入境访客，同比增长 234.5%，较 2019 年数据恢复 42.1%，其中旅游人数 120.9 万人次，同比增长 186.3%，较 2019 年数据恢复 56.8%。近年来，格鲁吉亚的银行业发展迅速，较高的利率和对资本进入的无限制使格鲁吉亚的银行业在近几年得到了充分的发展。格鲁吉亚共有包括 18 家外资控股银行在内的 21 家商业银行，这些银行的总资产超过了 100 亿美元，同比增长 4.6%。①

2014 年 2 月，格鲁吉亚新政府颁布名为“格鲁吉亚 2020”的经济社会发展规划。该规划确定了以恢复经济发展、创造更多就业岗位保障经济包容与可持续发展为主题的发展目标。在这一规划下，未来几年格鲁吉亚的政策环境将更为友善，对于外国投资的需求度和投资营商环境将进一步扩大和改善。目前外国对格鲁吉亚的投资集中在能源、基础设施建设和工业项目。英国石油公司为油气管道项目累计投入近 5 亿美元，土耳其 TAV 公司也投入近 1 亿美元获得了两个机场的经营管理权。此外，捷克、阿塞拜疆、英国、法国、俄罗斯、德国等国家也有大量投资项目。② 格鲁吉亚 2021 年共吸引

① 格鲁吉亚文化部，www.mcs.gov.ge。

② 格鲁吉亚政府，www.government.gov.ge。

外国直接投资12.4亿美元，比上一年增长2.1倍。英国、荷兰和土耳其为当年度对该国投资最多的三个国家，投资额分别为6亿美元、1.38亿美元和1亿美元。外国对该国投资主要集中于金融行业，投资金额达4.65亿美元。能源行业和制造业分列第二和第三位，投资金额分别为1.86亿美元和1.33亿美元。

政体为议会总统制。1991年4月，格鲁吉亚正式宣布独立。1995年8月，议会通过了独立后的首部宪法。2004年宪法修正案确立格鲁吉亚为总统制三权分立国家，2010年9月，格鲁吉亚再次修改宪法，将政治体制修改为议会总统制，总统任期5年，可以连选连任一次。由于特殊的地理位置，格鲁吉亚在政治转型的过程中波折丛生。2003年，格鲁吉亚爆发了反对当时总统谢瓦尔德纳泽及其所领导政府的一系列示威活动，反对派领袖萨卡什维利每次公开露面时手中携带的一枝玫瑰花令这次革命被称为“玫瑰革命”。最终“玫瑰革命”以萨卡什维利在大选中获得压倒性胜利而宣告结束。格鲁吉亚的“玫瑰革命”点燃了独联体国家“颜色革命”的火种。但是尽管萨卡什维利上台时其所在政党囊括了议会全部议席，但随着2008年俄格冲突中格鲁吉亚的惨败和冲突之后国内经济的衰退，萨卡什维利在2012年的议会选举中败给了伊万尼什维利领导的反对派政党联盟“格鲁吉亚梦想”。2013年10月，“格鲁吉亚梦想”候选人马尔格韦拉什维利赢得总统选举，当选为格鲁吉亚第五任总统。实现了权力的和平过渡。[①] 2018年10月萨洛梅·祖拉比什维利当选总统，根据新的宪法修正案，任期由5年改为6年，至2024年10月。

目前，格鲁吉亚的政治结构相对稳定，议会作为最高权力机构和最高立法机构，设置150个议席，其中比例制议席77个，单一制议席73个。议会每5年改选一次，议会选举得票率超过5%的政党

① 格鲁吉亚政府，www.government.gov.ge。

将自动获得6个议席从而进入议会。格鲁吉亚的多党制尚处于起步阶段，党派数量100个左右。目前执政联盟的党派包括“我们的格鲁吉亚——自由民主党”、共和党、保守党、“工业拯救格鲁吉亚党”和国民论坛党。议会的主要反对党是成立于2001年的统一民族运动党。此外，格鲁吉亚的主要政党还包括工党、基督教民主运动、共和党等。①

格鲁吉亚内政中最大的问题当数“阿布哈兹和南奥赛梯问题”。阿布哈兹和南奥赛梯的分离倾向由来已久。阿布哈兹地区的主要居民是阿布哈兹人，信奉伊斯兰教，由于民族宗教的差异，阿布哈兹的独立倾向由来已久。苏联解体前后，阿布哈兹地方政党就曾公开要求独立或者加入俄罗斯。1992年8月，格鲁吉亚—阿布哈兹冲突演变成了一场持续14个月的局部战争，尽管格鲁吉亚最终取得了胜利，但是仍然无法遏制阿布哈兹地区的分离主义倾向。而南奥赛梯地区的情况也比较类似。南奥赛梯在1989年就曾要求与毗邻的属于俄罗斯的北奥赛梯合并，并于1992年通过了一项要求独立并与北奥赛梯合并的全民公决决议，随后格鲁吉亚与南奥赛梯发生冲突，并一直延续至今。2008年8月，格鲁吉亚再次与南奥赛梯的地区武装发生冲突，8月8日，俄罗斯派兵进入南奥赛梯，并迅速取得了优势地位，占领了南奥赛梯之外的部分格鲁吉亚领土和军事基地。在各方调停下，格鲁吉亚和俄罗斯宣布停火，随后南奥赛梯和阿布哈兹先后获得了俄罗斯的承认，并与之建立了外交关系。尽管格鲁吉亚采取了与俄罗斯断交的报复性措施，但是目前阿布哈兹和南奥赛梯仍然处于事实上的独立状态。②

1992年6月9日，中华人民共和国与格鲁吉亚共和国建交。同年

---

① 格鲁吉亚议会，www. parliament. ge。

② 美国中央情报局，www. cia. gov/library/publications/resources/the-world-factbook/geos/gg. html。

10 月，中国在格鲁吉亚设立大使馆。中国与格鲁吉亚的经贸关系近年来发展稳定，双边贸易额从 1992 年的 368 万美元增至 2022 年的 14 亿美元，增长 379 多倍，中国连续多年成为格鲁吉亚最大的出口市场和第三大贸易伙伴。中国对格鲁吉亚的主要出口商品类别包括锅炉、机械器具及零件，电机电气设备和音响设备及零附件，钢铁制品，塑料及其制品，铁道车辆，等等；来自格鲁吉亚的主要进口商品为铜及其制品，矿砂，饮料、酒及醋，等等。①

2017 年 11 月 28 日，中国与格鲁吉亚各自均已完成《中华人民共和国政府和格鲁吉亚政府自由贸易协定》的国内审批程序。该协定于 2018 年 1 月 1 日正式生效。② 中资企业几年来加快了进入格鲁吉亚市场的步伐，中资企业的主要投资和承包劳务项目为基础设施建设和大型工程项目，如东部电力公司拥有、建设和运行的格鲁吉亚电力项目——卡杜里水电站，为格鲁吉亚能源业发展贡献了中国力量；中铁二十三局承建了格鲁吉亚唯一在建铁路项目——现代化铁路改造项目；中核二三、中国地质等公司在格鲁吉亚参与建设了风电项目、高速公路照明项目、变电站项目、污水收集和供水系统项目；等等。中国企业不断开拓格鲁吉亚市场，在外商投资、承包工程、援助援建等领域不断发展壮大，为格鲁吉亚经济发展作出了重要贡献。

（二）俄罗斯与美国围绕格鲁吉亚的博弈

由于格鲁吉亚的地缘位置极其重要，并且是南高加索地区政治经济影响力较大的国家，因此自该国“玫瑰革命”以来，这里已经

① 格鲁吉亚国家统计局，www. geostat. ge。

② 《中国—格鲁吉亚自贸协定正式生效》，中华人民共和国商务部，http：//fta. mofcom. gov. cn/article/chinageorgia/chinageorgiagfguandian/201801/37003_1. html。

成为俄罗斯与美国两个大国博弈的主要竞技场。不论格鲁吉亚如何在其中寻求微妙的平衡，俄罗斯与美国影响其内政外交政策已经是显而易见的事实。

1. 美国“以格制俄”的战略谋划

“9·11”事件爆发后，俄罗斯与美国一度在反恐问题上达成默契，并开展反恐合作。俄罗斯甚至为美军进驻位于中亚和南高加索的独联体国家创造条件，然而，局势的演变使俄罗斯发现，美国丝毫没有改变其在地缘上挤压、蚕食俄罗斯战略空间的既定政策。于是，地缘政治博弈重新成为俄美关系的主线，而这一点在格鲁吉亚问题上表现得尤为明显。近二十年来，俄美双方在格鲁吉亚的角逐愈演愈烈，各自所持战略意图分别是：美国图谋掌控格鲁吉亚，并将其作为在南高加索地区推行地缘战略的桥头堡，进而遏制俄罗斯重振大国的势头，巩固美国自身霸权地位；俄罗斯竭力避免美国向格鲁吉亚渗透，意在保住其传统利益范围，最大限度地维护在该国的影响与控制力，为实现强国蓝图打造有利环境。就目前形势来看，格美关系不断升温，格俄关系则起伏不定。但有一点毋庸置疑，无论格美、格俄的双边关系如何演变，俄美在该国的战略利益的冲突必然贯穿其中。最近几年以来，俄美博弈格鲁吉亚的斗争过程已经有力地说明了这一点。①

2. 美国在格鲁吉亚的经济与政治投入

美国为实现“以格制俄”的战略意图，全面介入该国国内经济、政治和军事活动。在经济上，美国充分利用政府和民间两个渠道向

---

① Oksan Bayulgen and Ekim Arbatli, “Cold War Redux in US-Russia Relations? The Effects of US Media Framing and Public Opinion of the 2008 Russia-Georgia War”, *Communist and Post-Communist Studies*, Vol. 46, No. 4, 2013.

格鲁吉亚渗透，加深后者对前者的依赖。在民间层面，美国极力支持和鼓励美国公司以合资、独资和购买企业股份等形式在格鲁吉亚进行投资，力图控制主导产业。在政府层面，针对格鲁吉亚经济上严重依赖外援的现实，不断加大对其援助力度，使其成为美国对外援助的重要对象国。2003 年，美国给予格鲁吉亚共计 1 亿美元的援助，按人均援助额计算，格鲁吉亚已成为仅次于以色列的世界第二大接受美国援助的国家。同时，美国还加强与格鲁吉亚在能源领域的合作，帮助其解决石油运输问题，从而减少格鲁吉亚在能源领域对俄罗斯的依赖。在美国政府的极力推动下，2002 年 9 月动工的经首都第比利斯的巴库—第比利斯—杰伊汉石油管道于 2006 年 7 月中旬正式开通。[①]

当然，美国的经济投入，也需要有相应的政治保障。在政治上，美国通过在格鲁吉亚成立各种政治组织不断推动该国的政治多元化和民主化，并培植亲美政治势力，使格俄政治关系进一步疏远。2003 年末，美国帮助格鲁吉亚反对派发动“玫瑰革命”，使自己信任的反对派领导人萨卡什维利执掌政权，实行亲美政策。此后，格美高层频繁互访，2005 年 5 月布什亲自到访格鲁吉亚，提升两国友好关系。而美国国务院 2007 年上半年推出了三份路线图式的重要文件《国际人权年度报告》、《2005—2006 年度美国支持人权和民主的记录》和《2007—2012 年战略计划》报告，对俄罗斯支持格鲁吉亚境内分离主义势力、干预格鲁吉亚民主进程予以严厉抨击，并声言要巩固格鲁吉亚民主化进程，同时表示，美国在亚欧大陆外交政策的优先任务之一是在民主“前沿国家”继续进行民主变革工作，以遏制俄罗斯的“某些负面行为”。这是冷战结束后美国首次公开强调

① ［格］弗拉基米尔·帕帕瓦、徐晓岚：《处于地缘十字路口的格鲁吉亚及其战略选择》，《国际展望》2018 年第 2 期。

重点应对来自俄罗斯的挑战。①

3. “9·11”事件后美国的军事渗透

在军事上，美国利用格鲁吉亚既因建军时间不长、防务能力薄弱不得不依赖俄罗斯的保护但对俄罗斯的重新控制充满戒备的心理，继1994年“邀请”格鲁吉亚加入北约和平伙伴关系计划之后，又在2001年利用“9·11”事件使美军得以以反恐名义进入格鲁吉亚，实现美军在南高加索地区的突破，“敲开”了俄罗斯在该地区的后院，加快了向格鲁吉亚进行军事渗透的步伐。2002年，美国耗资6400万美元培训格鲁吉亚军队，并以打击该国境内恐怖分子为名，派军事专家小组赴该国培训特种部队。2004年萨卡什维利上台后，美国为该国提供了1000万美元的军事援助，用以支持其建设更加强大的军队，并按北约标准帮助其培训1万名军人，同时鼓动格鲁吉亚新政权展开抵抗俄罗斯的斗争，加紧逼迫俄罗斯放弃驻格鲁吉亚的军事基地和撤走维和部队。2005年8月1日，就在俄罗斯开始从驻格鲁吉亚巴统军事基地撤离的第三天，美军便公开派出一艘登陆舰访问格鲁吉亚港口城市波季，并与格鲁吉亚海军举行联合军事演习。2006年美国进一步加大对格鲁吉亚的军援力度，批准向该国提供总额为3亿美元、为期5年的援助计划。2006年11月，美国参议院批准了支持乌克兰、格鲁吉亚、阿尔巴尼亚、克罗地亚和马其顿尽快加入北约的《2006年北约自由统一法案》，允许美国向上述五国提供必要的援助，以使它们的武装力量达到北约标准水平。为此，美国共拨款1980万美元协助除乌克兰外的上述四国加强安全，其中大部分资金（1000万美元）提供给了格鲁吉亚。格鲁吉亚加入北约

---

① Oksan Bayulgen and Ekim Arbatli, “Cold War Redux in US – Russia Relations? The Effects of US Media Framing and Public Opinion of the 2008 Russia – Georgia war”, *Communist and Post-Communist Studies*, Vol. 46, No. 4, 2013.

的进程也由此正式进入加紧对话阶段。布什 2007 年 4 月 10 日签署的《北约自由统一法案》使美国支持北约东扩行动法律化，更加体现了美国将格鲁吉亚等国纳入北约以抗衡俄罗斯的决心。此外北约还于 2007 年 7 月 11 日至 20 日在格鲁吉亚举行了代号为“合作射手 2007”的大规模空军联合演习。格鲁吉亚已在北约框架内举行了大规模陆军和海军演习，每次都拒绝俄罗斯的参与。①

美国在拉拢格鲁吉亚的过程中，不仅自己走在一线，还利用自身影响力在格鲁吉亚与各国际组织间牵线，促成格鲁吉亚获得世界银行、国际货币基金组织等国际金融组织的贷款，呼吁欧盟、欧安组织支持该国进一步融入欧洲—大西洋的大家庭，与欧盟、欧安组织共同出资 300 万美元，承担了当时萨卡什维利参加总统选举的全部费用。此外，美国还从经济、军事和外交等多方面积极给予格鲁吉亚所在的古阿姆集团支持，推动其成员的全面合作以进一步分裂独联体。这些都无不体现出美国希望通过将格鲁吉亚纳入自己的战略集团，进而实现制约俄罗斯的战略意图。

4. 俄罗斯的“软硬兼施”与两难处境

美国在格鲁吉亚采取的种种行动，严重地威胁了俄罗斯的战略利益。为了扭转美国在格鲁吉亚咄咄逼人的进攻态势，俄罗斯对格鲁吉亚实行了“软硬”两手策略。

在 2003 年底格鲁吉亚政局发生突变后，为避免该国完全倒向美国一边，俄罗斯主动邀请萨卡什维利到莫斯科做客，设法保持双边接触。然而事与愿违，格鲁吉亚却在“亲美疏俄”之路上越走越远，而与此同时俄罗斯的态度也越来越强硬，对格鲁吉亚采取一系列经

---

① 吴彦：《格鲁吉亚“玫瑰革命”中的美国因素分析》，外交学院硕士学位论文，2007 年。

济制裁措施，如从 2006 年起提高出售给该国的天然气价格，2006 年 3 月底又宣布禁止从该国进口葡萄酒、矿泉水及农产品。此外，俄罗斯在反对格鲁吉亚加入北约的问题上也始终保持强硬态度，并一再拖延从格鲁吉亚军事基地撤出的时间，而对格鲁吉亚要求俄罗斯撤出其驻南奥赛梯维和部队的决议也不予回应。2006 年 9 月底俄格间谍风波爆发后，俄罗斯又将制裁和惩罚性措施进一步扩大，如暂停同该国的海、陆、空交通运输和通邮，打击俄罗斯境内的格鲁吉亚犯罪势力，查抄并遣返非法移民，关闭违章的餐馆、宾馆和娱乐场所，严厉查处格鲁吉亚产品走私现象，减少俄罗斯境内与格鲁吉亚的金融往来，重新审定对格鲁吉亚至关重要的商品的价格，提高向该国输送电力和天然气的价格，等等。普京当时更是公开指责西方支持格鲁吉亚当局的行为，称格鲁吉亚的行动得到了西方赞助者的帮助，以此暗示在此次俄格冲突中，俄罗斯的对手不是格鲁吉亚而是美国和西方。与此同时俄罗斯在联合国安理会紧急会议上还提交了一份措辞强硬的谴责格鲁吉亚挑衅行为的决议草案，要求付诸表决，但遭到美国阻碍。当时俄罗斯国防部消息人士甚至对媒体披露称，对格鲁吉亚的所有外交手段都已用尽，接下来的行动可能是断交和出兵。任何可能性都不能排除。进入 2007 年以来，俄格之间紧张的关系不仅没有缓和，反而近乎剑拔弩张。8 月 7 日及 22 日，格鲁吉亚两次指责俄罗斯飞机侵入其领空，并向格鲁吉亚领土发射导弹，但俄罗斯均予以严词否认，并抨击格鲁吉亚的指控是阴谋，目的是故意破坏与俄罗斯的正常关系，以向北约示好。9 月 3 日俄罗斯外交部发布公告，强烈要求格鲁吉亚立即释放在南奥赛梯冲突地区被扣留的两名俄罗斯维和人员，并称格鲁吉亚此举破坏了国际法准则。此前，俄罗斯驻格鲁吉亚使馆已向格鲁吉亚外交部递交照会表示抗议。11 月 7 日，萨卡什维利为制止反对派举行反政府集会，宣布实行紧急状态，与此同时，他公开指责俄罗斯煽动和参与了格鲁吉亚境内的反政府活动，下令驱逐3名俄罗斯外交官，并召回格鲁吉亚驻俄罗斯大使。对此，俄罗斯方面随即发表声明，否认格鲁吉亚国内危机与俄罗斯有关，并采取对等措施，宣布驱逐3名格鲁吉亚驻俄罗斯的外交官。[①]

5. 俄罗斯与美国在格鲁吉亚的博弈态势评析

总体上，俄罗斯与美国在格鲁吉亚的博弈是双方相互抗衡又相互妥协的过程，美国目前处于优势，俄罗斯则让步较大。格鲁吉亚近年来“亲美亲欧疏俄”的立场越发鲜明，不断加强与美国经济合作以及与北约的军事合作，在美国和北约的支持下不断排斥俄罗斯的存在。尤其是萨卡什维利上台后，对俄罗斯主导的独联体态度更加冷淡，还屡屡拒绝俄罗斯军队进入潘基西峡谷剿匪的要求，指责俄罗斯促使南奥赛梯和阿布哈兹军事化，甚至利用世贸组织成员的身份阻挠俄罗斯“入世”。[②] 然而，虽然来自美国的支持使格鲁吉亚公然与俄罗斯对抗，但由于地理位置的不可变更性，格鲁吉亚不得不承认格俄利益相互交织、格俄关系不容忽视这一现实。无论是在解决阿布哈兹和南奥赛梯问题上还是在外贸和能源等领域的合作上，俄罗斯对格鲁吉亚来说都至关重要。因此，格鲁吉亚在倒向美国等西方国家的同时，仍不得不谨慎处理与俄罗斯的关系。正因如此，历届政府都明确表态希望两国发展正常关系，格鲁吉亚和北约合作不会影响与俄罗斯发展的军事合作。当俄罗斯因间谍事件对格鲁吉亚实施制裁后不久，格鲁吉亚政府很快又重申不愿意与俄罗斯对立，希望双边关系实现正常化。由此可见，在俄罗斯与美国利用各自优

---

① “俄罗斯和格鲁吉亚互逐3名外交官”，俄罗斯卫星通讯社，2007年11月12日，https：//sputniknews. cn/20071112/41957586. html。

② 褚颖春：《俄罗斯对格鲁吉亚的国家地缘政治解析》，《成都大学学报(社会科学版)》2009年第5期。

势和手段向格鲁吉亚施加影响时，格鲁吉亚对自身的地缘优势加以巧妙利用，一方面对美国保持安全接触，获得安全保障和经济援助，借助美国抗衡俄罗斯；另一方面则对俄罗斯不远不近，既坚决捍卫自身利益，不受制于俄罗斯，又极力避免格俄关系失控，给自身带来难以预料的后果。由此，格鲁吉亚将自身地缘优势与国际有利因素有机地结合起来，同美国亲近，与俄罗斯斗而不破，在两者之间左右逢源，争取实现本国利益最大化。①

在可预见的将来，俄罗斯与美国在格鲁吉亚的地缘争夺将可能进入新的阶段。虽然俄罗斯与美国在格鲁吉亚的争夺将会继续，但两国在博弈中仍会尽可能地保持格鲁吉亚的稳定，因为该国的稳定符合两国在南高加索地区的核心战略利益，其混乱无序对双方都百害而无一利。而作为这场博弈旋涡的中心，格鲁吉亚所考虑的则是如何利用大国的博弈，确保自己在鹬蚌之争中坐收渔利。无论世界格局如何变化，也难以根本改变以地理空间为舞台、以地缘战略为纽带的权力冲突这一国际政治中永恒的主题。

（三）俄罗斯与美国在格鲁吉亚博弈的动因

格鲁吉亚国家不大，但地理位置十分特殊。它是斯拉夫文明、基督教文明和伊斯兰文明的结合地带，具有天然的地理位置优势、巨大的经济潜力和显著的军事意义。

1. 天然的地理位置吸引力

从地缘政治角度来看，格鲁吉亚对俄罗斯与美国双方都具有极大的战略吸引力。中亚及高加索地区历来被视为全球地缘政治格局

---

① Craig Dunkerley, “Russia, Georgia and the United States: Dealing with New Realities”, *Israel Journal of Foreign Affairs*, Vol. 2, No. 3, 2008.

中具有重大影响力的心脏地带，而苏联的解体使苏联的直接继承者俄罗斯不再拥有这样的战略地带，原来统一的地缘战略空间突然断裂，心脏地带成为所谓破碎地带，即区域地缘政治前景不明朗的地区。不过，俄罗斯与美国恰恰就是利用这种不确定性，将该地区变成它们的政治角斗场。作为破碎地带的国家之一，格鲁吉亚虽然国土面积相对狭小，但位于亚欧大陆咽喉部位，地缘战略位置异常重要，是破碎地带的重中之重。加之格鲁吉亚目前国力不强、政局时而动荡、社会矛盾错综复杂，这被俄罗斯与美国看成在政治体制以及意识形态上对该国施加影响、主导和利用该国地缘政治的大好机会。从俄罗斯方面来看，如今虽然其还是世界上版图最大的国家，但它已从一个世界地缘政治中的陆权大国变为区域性陆权大国，在全球地缘战略格局中的影响力大大下降。在这种情况下，俄罗斯必须重视包括格鲁吉亚在内的苏联加盟共和国所处的战略利益区、传统利益区和切身利益区。作为俄罗斯的后院，格鲁吉亚是俄罗斯绝对不容他国渗透的重要势力范围，然而，美国极力加紧对格鲁吉亚进行全方位渗透，千方百计要主导该国的政治进程。俄罗斯为了最大限度地维护在这一地区的影响力，为自身营造有利的地缘政治空间，势必要防范出现重大变化。正如时任俄罗斯负责独联体事务的副外长维特鲁布尼科夫所说，俄罗斯不会放弃在格鲁吉亚的责任，否则其位置会很快被他国填补。

对美国而言，格鲁吉亚同样是必争之地。作为冷战后世界唯一的超级大国，美国在世界范围内推进所谓的民主进程，即使在经历了“9·11”事件的重创之后，也仍在继续加大干预包括格鲁吉亚在内的苏联加盟共和国政治进程的力度，极力遏制和抨击俄罗斯在格鲁吉亚捍卫自身利益的举动。美国之所以高度重视格鲁吉亚的政治动向，主要也是基于地缘战略考量：该国所处的南高加索地区与北高加索一带在历史上有着千丝万缕的联系，若能培养格鲁吉亚对俄罗斯的政治离心倾向和自主能力，使格鲁吉亚彻底摒弃苏联的政治思维走上美国式的民主之路，无疑可以使格鲁吉亚成为美国政治棋盘中的一粒重要棋子，并将有助于美国在苏联地区继续输出民主，进一步挤压俄罗斯的战略空间，削弱俄罗斯对苏联加盟共和国的影响力，彻底粉碎其大国梦想，使俄罗斯永远只能做一个地区性大国。正如布热津斯基所说："美国的首要利益是确保没有任何一个国家单独控制这一地缘政治空间。要阻止俄罗斯的帝国野心，我们只有一条路，就是大力援助苏联解体后形成的独立国家。"[①]

2. 巨大的地缘经济潜力

从地缘经济角度来讲，格鲁吉亚的战略意义也显而易见。该国东部是石油之国阿塞拜疆和有资源宝瓶之称的里海。里海蕴藏着丰富的油气资源：石油储量高达2000亿桶，仅次于中东地区；天然气储量也达到2亿立方米，位居世界前十。海湾战争后，由于中东地区局势不稳，美国在波斯湾的利益受到严重挑战，亟须寻找第二能源供应基地，而里海无疑是美国的又一个绝佳选择。然而，里海本身虽产石油却没有外运石油的出海口，必须由输油管线输送到黑海或地中海沿岸后再运往西方。而格鲁吉亚地处阿塞拜疆与土耳其之间，若要将里海能源直接出口至西方，该国无疑是重要运输环节之一。正因如此，美国选择格鲁吉亚作为中间枢纽建设了以阿塞拜疆为起点、土耳其为终点的通往西方的石油管线。这项工程被誉为21世纪最主要的工程之一，也被称为西方的21世纪丝绸之路。[②] 对美

① Craig Dunkerley, "Russia, Georgia and the United States: Dealing with New Realities", *Israel Journal of Foreign Affairs*, Vol. 2, No. 3, 2008.

② Salome Gogiashvili, "Current Issues of the Formation of the Investment Environment and Potential in Georgia", *Creative and Knowledge Society*, Vol. 6, No. 2016.

国来说，打造这条能源生命线虽然投入巨大，但其所具有的地缘经济意义远远超过了金钱上的消耗。它有效地打破了俄罗斯对里海能源向国际市场输出的垄断，降低了俄罗斯利用能源管道控制中亚与南高加索国家经济命脉以在该地区恢复往日影响力的能力；同时使美国掌握了影响南高加索国家经济形势的战略主动权，在与俄罗斯竞争中获得有力的经济杠杆，对控制里海石油流向，进而控制世界能源走向都起到举足轻重的作用。①

相比之下，苏联解体后，俄罗斯由于自身经济力量的削弱，对周边邻国地缘经济纽带的作用开始下降。再加上以美国为首的西方势力对独联体国家不断采取经济渗透，俄罗斯在这一地区的地缘经济优势遭到严重削弱。而随着巴库—第比利斯—杰伊汉石油管道的正式开通，俄罗斯在该地区的能源龙头地位面临严峻挑战，而格鲁吉亚却因此成为东西方能源的交通枢纽，地缘经济地位得到极大的提高。因此，如果能把握好与格鲁吉亚的关系，争取到后者的支持，俄罗斯在里海石油争夺战中便能占据相对有利的地位。即使俄罗斯所担忧的石油管道不会停止使用，其也可以利用自身的区位优势从中获益，避免资源效益全部落入美国手中。据美国民营情报分析商“战略预测公司”（Strategic Forecasting Inc.）专家透露的消息，由英国石油公司和俄罗斯秋明石油公司组成的合资公司“TNK－BP”正在筹划参与该石油管道的运输，而这将使俄罗斯从中每天获得900万美元的石油收入。因此，对格鲁吉亚软硬兼施，避免其在“亲美亲欧疏俄”的道路上越走越远，是俄罗斯出于地缘因素考量的必然选择。②

---

① 王凡妹、［格］Kristina Papia、王子轩：《20世纪90年代以来的格鲁吉亚经济状况研究——以欧盟、俄罗斯及国际金融组织关系为视点的分析》，《北京科技大学学报（社会科学版）》2017年第1期。

② 杨进：《小国大角色——地缘政治中的格鲁吉亚》，《世界知识》2014年第15期。

3. 显著的地缘军事意义

从地缘军事角度来看，格鲁吉亚对俄罗斯与美国的战略意义同样不容小觑。冷战结束以来，世界军事战略力量对比发生了巨大变化，俄罗斯与美国的地缘军事战略目标也因冷战落下帷幕而从地缘扩张向地缘控制转变。对美国而言，苏联的解体以及苏军的瓦解使俄军队实力远不及往日，为自身进一步控制俄罗斯的传统军事战略空间提供了巨大的战略机遇。波罗的海三国加入北约使美国触角深入黑海—波罗的海防御线的北翼。如能把格鲁吉亚纳入北约使其成为美国在黑海—波罗的海防御线南翼的桥头堡，将实现美国从南部包抄俄罗斯的重大战略设想，从而对俄罗斯形成从巴伦支海、黑海到里海的弧形包围之势，并为美国进一步向中亚进行军事渗透创造了有利条件。对俄罗斯而言，要想重振大国军事雄风就不能不重视格鲁吉亚的动向。格鲁吉亚作为俄罗斯传统的地缘战略空间，对遏制美国扩大在俄罗斯传统利益区的影响力具有重要作用。随着波罗的海三国加入北约，北约已逼近俄罗斯西部边界，一旦格鲁吉亚加入北约将使俄罗斯身陷北约军事包围之中，俄罗斯本土的国防安全将直接受到威胁。同时，俄罗斯的西南面与北约之间的缓冲地带也将不复存在。此外，格鲁吉亚所属的黑海部分区域是俄罗斯走向世界的最重要的海上通道。俄罗斯年出口运输的50%、年进口运输的25%都通过此地。作为苏联四大舰队之一的黑海舰队也部署于此。苏联向世界海洋的扩张首先是从这里开始的。[①] 历史上，沙皇俄国为获取黑海出海口，夺取黑海和黑海海峡的控制权，与土耳其以及英国、法国等欧洲列强曾进行了长达近一个半世纪的角逐。因此，在

---

① 于洪君：《格鲁吉亚在兄弟阋墙的浩劫中痛苦挣扎》，《东欧中亚研究》1996年第2期。

军事安全地位仍然重要的今天，俄罗斯也一定会将与美国对黑海的争夺进行到底。此外，格鲁吉亚紧邻车臣，而俄罗斯一直认为格鲁吉亚东北部潘基西峡谷是车臣非法武装分子与各种分裂主义、极端主义和恐怖主义势力跨越边境发动对俄罗斯恐怖袭击的据点。因此，如果能够稳住格鲁吉亚，俄罗斯就可为最终赢得车臣的控制权增添胜算。[①]

二　亚美尼亚独特的历史现实

亚美尼亚辉煌的历史和近代的曲折命运则时常引起曾经同样身处被侵略与被压迫境地的中国的关注。随着亚美尼亚在 20 世纪 90 年代独立建国，中国国内知识界对其的相关认知得到进一步深化，尤其是 2020 年再次凸显的“纳卡”问题，更是引起了人们对于亚美尼亚的新关注。

（一）亚美尼亚简况

亚美尼亚共和国（亚美尼亚语：Հայաստանի Հանրապետություն，英语：The Republic of Armenia，俄语：Республика Армении）是位于亚洲与欧洲交界处的南高加索地区的共和制国家。行政疆界上，亚美尼亚位于黑海与里海之间，西邻土耳其，北邻格鲁吉亚，东邻阿塞拜疆，南接伊朗和阿塞拜疆的“飞地”纳希切万自治共和国，首都埃里温。面积 2. 98 万平方千米，约 279 万人（截

① Roy Allison，“The Russian Case for Military Intervention in Georgia：International Law，Norms and Political Calculation”，*European Security*，Vol. 18，No. 2，2009.

至2022年）。[1]

作为世界文明最早的发源地之一，亚美尼亚曾经被称为“Hayq”，后来又被叫作哈亚斯坦，这个名字起源于亚美尼亚人祖先的名字——“Hayk”。亚美尼亚是最古老的国家之一，因为史前这里就曾经繁盛，还曾经被视为《圣经》中的伊甸园。从文化、历史和政治上来说，亚美尼亚被视为欧洲的一部分，然而，其所处的南高加索的特殊性意味着它也可以被视为处在欧洲和亚洲的交界，经常被认定为亚洲国家，因此，亚美尼亚是个名副其实的横跨亚欧大陆的国家。官方语言是亚美尼亚语，但俄语使用率较高，英语相对不够普及。

自古以来，亚美尼亚人认为该国最高的山和《圣经》中的圣山是亚拉腊山（Ararat，亦称阿拉拉特山），但出于历史原因，它位于今土耳其境内。在群山中，在亚美尼亚境内的最高峰高达4090米，它吸引着大批的登山爱好者和自然、地质学家前来探索考察。亚美尼亚河流流入南高加索的两条流域内，一条是北部的库拉河（Kura），另一条是南部的阿拉克斯河（Araks）。亚美尼亚最低处是390米阿拉克斯河峡谷。亚拉腊平原被阿拉克斯河分开，亚美尼亚西南部分就属于亚拉腊平原。塞万湖（Sevan）是目前亚美尼亚最大的蓄水池，占据5%的国土面积。由于这里湖泊水质干净透彻、风景优美独特，人们可以在这里感受到融洽的氛围，领略到独特的内陆自然美。同时，塞万湖在亚美尼亚中心地区形成了一个位于海拔2000米高的巨大洼地。

亚美尼亚能源资源贫乏，石油和天然气均依赖进口，但金属和非金属矿藏较为丰富。主要金属矿藏有铁、铜、钼、铅、锌、金、

---

① 数据来源，https：//www. kylc. com/stats/global/yearly_overview/g_population_total. html。

银、锑、铝等，最初的青铜和铁器铸造也追溯到这个地区。金属工业让这里的部落日渐强大，他们控制了西罗马帝国、美索不达米亚和亚洲的商业。虽然山川多岩石，但是土壤肥沃，再加上有大量的河流、湖泊和地下水库，使这里在很早的时期就大规模地发展了农业。在世界上的十个主要的地理区域中，七个位于亚美尼亚，包括大面积的橡树、松树和榆树林，起伏的高山草甸，沼泽，沙漠，和丰富的农田。亚美尼亚只有1/3的土地适合耕种，在当地人们的勤奋努力耕作下，作物生长繁盛，保证了粮食供给。

亚美尼亚全国划分为10个州和1个州级市：希拉克州（Shirak，Ширак）、洛里州（Lori，Лори）、塔武什州（Tavush，Тавуш）、阿拉加措特恩州（Aragatsotn，Арагацотн）、科泰克州（Kotayk，Котайк）、格加尔库尼克州（Gegharkuni，Гегаркуник）、阿尔马维尔州（Armavir，Армавир）、阿拉拉特州（Ararat，Арарат）、瓦约茨·佐尔州（Vayots Dzor，Ваёц Дзор）、休尼克州（Syunik，Сюник）、埃里温市（Yerevan，Ереван）。与阿塞拜疆有争议的纳戈尔诺—卡拉巴赫（Nagorno - Karabakh，简称“纳卡”）地区75%以上居民为亚美尼亚族。21世纪初纳卡地区由当地亚美尼亚人自行建立的“卡拉巴赫共和国”实际控制，编制为6州。

亚美尼亚国庆日为1991年9月21日，国歌为《我们的祖国》。国旗呈横长方形，长与宽之比为2：1。自上而下由红、蓝、橙三个平行且相等的横长方形组成。红色象征烈士的鲜血和国家革命的胜利，蓝色代表国家丰富的资源，橙色象征光明、幸福和希望。这是1918年成立的亚美尼亚第一共和国采用的国旗。1920年至1991年，亚美尼亚曾是苏联的一个加盟共和国，当时的国旗是在苏联国旗的旗面中间加一个稍宽的蓝色横条。1991年宣布独立后，正式恢复红、蓝、橙三色旗为国旗。

亚美尼亚国徽启用于1992年4月19日，仿照亚美尼亚民主共和国的国徽设计，为一盾徽，由鹰和狮子护持。中间的小盾所画的图像为挪亚方舟停于亚拉腊山山顶，代表亚美尼亚的自然风光。盾的其余部分分为四个象限，周围的四组图案代表历史上的4个王国：左下角为双鹰回头对视，象征阿尔塔什斯王朝；左上角为背负十字架的狮子，象征巴格拉提德王朝；右上角为双头鹰，象征阿萨息斯王朝；右下角为爪持十字架的狮子，象征鲁本王朝。四个象限象征国家悠久的历史。盾下方是一条被利剑斩断的锁链，交叉着绿色树枝和箭头，还有麦穗、羽毛和绶带。①

（二）亚美尼亚的历史底蕴和文化特质

亚美尼亚具有悠久的人类文明史，在世界范围内独树一帜，自古就在丝绸之路上与中国形成了密切的商贸和文化交往关系。尽管重要却敏感的地缘位置决定了其千百年多舛的命运，但基督教和伊斯兰教在此碰撞，亚细亚文明和欧洲文明不断交会，也造就出丰富而独特的文化基因。

1. 亚美尼亚的历史演进

亚美尼亚是世界上最古老的民族之一，莫夫希斯·寇伦纳西（Хоренаци Мвсес）的《亚美尼亚历史》（История Армении）记载，公元前2107年建立了第一个亚美尼亚王国，公元前1824年形成了地理概念上和政治概念上的亚美尼亚，公元前16世纪，亚美尼亚人的祖先生活在位于南高加索和安纳托利亚高原东北部的亚美尼亚高原。公元前9—前6世纪建立的乌拉尔图王国是今亚美尼亚领土上出现的最古老的奴隶制国家。公元前2至前1世纪，他们在这里

① 常颖、田欣欣：《“一带一路”国别概览：亚美尼亚》，大连海事大学出版社2018年版，第37页。

建立了统一的大亚美尼亚国，国力一度非常强盛。后来，大亚美尼亚国被邻国征服，亚美尼亚人从此受到罗马帝国、伊朗萨珊王朝等外族政权的统治。在长期的外族统治中，亚美尼亚人虽然丧失了政治独立，但其民族特征和基督教信仰却始终保持着，凝结成强大的民族凝聚力。

公元15世纪，强大的奥斯曼帝国征服了亚美尼亚人居住区的大部分土地，并在此地实行一种称为“米勒特制”的宗教团体自治制度，即任命东正教主教在宗教上和民事上管理亚美尼亚人。从此，在以伊斯兰教为主的中东地区，亚美尼亚人成为一个独特的社会群体。亚美尼亚人在“米勒特制”下仍保持着宗教和文化上的独立，生活相对稳定。在奥斯曼帝国的统治下，亚美尼亚人大多靠做仆人、工匠和小商人来维持生活。由于善于经营，他们成为希腊人和犹太人最大的商业竞争者，在奥斯曼帝国的手工业和贸易中发挥着重要作用。尤其在货币交换、金饰工艺、珠宝业、对外贸易、医药、戏剧等方面表现出的才干，使亚美尼亚人逐渐取代了希腊人在帝国中的重要位置。公元16世纪，伊朗萨法维王朝兴起并开始与奥斯曼帝国争夺亚美尼亚。双方经过多次交战，于1639年签订了《君士坦丁堡协定》，将亚美尼亚分为东西两部分，西亚美尼亚划归奥斯曼帝国，东亚美尼亚划归伊朗萨非王朝。

面对被大国瓜分的命运，亚美尼亚人开始把民族解放的希望寄托于外来势力的干预。亚美尼亚民族代表卡特里斯科大主教（1655—1680年在位）为推动民族的独立和解放，曾向俄国沙皇、罗马教皇和西方基督教诸国求援，历史上的亚美尼亚问题开始显现。然而，列强不会真心帮助亚美尼亚人，他们只想达到各自的目的。公元18世纪，沙皇俄国把扩张矛头指向亚美尼亚，开始与伊朗进行领土争夺。在1813年和1826年两次俄伊战争中，亚美尼亚人均支持同样信仰基督教的俄国人。在亚美尼亚人的帮助下，俄国从伊朗手中夺取了与奥斯曼帝国东部边境接壤的东亚美尼亚地区。与此同时，奥斯曼帝国开始走向衰落，商业和手工业发展停滞，农民和商人的财产安全得不到保障，西亚美尼亚人对奥斯曼统治者的不满情绪也逐渐增加。

公元 18 世纪末，世界各地民族解放运动高涨，极大地鼓舞和推动了亚美尼亚民族运动的兴起，民族独立意识开始在亚美尼亚人中觉醒，再加上俄国为夺取西亚美尼亚，鼓动亚美尼亚人反对奥斯曼帝国的统治，使亚美尼亚民族独立意识日渐增强。公元 19 世纪早期，亚美尼亚各地掀起了反抗民族压迫和宗教压迫的斗争，亚美尼亚人迅速走上反抗奥斯曼帝国统治、争取民族独立的道路。但是，亚美尼亚人性格温和，并不勇猛尚武，且很少有自己的武装，不能进行有效的自我保护，加上他们多居住在高原地区，村庄比较分散，难以集中，而城镇里的亚美尼亚人则多为普通市民，长期处于弱势地位，因此，他们很容易被分化瓦解。这些都给亚美尼亚民族运动带来了不利影响。欧洲列强为满足争霸和扩张的需要，打着支持亚美尼亚人争取民族权利的旗号煽动民族情绪，激化民族矛盾，并引发一系列流血冲突，致使亚美尼亚问题成为近代史上“东方问题”中很敏感的一部分，也成为困扰周边国家的焦点问题。①

由于俄国一直想把奥斯曼帝国统治的西亚美尼亚纳入自己的版图，从而占有整个亚美尼亚地区，所以长期鼓动亲俄的亚美尼亚民族主义分子从事东西亚美尼亚合并的活动，导致俄奥矛盾激化。1853 年克里米亚战争爆发，1877—1878 年俄土战争爆发。俄土战争加剧了土耳其人对亚美尼亚人的怀疑和报复。从此，土耳其与亚美

---

① 杨进：《饱经风霜的民族——亚美尼亚人》，《俄罗斯中亚东欧市场》2008 年第 6 期。

尼亚的民族矛盾急剧恶化，最终导致亚美尼亚人被土耳其大量屠杀。经历了漫长曲折的历史过程，1920 年 11 月 29 日，亚美尼亚苏维埃社会主义共和国成立，并于 1922 年 3 月 12 日加入南高加索联邦，1936 年 12 月 5 日又作为加盟共和国加入苏联。20 世纪 90 年代初，在苏东剧变的背景下，1991 年 9 月 21 日经过全民公决，亚美尼亚正式宣布独立，成为真正意义上的主权国家。

具体到中国与亚美尼亚的历史渊源，则十分深厚。公元前夕，亚美尼亚人便在中国与罗马帝国及其继承者间扮演了中介的角色。亚美尼亚是古代丝绸之路的必经之处，亚美尼亚商人将本国的珠宝、药材、染料、皮革运往中国，而中国的丝绸、陶瓷也被带到亚美尼亚。亚美尼亚地毯上至今还保留着中国龙的形象。亚美尼亚流传着亚美尼亚人是三国名将马超后裔的传说，其民族英雄马米科尼扬即马超的后裔马抗。“《亚美尼亚史》明确记载，马米科尼扬家族的始祖名为马抗（也译马姆贡）”，公元 3 世纪由中国迁徙而来。[①] 唐代中国与亚美尼亚的往来进一步得到加强，自此亚美尼亚商人的形象开始为中国所熟悉，而关于中国唐朝的地理、政治结构等的叙述也时现于亚美尼亚人的文字记载中。

活跃于 17 世纪的亚美尼亚离散群体不仅是丝路贸易的推动者，也是东西方文化的传播者。在波斯萨法维王朝统治者支持下，以新朱尔法为中心，亚美尼亚人建立了由 4 条相互连接的贸易线路组成的贸易网，并在海洋经济风起云涌的大势下重现了丝路城市的辉煌。亚美尼亚人贸易繁荣的原因与该贸易离散群体之特点息息相关，长期的流亡生活培养了亚美尼亚人坚韧刻苦、勤奋务实、诚实进取的民族特性和互信、团结、互利的商业精神；制度化的管理，开放、

① 常颖、田欣欣：《“一带一路”国别概览：亚美尼亚》，大连海事大学出版社 2018 年版，第 1 页。

进取的精神，以及特殊的应变力和适应力，使他们能够游走在不同信仰的帝国之间拓展市场。作为贸易离散群体，亚美尼亚人不仅改善了自身经济状况和社会地位，而且在促进东西方文化、艺术交流方面也扮演着重要角色。[①]

蒙古人征服亚美尼亚后，不仅驱动了其与中国之间的间接交流，也在大都、泉州等地形成了亚美尼亚人聚居区。这些亚美尼亚人相继大规模地皈依天主教。近代以来，亚美尼亚人沿着印度和波斯商人的足迹来到中国，在中国境内从事着贸易活动。1998 年，中国考古发现直径 29 毫米的“米”字铜钱，据考为“天山骑士”所造。七年后，法国钱币学家费朗索瓦・蒂埃里解读出钱币上的符号是亚美尼亚第一位国王海屯的铭文标识。与中国字“米”相像的实际上是一个呈辐射状的十字架。这枚铜币是在距亚美尼亚国王当年会见蒙古大汗所在地以东一千多千米的地方发现的。[②] 蒙古国的形成不仅驱动了亚美尼亚和中国之间的间接接触和交流，有许多亚美尼亚人整群地被引导去了元代的中国，并从此在那里安居下来。

从 1267 年开始兴建元大都，在北京附近，亚美尼亚人形成了自己的聚居区。除北京城外，在南方的泉州港有另一个很大的亚美尼亚人聚居区。这些亚美尼亚人经海路，沿阿拉伯商人、摩尼教徒、犹太人和印度教徒的足迹来到中国，从 8 世纪起在中国定居。7—18 世纪，在亚美尼亚人意识中，中国是个神话般的地方，犹如鲜为人知的国度或神话中的伊甸园，但也是一个可以通过陆路与海路到达的真实的国家。几百年来，许多亚美尼亚人居住在广东、哈尔滨、上海等地，不乏一些著名人物，其中包括 19 世纪将《圣经》译成汉

① 车效梅、张静雪：《17 世纪波斯亚美尼亚人跨区域贸易网络的形成、发展与地位》，《西亚非洲》2023 年第 1 期。

② ［法］让－皮埃尔・马艾：《亚美尼亚人和中国》，《复旦学报（社会科学版）》2014 年第 3 期。

语的奥万涅斯·拉扎里昂，20 世纪初成为中国香港总督顾问的哈恰图尔·阿斯特瓦查特良，等等。20 世纪 40 年代后，旅居中国的亚美尼亚侨民逐渐减少，大部分移居到美国和澳大利亚。20 世纪 90 年代起，中国的亚美尼亚人再次增多，主要是学生和商人。目前，中国有亚美尼亚学生会、亚美尼亚中心和亚美尼亚研究中心。目前到中国的亚美尼亚团体已达 500 人次。[①] 此外，亚美尼亚是崇尚艺术、尊重知识的民族，人才辈出，文化艺术是人们生活中不可分割的一部分。[②] 2014 年 7 月，关于亚美尼亚与中国历史渊源的电影《亚美尼亚之旅》在第十一届埃里温国际电影节上获得大奖，进一步加强了两国的历史和文化纽带。

2. 亚美尼亚文化与民族身份认同

在世界近现代历史上，亚美尼亚是一个饱受磨难和备受关注的民族。亚美尼亚总是夹在“两个大国之间，为保全自己，不得已去力阻征服者的雄心，竭尽外交家的机敏以求广结联盟”。[③] 今天的亚美尼亚人遍及世界五大洲，对当今世界的政治、经济产生了重要影响。在漫长的历史过程中，亚美尼亚人因其与众不同的宗教信仰形成了特殊的文化与民族身份认同，带有坚韧、哀切和悲伤的内在气韵的同时，又具有鲜明强烈的民族自豪感和自尊心。

---

① 孙玉华、任雪梅：《中国与亚美尼亚关系的历史、现状及前景展望》，《东北亚外语研究》2018 年第 1 期。

② 辛文：《当代中国美术精品远行亚美尼亚——“走进亚美尼亚——当代中国美术精品展”在亚隆重开幕》，《美术观察》2014 年第 11 期。

③ “两个大国”：历史上有罗马和帕尔特帝国，拜占庭和阿拉伯帝国，如今是俄罗斯与美国。[法] 让-皮埃尔·马艾：《从埃及到高加索：探索未知的古文献世界》，阿米娜等译，生活·读书·新知三联书店 2015 年版，第 51 页。

（1）亚美尼亚民族文化的传统底蕴

亚美尼亚人居住在位于南高加索和安纳托利亚高原东北部的亚美尼亚高原。亚美尼亚地区历史上被划分为东亚美尼亚和西亚美尼亚。亚美尼亚人是由世代生活于亚美尼亚高原的本地部落哈伊阿斯人与乌拉尔图人、胡里特人和赫梯人等以及外来的阿尔明人长期融合而成的一个古老民族，使用亚美尼亚语，属印欧语系。亚美尼亚人大多数信仰基督教一性论派，少数人信仰天主教和伊斯兰教，主要分布于今天的亚美尼亚、阿塞拜疆、土耳其和伊朗等国。公元前16世纪时亚美尼亚人的祖先就已生活在亚美尼亚高原，并于公元前2—前1世纪建立了统一的“大亚美尼亚国”，国力一度强盛。但该国后来为邻国所征服，亚美尼亚人又受到罗马帝国、伊朗萨珊王朝等外族政权的统治。许多亚美尼亚人因此被迫迁徙，离乡背井，生活环境动荡不安。[①] 虽然丧失了政治独立，但是亚美尼亚人长期以来保持其民族特征和基督教信仰，文化传统并未中断，具有强大的民族内聚力。

亚美尼亚语（Հայերեն）是亚美尼亚共和国及纳戈尔诺—卡拉巴赫共和国（目前仅获得南奥赛梯共和国、阿布哈兹共和国和德涅斯特河沿岸共和国三个非联合国成员国的承认）的官方语言，属于印欧语系亚美尼亚语族，是印欧语系中最古老的有文字的语言之一，使用人口约七百万人，但它没有任何近似语言，其38个字母的拼音系统更是独特，不少语言学家因此对亚美尼亚语产生兴趣。“我是亚美尼亚人，如同亚拉腊山一般古老，在我的深哀巨痛中，亚拉腊山也会低头弯腰。”诗人盖斡格·艾明的《亚美尼亚之歌》唱出了这个民族的悲痛——他们失去了最神圣的亚拉腊山。亚拉腊山位于土耳其东部，亚美尼亚人的祖先曾在这里生活。1923年苏联与土

① 胡健：《近代历史上的亚美尼亚问题》，《求索》2005年第8期。

耳其签订《卡尔斯条约》后，该地区被划给土耳其。亚拉腊山一直被亚美尼亚人视为民族精神的象征，也是亚美尼亚国徽上的图案。从今天亚美尼亚国土的大多数地方，都能看见亚拉腊山。历史的磨难与痛苦造就了亚美尼亚人坚韧、勤劳与智慧的民族性格。亚美尼亚人十分好客和自豪，每一个去过那里的人对此都有深刻的体会。如果在亚美尼亚旅行，素不相识的人会邀请你去他家做客，可以坦然接受，但是，如要因此付费的话，就会使主人不快，他会认为这是对他的侮辱。亚美尼亚人热情款待，只为需要帮助的人。①

亚美尼亚是崇尚文化、尊重知识的民族，这也就不难解释为什么无论他们身处何地都能取得突出成就。埃里温的玛坦·纳达兰图书馆藏有一套中世纪的手绘《福音书》，这是20世纪初“大屠杀”时被人从土耳其东部带到埃里温的。当时，两个弱女子在逃命途中舍弃了一切，却唯独没有舍弃最沉重的书。这座图书馆是世界上收藏亚美尼亚文抄本最多的地方，很多书已有千年的历史。要知道千年来这片土地上战争不断，可这些记录亚美尼亚文化的书却依然保存完好。崇尚教育和文化也使这个民族人才辈出，诗人、作家、音乐家、画家、科学家、艺术家等不断涌现。犹太人向来以精明的商业头脑著称，但是在南高加索地区却流传着这样一句话——“三个犹太人比不上一个亚美尼亚人”，言外之意，亚美尼亚人更有过人的智慧，世界著名飞机设计师米高扬就是亚美尼亚人。而遍布世界的几百万亚美尼亚人中基本没有文盲，这也不是每个民族都能做到的。②

（2）近代亚美尼亚的民族问题

近代历史上的亚美尼亚问题是一个跨国家的、复杂的民族问题。

---

① 杨进：《亚美尼亚：亚拉腊山一般的民族》，《世界知识》2007年第24期。

② 杨进：《饱经风霜的民族——亚美尼亚人》，《俄罗斯中亚东欧市场》2008年第6期。

亚美尼亚是古老民族，但是作为一种意识形态的亚美尼亚民族主义却出现在18世纪之后。19世纪30年代，美国新教传教士在奥斯曼帝国境内的亚美尼亚地区建立传教使团和学校，发展起新教社区。受传教使团的影响，在天主教和新教社区出现了亚美尼亚民族文化的复兴，亚美尼亚人建立了自己的文化中心，恢复了对古代亚美尼亚的研究，发展了大众化的新语言文字。许多接受西方思想的亚美尼亚人要求政治改革，还要求实行彻底的世俗化和区域自治。亚美尼亚民族主义意识兴起和日渐增强，大大推动了各地的亚美尼亚人掀起反抗民族压迫和宗教压迫的斗争。欧洲的民族国家兴起，一定程度上激发了亚美尼亚资产阶级的觉醒，民族独立意识开始在当时的亚美尼亚社会出现。亚美尼亚民族在1915—1917年的遭遇，以及近代历史上追求民族独立的文化，使民族主义情结在亚美尼亚社会有着深厚的社会基础。

从沙皇俄国开始，俄罗斯族与亚美尼亚族之间就存在着这种文化和宗教上的亲近感。处于信奉伊斯兰教民族包围的亚美尼亚族自身实力弱小，曾长期受奥斯曼帝国的统治。他们将维持民族独立和生存的希望寄托于外部盟友，俄罗斯族成为其宗教和文化上的紧密盟友。在整个苏联时期，亚美尼亚和阿塞拜疆为实现自身的民族主张和领土完整在不断角力，而且联盟中央更偏向于亚美尼亚。相对于早期的亚美尼亚民族主义思潮，当代的亚美尼亚民族主义确实兴起于20世纪80年代，戈尔巴乔夫推进的政治改革使被苏联共产党长期压制的民族、历史和领土矛盾不断重新提起，使长期潜伏着的苏联民族矛盾逐步表面化。①

1917年俄国十月革命爆发，其影响渐次展开，并陆续波及其广

① 张弘：《民族主义与政治转型的相互影响——以亚美尼亚为案例的研究》，《俄罗斯东欧中亚研究》2018年第3期。

阔的边疆地区。1919 年 9 月，根据当时俄共（布）高加索边疆区委员会的建议，成立了亚美尼亚共产主义组织的领导中心——俄共（布）亚美尼亚委员会。1920 年 6 月，亚美尼亚共产党（布）正式成立。[①] 7 月 20 日，共产国际执行委员会为准备随后在巴库举行的波斯、亚美尼亚和土耳其工农代表大会，发表了《共产国际执行委员会告波斯、亚美尼亚和土耳其受奴役人民群众书》，其中这样写道："共产国际为什么要在这个时候召开一次波斯、亚美尼亚和土耳其的工农代表大会呢？大会使他们得到什么？大会对他们的要求是什么？正在同资本进行战斗的欧美的工人和农民现在所以要面向你们，是因为你们和他们一样，也在世界资本主义的枷锁中受苦受难；你们和他们一样，也不得不反对世界上的剥削者；是因为如果你们与欧美的工人和农民联合起来，就会加速世界资本主义的崩溃，就会为全世界工农的解放提供可靠的保证。"[②] 这一行动有力地推动了南高加索的苏维埃革命进程。1922 年，亚美尼亚加入"外高加索联邦"。1936 年 12 月，亚美尼亚单独以加盟共和国的身份加入苏联。

近代的亚美尼亚问题是历史上亚美尼亚人多次遭受民族歧视和压迫而形成的民族积怨所致，这些积怨既有亚美尼亚人与其他相邻民族的矛盾，又有宗教层面上的争端。[③] 亚美尼亚民族渴望整个民族的解放，改变民族被大国分割和压迫的处境，但他们的独立愿望长期得不到满足。近代列强在亚美尼亚高原的争夺和对奥斯曼帝国的瓜分加剧了固有的矛盾冲突。亚美尼亚民族主义与奥斯曼政府的专制统治激烈碰撞，一直困扰着南高加索和中东地区的有关国家，至

---

① ［苏］苏联科学院历史所编：《苏联民族——国家建设史》（上），赵常庆等译，商务印书馆 1997 年版，第 171 页。

② 陈新明主编：《共产国际执行委员会第三次扩大全会文献》，中央编译出版社 2015 年版，第 393—394 页。

③ 胡健：《近代历史上的亚美尼亚问题》，《求索》2005 年第 8 期。

今影响着本地区发展。

（3）独立后亚美尼亚民族主义的现代化转型

历史上的南高加索是一个多民族混居的地区，各种宗教和文化不断融合，同时也积累了大量的民族矛盾，处于混居的南高加索各民族分离主义也很活跃。在苏联当政的70年间，苏联各共和国的事情都是在莫斯科解决，大家对此习以为常。“今天的现实要求各民族要切实转变思维模式，认清谁也不能代替他们解决自己的问题，无论是莫斯科、华盛顿、布鲁塞尔、斯特拉斯堡、维也纳，还是其他国际势力。自己的问题应当自己解决。很遗憾，那些致力于此的国际组织变得越来越软弱无力。”①

亚美尼亚从苏联统治下和平地获得民族国家独立，不仅极大地增强了民族自信心，使压制百年的民族国家认同得到恢复，还使亚美尼亚的政治转型过程掺杂了特殊的地缘政治背景和民族主义压力。无论是历史上的奥斯曼帝国对亚美尼亚人的大屠杀还是苏联时期的民族矛盾，都是亚美尼亚政治无法回避的问题，成为其独立以后的政治核心议题。亚美尼亚的全球化和现代化需要克服的困难包括“去苏联化”和经济民族主义思潮。但是，由于恢复民族国家又是一个民族主义的复兴过程，因此二者存在着一个矛盾关系。独立以后，亚美尼亚国内政治多元化趋势发展迅速，与此同时，超级总统制也越来越暴露出较多的弊端，亚美尼亚社会要求将国家制度从独立之初的反危机模式逐渐向正常的权力平衡模式调整过渡。独立之初的民族主义政治力量逐渐分化为温和的和解派和激进的强硬派。

亚美尼亚的政治转型在苏联国家里属于一个特殊的案例，其政

---

① ［亚］卡拉佩特·卡连强、徐燕霞：《世界新秩序和亚美尼亚安全》，《俄罗斯中亚东欧研究》2009年第3期。

治转型过程始终伴随着民族主义的激烈冲击。民族主义对于亚美尼亚政治发展具有正反两个方面的影响。一方面促进了民族国家认同的快速恢复，为国家转型和重建提供了稳定的思想基础；另一方面，民族主义也限制了政治秩序和民主制度的固化，甚至威胁政权的安全。超越历史的民族主义已经成为亚美尼亚实现民主固化、完成政治转型的重要挑战之一。在国家独立之初，在政治转型与民族国家的重新建构过程中，民族主义扮演着重要的角色。民族主义与当代亚美尼亚政治发展存在着一定的结构性矛盾。从全球化与现代化的角度看，当代亚美尼亚民族主义不但没有衰落，反而在转型阶段过程中不断被强化。民族主义与亚美尼亚政治发展的关系更多地体现为相互扬弃，两者统一于亚美尼亚国家自身政治发展道路的探索。①

（4）亚美尼亚的文化认同与国家安全

虽然自1994年以来，亚美尼亚经济有所增长，但社会财富严重不均，底层居民的生活依然十分艰辛，失业率超过30%，贫困人口超过一半。严峻的经济形势和外部安全环境使极端民族主义分子铤而走险，制造血案。在困难的地缘政治环境、民族主义的压力下，亚美尼亚的政治转型和经济改革实际上问题多多，越来越落后于周边国家。越来越不利的地缘政治环境刺激了亚美尼亚国内的民族主义情绪，困难的经济形势一定程度上造成民粹主义情绪上升，二者相互影响的结果是民族主义的高涨以及政治情绪的非理性化，给国家整体安全和区域安全都带来了不确定因素。

亚美尼亚的政治精英普遍具有的民族主义立场不仅来自他们的政治选举策略，更来自民族文化中的悲情意识。长达一百年的外族统治

① 张弘：《民族主义与政治转型的相互影响——以亚美尼亚为案例的研究》，《俄罗斯东欧中亚研究》2018年第3期。

历史，特别是1915年的遭遇是这个民族难以跨越的心结。在与土耳其、阿塞拜疆等邻国化解民族矛盾和历史问题之前，极端的民族主义仍然是亚美尼亚社会的主要压力。浓重的民族主义情绪一定程度上影响着政治转型的速度。“人们很清楚，这里存在着双重标准，大家都在追求自身利益。如果信仰破灭了，要想恢复起来是件很困难的事情，况且，这种信仰已经无法恢复了。所以现在，这些国家里的政治游戏已经公开化。人们明白，无论举行什么样的选举，都会得到国际上的认可，当然他们会附加上一些说明，好为自己留下一条后路。”所以，亚美尼亚“应该自己制定国家安全的方向，寻找保障自身安全的途径，应该权衡该地区各大国的利益，然后明确自己所面临的威胁。这样做是非常有益的。这些策略应该由亚美尼亚学者、政治学家、政治界人士和相关研究机构制定，并交由公众广泛讨论。坚决不能把这个问题交给外国专家解决，或者把别国现有的政策换个名称照搬过来”。①

从极端民族主义在亚美尼亚的发展历史看，实现政治转型的社会条件并不具备。在未来的中期时段里，亚美尼亚的政治转型必然继续经历反复，直到社会共识的形成。苏联国家的政治转型具有极其复杂的环境，不仅在内部需要进行制度建设，搭建出正常的民族国家，还依赖于外部稳定的地缘政治环境。历史矛盾和民族传统都有可能导致国家政治转型方向和质量发生严重偏离和改变。从亚美尼亚的案例看，小国的政治转型不仅取决于内部的政治经济因素，更大程度上依赖于外部的地缘政治环境。从亚美尼亚的政治转型历程来看，外部的大国约束可以成为中小国家转型是否顺利的一个重

---

① ［亚］卡拉佩特·卡连强、徐燕霞：《世界新秩序和亚美尼亚安全》，《俄罗斯中亚东欧研究》2009年第3期。

要因素。[①]

（5）中国学界对亚美尼亚文化和民族的认知

从观念认知的角度系统地分析与理解亚美尼亚的发展轨迹，及其在整个中国知识视野中的形象变迁，可以更好地反映出近代以来中国知识界在救亡图存的过程中力图通过探寻域外国家的命运，来折射对于中国自身发展的追索。

整体而言，考虑到亚美尼亚与中国交往的历史延续性，亚美尼亚在中国的认知空间中自然也会形成一种连续性。但从历史的维度看，中国对于亚美尼亚的认知很像一个“U”字形，即对古代交流与当代政治层面的记述较多，而对于近代亚美尼亚及其相关问题的认知则处于薄弱甚至遗忘的状态。[②] 在连续性的整体序列中，这三个时段的认知强弱在某种程度上构成了中国学者认知中的独特“锚点”，并形成这样的印象：作为南高加索国家之一，出于各种原因，在具体的认知实践中，亚美尼亚的历史定位主要围绕古代交流与当代国际关系展开，而其近代历史则某种程度上是知识盲区。这种认知态势，在一定程度上忽视了南高加索这一区域在理解近代世界转型和欧亚地缘政治变迁中所扮演的重要角色，也使中国学界对于自身近代知识转型与域外认知的图景有所缺失。因此，如何构筑当下域外知识图景，尤其是共建“一带一路”和人类命运共同体理念下对于中国西向交往路径中的“中亚—南高加索”区域与通道的连续性认知，实现古代—近代—现当代的整体关联，进而更为全面地理解亚欧大陆东西端的文明交往与互鉴格局，就成为有必要深入思考和研究的重要议题。

---

① 张弘：《民族主义与政治转型的相互影响——以亚美尼亚为案例的研究》，《俄罗斯东欧中亚研究》2018 年第 3 期。

② 袁剑：《欧亚边疆：中国知识视野中的亚美尼亚形象变迁及其时代性》，《俄罗斯研究》2021 年第 5 期。

20世纪90年代以来中国学界对于亚美尼亚的认识，则更多地呈现为崛起中的大国对于苏联解体后的混乱局面与高加索区域冲突的知识关注与兴趣。随着共建“一带一路”的推进，中国学界对于包括亚美尼亚在内的南高加索地区的认识也在经历一个从点到面逐步进深的过程。在当下“百年未有之大变局”的时代，梳理和揭示近代以来中国对于亚美尼亚的认知历程，或许不仅有助于理解这个南高加索小国的曲折历史，更能够去理解和认识百年来世界范围内地缘政治变迁及其背后的大国竞逐，并在这个过程中更好地理解和认识中国。

3. 独特的亚美尼亚基督教

亚美尼亚历史悠久，虽被信奉伊斯兰教的土耳其、阿塞拜疆和伊朗等国包围，但几千年来始终坚持特有的亚美尼亚基督教信仰。传说目前在土耳其境内的亚美尼亚人的“神山”亚拉腊山，据《圣经》记载，是“大洪水”后挪亚方舟的停靠地。亚美尼亚教会由格列高利（St Gregory）最早传教并建立。格列高利属于从波斯帕提亚帝国入主亚美尼亚的阿尔沙克王室，与亚美尼亚国王特拉达三世（Tiridates Ⅲ）有亲属关系。他在亚美尼亚建立教会，又在特拉达三世的王宫边上，建起了亚美尼亚的第一座教堂——埃奇米阿津大教堂。大约在302年，格列高利从恺撒里亚的宗主教处获得宗主教称号，成为第一位亚美尼亚宗主教。由格列高利创立的亚美尼亚教会也被冠以他的名字，称为格列高利教会。

公元301年，亚美尼亚王特拉达三世定基督教为国教，使亚美尼亚成为世界上第一个基督教国家。亚美尼亚教会是一个独立基督教会，信奉单一属性说，独立于基督教主流派以外。公元405年，米索为亚美尼亚人民创造了亚美尼亚字母，并于5年后将《圣经》翻译成亚美尼亚文。正是《圣经》的翻译使亚美尼亚人得以了解这个全世界共同的历史。“亚美尼亚语的《圣经》译本还给未来的历史学家提供了一种写作技巧和文学典范。”① 亚美尼亚使徒教会一直保持独立并对世界有重大影响，曾参与管理耶路撒冷的圣墓教堂。如今亚美尼亚 94% 的居民为基督教信徒。②

公元 680 年，阿拉伯人灭波斯国后，一直强迫亚美尼亚人信奉伊斯兰教，时至今日，亚美尼亚依旧像一叶孤舟摇曳在伊斯兰教的海洋里。从波斯人强迫其改信拜火教，到后来阿拉伯人强迫其信奉伊斯兰教，辗转千年，亚美尼亚人的信仰一直未变。与一般教会所认为的 12 月 25 日圣诞节是耶稣诞辰不同，亚美尼亚的教会则坚持 1 月 6 日主显节是耶稣的诞辰。亚美尼亚教会是亚美尼亚的主流教会，拥有 238 万名信徒（受洗者 136 万人），占到亚美尼亚基督徒总数的 3/4，教堂 97 间。亚美尼亚教会的组织及敬拜方式和埃及的科普特教会大体相同。

亚美尼亚共和国现行宪法规定：“亚美尼亚共和国政教分离。亚美尼亚共和国承认亚美尼亚使徒圣教会在亚美尼亚人民精神生活中、在发展其民族文化和保持民族独特性方面作为国教的特殊使命。亚美尼亚共和国保障所有宗教组织在法律规定的范围内进行活动的自由。”③ 据统计，亚美尼亚信奉基督教的人数约占其国民总数的 98.7%，其中约 94.7% 为亚美尼亚使徒教会的信徒，另有 4% 信仰基督教的其他分支。值得一提的是，坚持单一宗教信仰的亚美尼亚至今仍保留一座清真寺。格科·加米清真寺（也称“蓝色清真寺”）位于埃里温，是亚美尼亚为穆斯林教徒修建的唯一仅存的一间清真

① ［法］让-皮埃尔·马艾：《从埃及到高加索：探索未知的古文献世界》，阿米娜等译，生活·读书·新知三联书店 2015 年版，第 148 页。

② 常颖、田欣欣：《“一带一路”国别概览：亚美尼亚》，大连海事大学出版社 2018 年版，第 103 页。

③ 《亚美尼亚共和国宪法》，http：//www. president. am/ru/chapter1。

寺。苏维埃时期清真寺变成埃里温市博物馆，在1990年得到恢复。①

（三）亚美尼亚独立后的经济社会转型及发展

从苏联时期亚美尼亚作为加盟共和国的分工地位，到独立以后的经济自由和市场化转轨，再从独联体地区经济一体化升级到欧亚经济联盟成员国，亚美尼亚经济发展和对外开放及其参与区域生产分工在很大程度上受制于其所处的地缘环境。不仅是经济转型面临难题，亚美尼亚的后共产主义转型在“去苏联化”和西方民主化的双重影响下也呈现出一定的碎片化特征。同时出于历史原因，该国人口结构中海外移民和离散族裔比重较大，社会发展长期倚重侨汇，对外政策和国际形象也依赖移民通过在所在国施加政治影响来谋求亚美尼亚在特定问题上的国际话语权。

1. 亚美尼亚的经济转型

亚美尼亚独立之初的经济转轨出现巨大困境。苏联时期，亚美尼亚作为加盟共和国，是苏联计划经济分工体系的一环，当时苏联在这里设置了机床、仪表和纺织厂，产品出口到其他加盟共和国以换取自己缺乏的原材料。苏联解体，原有关系体系终结，致使试图建立起独立自主经济体系的亚美尼亚共和国处境异常艰难。本来，由于地域经济情况的特殊性以及自然资源储量的劣势（石油、天然气、煤和其他能源原料缺乏，耕地收成低，等等），亚美尼亚经济与苏联其他加盟共和国相比显得最为脆弱。作为苏联加盟共和国，亚美尼亚工业产品仅满足本国消费需求的20%，而国内消费品的79%需要由其他加盟共和国提供。由于用数十年时间建立起的经济联系

① 沈骚：《漫步“童话国度”——亚美尼亚》，《就业与保障》2019年第10期下。

瞬间中断，苏联各加盟共和国生产总量全面快速下滑，通胀加剧，居民生活水平下降，“连基本的能源保障都难以为继，很多居民在寒冬中每天只有两个小时的电力供应”，经济和其他各方面能力减退。在种种因素影响下，亚美尼亚经济转轨步履维艰，经历了连续 5 年的通胀和连续 4 年国内生产总值剧烈下滑的阶段。1990 年，亚美尼亚通胀率仅为 10.3%，1991 年竟然上升至 274%。此后，亚美尼亚进入恶性通胀阶段，到 1994 年通胀率达到 5273% 的极限。在转轨时期，亚美尼亚经济结构发生了重大变化。受若干因素影响，加之自由价格制度以及其他各项改革的实施，农业、林业和服务业比重出现相对增长，工业与基本建设比重相对减少。因此，亚美尼亚国内生产总值出现了大的结构性变化。亚美尼亚曾是一个工农业发达、科技水平高、文化潜力大的国家。1989 年工业占国内生产总值比重为 60%，但 1991—1998 年这一比重连续下滑，1999—2000 年，其境况仍然没有明显好转，2000 年，工业在经济中的比重仅为 1990 年水平（44.5%）的一半。[①]

20 世纪 90 年代中期经济逐步复苏。1994 年在国际货币基金组织（IMF）的支持下，亚美尼亚完成了大部分中小企业的私有化和经济自由化改革，并利用 IMF 的支持稳定了本币汇率、控制了通货膨胀、恢复了经济增长，并从 2002 年开始出现两位数增长现象。在各方（包括诸如国际货币基金组织、世界银行、欧洲复兴开发银行等国际金融机构及国际社会，首先是俄罗斯和美国）的支持和帮助下，依靠私人投资，加之市场经济管理手段的成功运用和国家经济发展模式的正确选择，2005 年亚美尼亚国内生产总值已恢复到 1989 年的水平（在独联体国家中居首位）。经过十多年的努力，这个坚韧的国家获得了

① ［亚］阿依科·马尔季罗相：《亚美尼亚的经济发展与后苏联时代的对外经济联系》，《俄罗斯中亚东欧市场》2009 年第 2 期。

惊人的经济成就，曾被世界银行的一位官员形容为“脱胎换骨”。亚美尼亚经济的快速增长为其博得“高加索之虎”之名。“据欧洲中央银行重建部门调查，由于遍布美国和欧洲的亚美尼亚裔对亚美尼亚的大量投资，使该国服务业受到强劲拉动，金融业得到长足发展，加上零售业的繁荣，亚美尼亚近 10 年的 GDP 增长率几乎都保持在 10% 以上。”① 福布斯认为，亚美尼亚是独联体内最具投资吸引力的国家。② 2008 年次贷危机后经济再度出现滑坡，但 2017 年起又稳步复苏，到 2022 年 GDP 为 195 亿美元，相比过去几年已经有了显著增长。亚美尼亚在独联体内拥有最为自由的投资和贸易制度。

亚美尼亚经济转型后优势与劣势都比较显著。从优势看有两方面。一方面，亚美尼亚有比较完善的金融管理体系，银行界经营运转正常，外债水平低于世界平均值，大部分外债为长期外债且处于可控制的范围内，大量国际援助没有中断，与国际金融组织有良好的沟通并得到有力的支持。③ 另一方面，2013 年以来，亚美尼亚与其他贸易伙伴的进出口情况则呈现市场多元化的趋势。出口市场中，中国、德国、保加利亚、瑞士、格鲁吉亚和伊拉克等国在亚美尼亚总出口中的份额均有所增长；进口来源市场中，中国、德国、土耳其、伊朗、意大利等国的重要性更加突出。从劣势看有两方面。一方面，亚美尼亚粮食和农产品无法自给自足，缺乏燃料和工业发展所需要的工业原料，需要靠进口来弥补，工业基础薄弱，发展所需的机械及运输设备也需要进口，交通问题是亚美尼亚最大的资源限

---

① 杨进：《饱经风霜的民族——亚美尼亚人》，《俄罗斯中亚东欧市场》2008 年第 6 期。

② ［亚］阿依科·马尔季罗相：《亚美尼亚的经济发展与后苏联时代的对外经济联系》，《俄罗斯中亚东欧市场》2009 年第 2 期。

③ 关钢：《世界经济危机对亚美尼亚经济的影响》，《俄罗斯中亚东欧市场》2010 年第 2 期。

制，也是它与外部世界联系的严重障碍。另一方面，国家经济仍然主要依赖俄罗斯。从市场集中度看，亚洲开发银行数据表明，2013—2017年，亚美尼亚与俄罗斯的贸易额占其对外贸易总额的比重从24.26%增至27.32%。[①] 艰难的地缘安全环境使亚美尼亚把国家防务安全交给俄罗斯的军事基地负责，国内电力和能源的生产与输送及通信和金融也逐渐被俄罗斯资本控制，作为小型经济体的亚美尼亚更容易受外部因素冲击，经济系统更加脆弱。

亚美尼亚经济发展的影响因素既涉及国家的资源禀赋、经济基础和经济发展动力，同时也与该国所处的地缘政治和经济环境密切相关。亚美尼亚经济目前存在高失业率、低储蓄率、低资本形成能力等问题，丰裕要素的边际产出率非常低。这说明亚美尼亚经济开放的方向和参与方式存在改革与调整空间。首先，亚美尼亚不断明确经济开放的新向度，解决经济开放与经济现代化之间存在的矛盾。[②] 其次，转型后的制度安排发挥安全阀的作用，使社会冲突的利益基础得到有效协调。[③] 再次，亚美尼亚国际贸易的商品结构以互补性贸易为主，但在一些产业方向上参与了具有产业内贸易特征的区域生产分工网络。亚美尼亚的经济现代化一直在确保自身能够达到一定程度的资本积累和更加专业化的分工经济，因为选择融入有利的外部区域生产分工网络对亚美尼亚经济发展十分必要。

2. “欧亚经济联盟”及其对亚美尼亚的影响

欧亚经济联盟是欧亚地区自身特点与欧洲一体化先进经验的结

---

① Asian Development Bank, Armenia, Key Indicators 2018 (XLSX), https://data.adb.org/dataset/armenia-key-indicators.

② 徐坡岭、黄茜：《地缘与区域生产分工网络对亚美尼亚经济发展的影响》，《欧亚经济》2019年第5期。

③ 徐坡岭、韩爽：《中东欧独联体政治经济转型20年：约束条件与转型政策、策略选择》，《俄罗斯研究》2011年第5期。

合体，组建其的重要经济动因是在长期低油价情况下，能够共同拓展经济发展空间，解决本国宏观经济增长乏力的困境。

（1）独联体区域经济一体化的演进过程

欧亚经济共同体起源于俄罗斯、白俄罗斯和哈萨克斯坦三国关税同盟协议。1994 年哈萨克斯坦纳扎尔巴耶夫总统在莫斯科大学演讲时第一次提出欧亚联盟思想。1996 年 1 月 20 日，俄罗斯、白俄罗斯和哈萨克斯坦三国领导人共同签署关税同盟协议，同年 3 月 29 日，俄罗斯、白俄罗斯、哈萨克斯坦和吉尔吉斯斯坦四国签订了《在经济和人文领域深化一体化合作条约》，并确认成立独联体内区域合作组织——“关税同盟”。

欧亚经济一体化从构思到持续推进历经 17 年的协调和谈判，到 2011 年才有实质性突破。2011 年 11 月 18 日，俄罗斯、白俄罗斯和哈萨克斯坦三国总统正式签署了欧亚经济一体化宣言，并宣布 2012 年 1 月 1 日关税同盟将过渡到统一经济空间，逐步扩大三个国家之间产品销售市场，促进市场开放，最后实现商品、服务、资本和人员的自由流动。2014 年 5 月 9 日，三国总统签署成立欧亚经济联盟的法律文件。

2015 年 1 月 1 日独联体范围内的“欧亚经济联盟”（Eurasian Economic Union，EEU 或 EAEU，又称欧亚经济委员会）正式成立并运行，成员国包括俄罗斯、哈萨克斯坦、白俄罗斯、吉尔吉斯斯坦和亚美尼亚。这是独联体经济一体化具有里程碑意义的成果。[①] 2018 年 5 月 17 日，中国商务部国际贸易谈判代表兼副部长傅自应同欧亚经济委员会执委会主席萨尔基相及欧亚经济联盟各成员国代表在哈萨克斯坦首都阿斯塔纳共同签署经贸合作协定。2019 年 10 月 1 日，

① 黄孟芳、卢山冰、余淑秀：《以“欧亚经济联盟”为标志的独联体经济一体化发展及对“一带一路”建设的启示》，《人文杂志》2015 年第 1 期。

欧亚经济联盟最高权力机构欧亚经济委员会最高理事会会议在亚美尼亚首都埃里温举行，与会方讨论了推动欧亚经济联盟内部建立统一金融市场、调整成员国进口关税、协调成员国在天然气供应和运输等领域立法等议题。

（2）欧亚经济联盟成立后的主要进展

习近平主席指出，“中方真诚希望，共建‘一带一路’同欧亚经济联盟建设对接合作走深走实，各国团结协作、勠力同心，携手开创亚欧合作新局面”；“中方愿同‘一带一路’共建国和欧亚经济联盟成员国一道，继续高举和平、发展、合作、共赢旗帜，共享机遇，共克时艰，共创未来，携手谱写多极化世界文明进步新篇章”。[①] 成立十年多的欧亚经济联盟取得了一定的成效。第一，根据最新发布的《2022 年欧亚经济联盟主要社会经济指标分析报告》，2022 年欧亚经济联盟农业产值为 11.5 万亿俄卢布，同比增长 9.4%；竣工建筑工程量为 14.2 万亿俄卢布，同比增长 5%。同期，联盟工业产值为 110.5 万亿俄卢布，同比下降 0.6%；零售贸易额为 47.2 万亿俄卢布，同比下降 5.9%。2022 年前 9 个月，联盟 GDP 为 120.8 万亿俄卢布，同比下降 1.2%，但比 2020 年同期增长 3.1%；固定资产投资为 18.5 万亿俄卢布，增长 5.3%。[②] 第二，对欧亚经济联盟国家公民（特别是小国公民）的积极影响是，建立了共同的劳动力市场。可以向各国就业公民平等征税，并可能获得全额社会保障以实现欧亚经济联盟国家的月平均工资和最低工资数额提高。第三，2017 年，药品和医疗器械的单一市场正式开始运作。2018 年，新的海关法规正式生效，大大加快了通关速度。第四，启动了五个

① 《习近平出席欧亚经济联盟第二届欧亚经济论坛全会开幕式并致辞》，《人民日报》2023 年 5 月 25 日。

② 《欧亚经济联盟公布 2022 年主要社会经济指标》，中华人民共和国商务部，http://by.mofcom.gov.cn/article/jmxw/202303/20230303397220.shtml。

数字项目：产品、货物、服务和数字货币的可追溯机制；数字交通走廊；采用能够相互识别的电子随附文件；启动工业合作，分包和技术转让欧亚网络项目；启动了“无国界搜索工作的统一系统”。成员国之间的工业和技术合作显著增加，目前，有16个欧亚技术平台正在运行，研究在各类行业领域创建“欧亚品牌”。

同时，值得注意的是，近年来，欧亚经济联盟正通过建立自由贸易区、非优惠性协议和其他形式的多边合作，在加强国际活动方面取得重大进展。目前正在与越南协商建立自由贸易区：根据2018年统计结果，双方贸易额达到67亿美元，与2016年同比增加1.5倍。2019年，欧亚经济联盟与塞尔维亚和新加坡签署了自贸协定，并将与伊朗签署自贸协定，与中国签署经贸协议。目前，有50多个国家表示有兴趣与联盟建立直接贸易、经济和投资关系。①

（3）欧亚经济联盟存续面临的挑战及原因

首先，俄罗斯在联盟中一家独大，影响力过强，其“野心”和单方面行为使其他国家产生不满。有哈萨克斯坦学者指出：“俄罗斯从欧亚经济联盟成立之日起，就毫不掩饰其将政治层面引入欧亚经济联盟的愿望。这一简短的一体化历史包含着相当令人不安的冲突。欧亚经济联盟已成为哈萨克斯坦经济的终极噩梦，因为所谓的对非成员国货物平均征收21%的共同关税限制了哈萨克斯坦与中国等第三方合作伙伴的贸易自由。情况令人沮丧，就像哈萨克斯坦正在成为一个品质低但价格却不低的俄罗斯制成品的倾销地一样。”② 更严峻的是西方对俄罗斯及联盟的持续打压。美国对俄实施多轮金融制裁，形成“金融卡脖子”态势，阻碍俄罗斯海外融资渠道。根据俄

① ［俄］季莫菲·博尔达切夫、周佳：《中国可靠的合作伙伴——欧亚经济联盟这五年》，《中国投资（中英文）》2020年第1期。

② ［哈］吉戈尔·贾那布尔、朱世恒：《对欧亚经济联盟及其表现的初步评估》，《东北亚经济研究》2019年第6期。

方统计，自2013年4月至2019年6月，美国对俄罗斯共实施798项制裁，涉及398人及522个组织，涉及金融、能源、贸易等多个领域。[①] 2022年乌克兰危机后，制裁更加严厉，给俄罗斯和欧亚经济联盟都造成了巨大冲击，给其他四国带来一系列连锁式负面影响。

其次，联盟内部缺乏强大高效的政府间合作机制。时任欧亚经济委员会执委会主席季格兰·萨尔基相（Tigran Sargsyan，亚美尼亚前总理）指出主要存在以下问题：一是成员国过度注重维护主权独立，向欧亚经济委员会权力让渡不足，至少还有30项权限可以让渡到超国家机构；二是欧亚经济委员会运行高度官僚化，且决策效率不高，目前每项决策流程为一年，如期间专家委员会提出意见，那么此项决议要多花两个月时间重新审定，这大大影响了一体化推进的速度。

再次，对经济增长的正向作用有限可能加剧地区安全隐患。由于地形复杂、资源丰富但人民生活水平不高，高加索地区盘踞着诸多宗教极端势力，给地区安全造成了巨大障碍。在欧亚经济联盟个别国家居民中持续存在的社会不满情绪可能会助长该地区的宗教激进主义，俄罗斯经济增长乏力也无助于增强欧亚经济一体化发展的信心。此外，联盟各国单一的经济增长方式，致使遇到经济困难后的经济自我恢复力很弱，2009年受金融危机影响GDP减幅最大的10个国家中有6个是独联体国家。国际经验表明，无法促进经济增长是任何一体化进程面临的最严峻挑战，最终只能导致联盟的解体。

通过对独联体地区国家贸易便利化的考察，可以看出，独联体地区国家的贸易便利化水平不仅与新兴市场经济国家相比还处于比较低的水平，而且从历史的角度看，其贸易便利化水平改善不显著。

---

① 王晨星：《欧亚经济联盟发展态势评估及中国的战略选择》，《世界知识》2020年第6期。

其原因可能在于：第一，独联体地区多数国家加入世贸组织时间不长，以及部分国家仍没有加入，WTO 有关贸易便利化的措施对这些国家的影响有限；第二，曾经的独联体区域双边自由贸易协议没有得到真正的贯彻执行，大部分还停留在纸面上；第三，独联体地区有实质性进展的区域制度发展时间较短，目前仍处于搭建法律框架的阶段，其制度效果的显现可能需要一段时间；第四，也是更重要的原因在于，独联体地区的区域一体化是一种自上而下的强制安排，缺乏内在的市场驱动力，这样的制度型一体化更多表现为文本一体化和形式一体化，其实质性的贸易便利化缺少实践的推动，实际效果大打折扣。①

（4）亚美尼亚在欧亚经济联盟中的角色

亚美尼亚是欧亚交界处的内陆国，受特殊地理位置及资源贫瘠的约束，亚美尼亚的发展更多是依靠自主实行的自由经贸政策。2003 年该国就加入了世贸组织，在全球多边组织框架下推进贸易便利化进程。2018 年 5 月，亚美尼亚亲西方的反对派领导人尼科尔·帕希尼扬当选总理。尽管如此，亚美尼亚新政府对俄罗斯及欧亚经济联盟的态度依旧积极。当选后短短 4 个月里，帕希尼扬四次赴俄罗斯，与总统普京会晤三次，与总理梅德韦杰夫会晤一次，主张与俄罗斯在双边及多边层面加强战略合作，强化两国盟友关系，积极参与欧亚经济联盟建设。② 在欧亚经济联盟中，亚美尼亚官员主管内部市场、信息化、信息与交流技术部，亚美尼亚学者比较关注联盟内的商品贸易、能源安全、交通基础设施建设和劳动移民等问题。从数据看，加入该联盟以来，亚美尼亚的经济、贸易和福利水平仅

① 肖影：《独联体地区国家贸易便利化进展评析》，《俄罗斯研究》2014 年第 4 期。

② 王晨星、姜磊：《欧亚经济联盟的理论与实践——兼议中国的战略选择》，《当代亚太》2019 年第 6 期。

取得小幅增长,[①] 相比俄罗斯和哈萨克斯坦等地区大国，获益有限。

3. 亚美尼亚的人口问题和趋势

亚美尼亚被称为南高加索地区的小型“中间地带国家”，是苏联加盟共和国中面积最小和人口最少的国家。亚美尼亚周边地缘政治环境非常复杂，苏联解体以来，该国本就较小的人口体量在不利的政治、经济和社会环境的影响下呈现加速萎缩的趋势，加上与周边国家存在武装冲突，近年来人口数量始终在 300 万左右摇摆。持续下降是近半个世纪以来亚美尼亚人口发展的基本特征。统计资料显示，2017 年亚美尼亚劳动人口为 123 万人，就业人口为 101 万人，失业率达 17.9%。2013—2017 年，GDP 增速最低为 0.22%（2016 年），最高为 7.5%（2017 年），其余年份在 3.2%—3.6%，但失业率却一直处于 16.2% 至 18.5% 的高位区间。2016 年亚美尼亚 15—24 岁的青年人中，既没有接受教育或培训也没有就业的人口占 35.6%（其中，女性占 34.8%，男性占 36.4%）。就业人口中，2016 年月均工资为 393 美元，2017 年月均工资为 404 美元。[②]

亚美尼亚的人口特点是如下。第一，移民他国成为其国民摆脱各种经济、政治和安全困境的普遍选择。在苏联范围内，亚美尼亚人是移民意愿最强的族群之一，盖洛普民意调查机构 2010 年 8 月的调查表明，该国民众移民倾向大概为 39%。由于大量人口移民，亚美尼亚已经形成了一个“移民产业”。第二，死亡率、人均寿命和出生率陡然上升。20 世纪 90 年代是亚美尼亚人口形势变化的转折点，即由以前的正增长变为负增长。在 20 世纪 80 年代，亚美尼亚的人

① 俞毅、潘奇杰：《中国同独联体国家自贸区建设的经济效应分析——基于“欧亚经济联盟”背景下》，《当代经济》2016 年第 12 期。

② 徐坡岭、黄茜：《地缘与区域生产分工网络对亚美尼亚经济发展的影响》，《欧亚经济》2019 年第 5 期。

口状况在苏联各加盟共和国中是最好的，但 1988 年发生的斯皮塔克（Spitak）大地震改变了亚美尼亚积极的人口发展趋势。大地震中损失的人口多数处在生育年龄，这使国家的人口再生能力遭到了一次重创。苏联的解体进一步削弱了亚美尼亚的人口增长能力，尤其是政治动荡造成的经济大滑坡给人口形势带来了转折性的影响。第三，人口性别比严重失衡。出于战争等原因，苏联各地一直存在着男多女少的性别比失衡现象，然而，苏联解体后这一现象至少在包括亚美尼亚在内的南高加索地区有进一步加剧之势。高加索地区一直存在着重男轻女的思想，苏联解体后这种现象卷土重来。近年来，亚美尼亚男孩的高出生率使该国内外的生育专家们备感惊讶，他们担心造成这种情况的主要原因是“选择性流产”。第四，俄罗斯成为亚美尼亚移民的主要流向国。由于地理相邻，语言、文化及宗教相近，俄罗斯一直是亚美尼亚移民的首选目的地国家。由于人口下降造成的劳动力短缺压力日益加大，俄罗斯近年有意加大对移民的吸引力度，亚美尼亚人尤其受到俄罗斯的青睐。[①]

与亚美尼亚关系紧张的邻国在人口上都远超亚美尼亚。阿塞拜疆人口数量超过 1000 万。与亚美尼亚相邻的土耳其，人口数量更是近 8000 万。土耳其与阿塞拜疆两国在面对亚美尼亚时有共同的立场，这势必迫使亚美尼亚在遇到危机时将不得不不计代价地向俄罗斯和伊朗寻求帮助。因此从人口角度看，亚美尼亚很难单独应对任何一场与邻国的长期大规模武装冲突。亚美尼亚政府对人口问题的态度经历了一个从顺其自然、矛盾犹豫到严肃对待的变化，亚美尼亚研究机构和专家早就对其人口形势提出了警告。尽管如此，亚美尼亚政府的态度仍表现出矛盾犹疑的一面。由于传统家庭观念的变

① 王鸣野：《亚美尼亚的人口发展趋势及其影响》，《新疆社会科学》2019 年第 2 期。

化和难以遏制的对外移民，亚美尼亚未来仍然要面对人口下降的问题。

4. 旅居世界的亚美尼亚移民与离散族裔

亚美尼亚人自古有经商传统，经常在世界各地从事贸易和文化交流活动。近代以来，由于遭受到周边国家的欺侮和压迫，不得不大量流落到世界各地旅居。据不完全统计，亚美尼亚侨民散居在世界数十个国家，俄罗斯国内有150万—250万名亚美尼亚人，而在美国生活了大约100万亚美尼亚人，[①] 法国和伊朗各约20万人，等等。海外亚美尼亚族裔人口远超过其国内人口。海外移民和离散族裔非常团结，“如果在团结海外移民的问题上能够形成一种思想战略，无疑那将成为政治上的一股强大潜力，并且这种潜力会随时转变成为一种动态力量。我们只有明确树立了复兴亚美尼亚这样一个民族思想和共同目标，才能战胜这些分裂势力”。[②] 通过各种努力来帮扶国内经济社会发展，同时通过向所在国施加政治影响，提升亚美尼亚的国际地位，侨汇收入成为亚美尼亚国民收入的重要支柱，这种状况在世界各国各民族中显得较为独特。其中，生活在美国和俄罗斯的亚美尼亚裔是该民族海外群体的典型代表。

早期的亚美尼亚族移民大部分是在19世纪末从土耳其逃到美

---

① 在美国，很多亚裔在人口普查中已经登记为“美国人”，所以人们对美国亚美尼亚人数量的估计相差很大，在48.4万—200万，其中20.5万—100万居住在加利福尼亚州，其次是马萨诸塞州（2.9万）、纽约州（2.4万）、新泽西州（1.7万）、密歇根州（1.5万），其他州也都有数千人的分布。参见［亚］Gasparyan Gevorg《论析亚美尼亚族群在所在国外交决策中的影响及其局限性——以美国和俄罗斯为例》，吉林大学博士学位论文，2019年；杨进《欧美国家的亚美尼亚人》，《世界知识》2012年第5期。

② ［亚］卡拉佩特·卡连强、徐燕霞：《世界新秩序和亚美尼亚安全》，《俄罗斯中亚东欧研究》2009年第3期。

国的难民，还有一部分是从俄罗斯迁移到美国的。亚美尼亚人擅长做生意，尤其擅长做那些不起眼但很能赚钱的生意。亚美尼亚的民族音乐和文学在美国也有较大影响。几十年来，在美国的亚美尼亚人努力传播本民族文化。威廉·萨洛扬（William Saroyan）是美国当代伟大的亚美尼亚裔剧作家和小说家，其作品以乐观面对考验和萧条时期的困境而著称。他的许多剧作和短篇小说叙述的都是贫困的美国移民后代的成长史，描述了亚美尼亚移民的血泪与欢歌，这种风格后来以“洛扬文体”闻名于世。[①] 同时，美国的政治制度为少数族裔影响美国外交决策留下了巨大的空间。国会的选举性质使它可以通过基层动员、竞选资金筹措、投票等方式进行民族游说。[②] 如今，美国的亚美尼亚裔“院外集团”势力不小，为了争取自身权利，美国的亚美尼亚人成立了自己的组织，其中最主要的有“美国亚美尼亚民族委员会”和“美国亚美尼亚人大会”，还有一些基金会。这些组织经费来源充足，人脉联系广泛，活动十分积极，他们对美国政府对南高加索（特别是对亚美尼亚）的政策的影响力不容小觑。2007 年 10 月到 2019 年 12 月，美国众议院多次通过“亚美尼亚大屠杀”议案，引起土耳其政府对美国的强烈不满。欧美国家历年来在“亚美尼亚大屠杀”问题上均对亚美尼亚给予支持，主要来自海外亚裔的努力。在美国，亚裔还自己出资修建亚美尼亚“种族屠杀”博物馆。相当多的学术研究或新闻都持有一种普遍的看法，即小小的美国亚美尼亚游

---

① 杨石乔：《亚美尼亚移民的血泪与欢歌》，《戏剧文学》2008 年第 12 期。

② ［亚］Gasparyan Gevorg：《论析亚美尼亚族群在所在国外交决策中的影响及其局限性——以美国和俄罗斯为例》，吉林大学博士学位论文，2019 年。

说团体可以影响超级大国涉及亚美尼亚的外交政策。[①] 这一成功的形象甚至扩展到整个亚美尼亚离散族裔中，不少学者和新闻报道都将亚美尼亚离散族裔称为仅次于犹太人的第二大游说集团。

亚美尼亚人在俄罗斯的历史远比在美国的遥远。俄罗斯的亚美尼亚人社区的数量超过了美国的亚美尼亚人社区。亚美尼亚不仅失业率高，而且适龄劳动人口中海外移民数量居高不下。[②] 据联合国国际移民署统计，1990—2017 年，亚美尼亚向海外净移民 109 万人。[③] 与 20 世纪 90 年代由于“纳卡”冲突、斯皮塔克地震和苏联解体引发的移民不同，进入 21 世纪后，劳务移民成为亚美尼亚海外移民的主要特征。到 2012 年，仅俄罗斯境内的亚美尼亚劳务移民就高达 148.05 万人。[④] 然而，与美国的亚美尼亚族裔不同，俄罗斯亚美尼亚人在其复杂的形成历史中几乎没有产生共同的集体记忆，集体身份认同的构建无从谈起，一些早期移民俄罗斯的亚美尼亚人的后代更是早已被俄罗斯同化，成为仅拥有亚美尼亚种族身份的俄罗斯人。除了在 1915 年至 1917 年期间逃往俄罗斯的亚

---

① Julien Zarifian, “The Armenian-American Lobby and Its Impact on U. S. Foreign Policy”, *Society*, Vol. 51, No. 5, 2014, p. 503.

② 亚美尼亚的大规模海外移民是一个复杂的历史问题。对亚美尼亚海外侨民总数的判断有多种说法。亚美尼亚官方和学者常用的数字是 700 万名海外侨民。也有研究认为，全球亚美尼亚人口大约 1700 万名，约 1400 万名分布在世界各地。基于文献和官方机构的统计数据，1990 年前后开始的移民潮以及之后的海外劳务移民总数超过 100 万名。参见 Айкануш Чобанян, “Возвратная миграция и вопросы реинтеграции: Армения”, http: //www. carim-east. eu/media/CARIM – East – RR – 2013 – 04_RU. pdf。

③ “World Population Prospects 2017”, https: //population. un. org/wpp/Download/Standard/Migration.

④ A. Aleksanyan, “Labor Migration of Armenians into Russia: Problems and Prospects”, http: //www. ysu. am/files/Labor-Migration-of-Armenians-into-Russia. pdf.

美尼亚人之外，整个俄罗斯亚美尼亚人几乎没有受到创伤，俄罗斯亚美尼亚人也大多来自东亚美尼亚地区，苦难的记忆和无法返回母国的痛苦几乎不存在。可以说俄罗斯亚美尼亚人没有动机主动地对亚美尼亚施加影响，只有诸如斯皮塔克大地震和“纳卡”冲突等发生在亚美尼亚共和国的重大灾难才会使俄罗斯亚美尼亚人被动地带入与母国发生联系的角色中。少数族裔群体高度组织化的政治活动对俄罗斯民族国家的统一和俄罗斯政府的权威不可避免地会产生侵蚀性影响，而国家统一和中央政府的权威对于俄罗斯来说至关重要。因此少数族裔群体制造议题广泛地渗透俄罗斯政府决策的情况几乎不可能出现。①

三　阿塞拜疆独特的发展轨迹

作为南高加索地区唯一的伊斯兰教国家，阿塞拜疆与中亚西亚等国关系密切，凭借其优越的区位优势和资源禀赋，以及相对开放、灵活、务实的内外政策，该国在自身发展与应对外部环境方面显得较为自如。

（一）阿塞拜疆简况

阿塞拜疆共和国（阿塞拜疆语：Azərbaycan Respublikası，英语：The Republic of Azerbaijan，俄语：Азербайджан）位于南高加索地区东南部，是该地区中面积最大的国家。阿塞拜疆东部与里海相接，北部与俄罗斯相邻，西部与格鲁吉亚和亚美尼亚相邻，南部与伊朗

① 武志杰：《离散族裔对母国影响评析——基于俄美亚美尼亚离散族裔的比较》，华东师范大学硕士学位论文，2018 年。

和土耳其相邻。“阿塞拜疆以及整个高加索地区属于西南亚，而在一些美国史料中阿塞拜疆则被视为中东国家，但是因为大高加索山脉为亚欧分界线，所以阿塞拜疆的部分领土属于东欧，另一部分领土属于西亚。”①

“阿塞拜疆”一词，据说源于阿拉伯语，意为“火之国”。阿塞拜疆部族形成于公元11—13世纪。13—16世纪屡遭外族入侵和瓜分。16—18世纪受伊朗萨法维王朝统治。18世纪中期分裂为十几个封建小国。19世纪30年代，北阿塞拜疆（现阿塞拜疆共和国）被并入沙俄。1917年11月建立苏维埃政权——巴库公社。1918年5月28日，资产阶级宣告成立阿塞拜疆民主共和国，1920年4月28日被阿塞拜疆苏维埃社会主义共和国取代。1922年3月12日加入南高加索苏维埃社会主义联邦共和国（同年12月30日该联邦共和国加入苏联）。1936年12月5日改为直属苏联的加盟共和国。1991年2月6日改国名为阿塞拜疆共和国，同年10月18日正式独立。②

由于苏联行政区域的划分，阿塞拜疆被分为大小两块，其中“纳希切万自治共和国”不与阿塞拜疆其他领土相连，而被亚美尼亚、伊朗和土耳其包围，成为一块事实上的“飞地”。同样也是由于苏联的行政区域划分问题，阿塞拜疆与亚美尼亚两国的“纳卡”问题成为地区难解的死结。总面积4400平方千米的“纳戈尔诺—卡拉巴赫地区”（亚美尼亚语：Լեռնային Ղարաբաղ；阿塞拜疆语：Dağlıq Qarabağ；英语：Nagorno - Karabakh，简称“纳卡地区”），其实并不与亚美尼亚接壤，由于其18万人口中，亚美尼亚族

① 王利众等编：《“一带一路”国别概览：阿塞拜疆》，大连海事大学出版社2018年版，第1页。

② 《2020年对外投资合作国别（地区）指南——阿塞拜疆》，中国一带一路网，https：//www. yidaiyilu. gov. cn/zchj/zcfg/159430. htm。

人占绝大多数，因此亚美尼亚对其始终有领土诉求。[①]

苏联解体导致阿塞拜疆在政治、经济、社会等各方面发生动荡。与邻国亚美尼亚发生战争后，原来的经济体系被破坏，工厂停工、破产，铁路停运，农场解散后土地的荒芜等使阿塞拜疆国民经济急速下滑，新发行的货币连年贬值。从 1991 年到 1993 年，整个国家呈现出一片萧条破败景象。1993 年后，阿塞拜疆原领导人盖达尔·阿利耶夫（Heydar Aliyev）重新掌权，出任总统。在此后的 4 年里，阿塞拜疆逐步平息内乱，并与亚美尼亚实现停火，国内恢复正常秩序，人民生活开始逐渐改善。从 2003 年到 2013 年，阿塞拜疆 GDP 年均增速达 11.5%，人均国内生产总值位居独联体第三，被称为“南高加索发展的火车头”。2016 年由于全球经济持续萎靡、国际油价低位徘徊、独联体国家经济衰退等因素，阿塞拜疆经济遭受复杂严峻的挑战。2017 年，阿塞拜疆经济触底反弹，开始缓慢复苏，GDP 同比增长 0.1%，2018 年，阿塞拜疆经济发展企稳回暖，GDP 同比增长 1.4%。2019 年，阿塞拜疆经济增长继续保持良好势头，GDP 同比增长 2.2%。[②] 2020 年受全球新冠疫情影响，GDP 有所回落，增速为 -4.3%。2022 年 GDP 为 787 亿美元。

截至 2022 年底，阿塞拜疆全国总人口 1017 万人。城市人口约占 53.2%。首都巴库市常住人口约 300 万人。从 2000 年起，石油天然气的大量开采和出口使该国经济快速发展，进而带动人口增长。1996—2016 年的统计数据显示，婴儿出生数量与青年结婚数量的相关系数高达 0.88。阿塞拜疆人口变化有两大特征：一是从年龄构成上来看，劳动力人口显著增加；二是 2000 年以后城市人口数量超过

---

① 《“一带一路”投资政治风险研究之阿塞拜疆》，中国网，http://opinion.china.com.cn/opinion_39_130239.html。

② 《2020 年对外投资合作国别（地区）指南——阿塞拜疆》，中国一带一路网，https://www.yidaiyilu.gov.cn/zchj/zcfg/159430.htm。

农村。[1] 虽然城市化进程的加快促进了人口的快速增长，但 10 岁以下的人口增长速度仍远远低于劳动力人口增长速度。据估算，2030 年前后该国人口将出现负增长，老龄化社会也将随之到来。

（二）阿塞拜疆国情的基本特征

阿塞拜疆较为特殊的历史文化和地缘位置决定了该国一系列独具一格的面貌，主要表现在以下几个方面：一是十分丰富的自然资源与能源禀赋；二是与周边穆斯林国家有所差异的什叶派认同；三是国家独立后建构起来的多元开放的社会形态。

1. 能源资源的显著优势

自古以来，阿塞拜疆便以其丰富的油气资源闻名于世。该国 60% 的国土之下都蕴藏着丰富的石油及天然气资源，而毗邻的里海地区油气资源储量更加可观。里海地区被称为"第二个中东"，据评估，里海的石油储量为 120 亿—150 亿吨，天然气储量为 11 万亿—12 万亿立方米。充沛的油气储量使世界很多大国高度关注阿塞拜疆，并努力与其保持密切往来。

早在公元 8 世纪，阿塞拜疆人就发现地下蕴藏石油，自 1871 年钻出第一口油井至今已有两百多年历史。阿塞拜疆石油工业经历了三个发展时期，[2] 并且每一个时期都有明显的阶段性，其发展过程相当曲折。

首先是俄国时期。第一阶段是 1847—1871 年，阿塞拜疆石油工业初创，但发展迟缓；第二阶段是 1872—1900 年，阿塞拜疆石油工业发展迅速，并达到第一次繁荣；第三阶段是 1901 年到苏联建立

① ［日］田畑朋子、封安全：《苏联解体后阿塞拜疆人口动态》，《西伯利亚研究》2018 年第 6 期。

② 王然：《阿塞拜疆石油工业史述略》，《西安石油大学学报（社会科学版）》2013 年第 6 期。

前，阿塞拜疆石油工业由盛转衰。

其次是苏联时期。第二次世界大战（以下简称“二战”）前，阿塞拜疆石油工业达到其第二次繁荣，该国因而成为苏联石油工业的设备、技术和人才中心，为苏联“第二巴库”和“第三巴库”的发展奠定了基础。二战期间阿石油年产曾高达2350万吨，占全苏产量70%以上。二战改变了阿塞拜疆石油工业在苏联石油工业中的地位。战后苏联把石油工业的发展重心转移到伏尔加—乌拉尔地区（即第二巴库）和西伯利亚地区（即第三巴库），也就是在阿塞拜疆共和国之外积极寻找石油。在战后重建中，大批的石油专家和石油物资设备从阿塞拜疆调到苏联其他地区，政府对阿塞拜疆石油工业的投入大幅减少，导致阿塞拜疆石油工业发展缓慢，其地位也逐渐下降。

在全球石油工业迅猛发展的环境下，阿塞拜疆一度过分注重石油产量的增加，忽视石油工业理论和技术发展，造成其石油工业对世界石油工业的影响日益减弱，并落后于世界石油工业最先进水平。由于陆上石油资源枯竭，阿塞拜疆的海上石油工业和天然气工业的勘探和开发取得巨大发展。20世纪70年代开始，阿塞拜疆加大勘探开发沿岸油田的力度，实行油气并举，开展深层、深海域的综合区域勘探，取得了突破性进展；先后发现了阿泽里、契拉格和基尤涅什里等大型油气共生田。1970年阿塞拜疆海上石油产量达到1221万吨，占其石油总产量的60%以上。进入80年代，海上石油产量高于陆地，而90年代海上采油量已达全国产量的90%。该国石油具有辛烷值高、含硫量低、杂质少等优点。“据测，阿目前这种高质油的储量近40亿吨，按年产2500万吨计算，可开采150年左右。在世界对能源需求每日俱增的今天，阿塞拜疆无疑为能源界瞩目。”①

① 宋艳梅：《阿塞拜疆对里海石油的开发和管道运输》，《东欧中亚市场研究》2000年第3期。

再次是独立后时期。20 世纪 90 年代取得国家独立以来，阿塞拜疆调整国内能源战略，引进外资与技术，使石油工业逐步恢复和发展。特别是 21 世纪以来，石油工业出现第三次繁荣。1994 年 9 月 20 日，阿塞拜疆国家石油公司和 11 家外国石油公司签署了“共同开发阿塞拜疆的海上油气田（‘阿泽里’、‘契拉格’和‘基尤涅什里’油气田深海部分）及产品分成协议”。[①] 这 11 家外国公司为：“BP”（排名第 10）、“Amoco”（排名第 13）、“Unocal”，挪威的“Statoil”、“Exxon”（排名第 5）、“Turkish Petrolum”，美国的“Pennzoil”，日本的“Itochu”“Ramco”“Delta Nimir”，和俄罗斯“鲁克石油公司”（排名第 27）。在 1995 年世界 50 家大石油公司按六项指标测算的综合排名中，美国埃克森公司为第 5 名，英国石油公司为第 10 名，美国阿莫科公司为第 13 名，俄罗斯鲁克石油公司为第 27 名。1994 年 12 月 2 日该协议由阿塞拜疆议会批准，同年 12 月 12 日生效。该计划由于其重要意义，被称为“世纪协议”。协议涉及的石油储量估计达 40 亿桶。由此，阿塞拜疆工业总产值的一半、国家财政收入的一半以上及国家出口总额的 90% 以上源于石油工业。阿塞拜疆最大的油气盆地位于里海。发现于 1979 年的 Azeri Chirag Guneshli（ACG）油气田，为该国最大的油田，在 2013 年几乎占了阿塞拜疆石油总产量的 75% 。ACG 油气田的石油储量超过阿塞拜疆石油总储量的 70% ，约拥有 50 亿桶石油。天然气方面，根据《油气杂志》2014 年 1 月的统计，阿塞拜疆探明天然气储量约为 35 万亿立方英尺。这些储藏的绝大多数与 Shah Deniz 油田伴生。该油气田发现于 1999 年，是世界上最大的天然气和凝析油田，位于里海的深水大陆架，水深高达

① 刘燕平：《世界一些大石油公司积极参加阿塞拜疆里海油气田的开发》，《东欧中亚市场研究》1998 年第 3 期。

1600英尺。[①] 作为石油与天然气生产国和出口国，阿塞拜疆在该地区的重要性与日俱增，而且对世界格局也逐渐产生越来越重要的地缘政治影响。

此外值得一提的是，和其他高加索地区的国家不同，在阿塞拜疆并不广袤的领土面积中，几乎生长着世界上所有常见的植被，且境内大部分林木属于珍贵树种，因此，阿塞拜疆被视为全球珍贵植物的发源地。[②]

同时，阿塞拜疆的现代化进程也十分突出。正如英国学者形象地描述：在巴库，盖达尔·阿利耶夫国际机场拥有一座高度现代化的航站楼，其巨大的“木茧”和凹形玻璃都让来到阿塞拜疆的旅客明显感受到这个浸泡在石油中的国家的野心和财富。还有举办2012年欧洲电视网歌唱大赛的水晶宫音乐厅，也同样如此。随着巴库的繁荣，来到阿塞拜疆首都的外国游客可以选择希尔顿、凯宾斯基、丽笙、华美达、喜来登和凯悦等知名酒店，或去更多新建的精品酒店过夜。仅在2011年，巴库酒店的房间数量就翻了一番，预计在4年内还会再翻一番。“在外人看来，这里简直就像是一个全新的世界。不知道哪里冒出来的亿万富翁们正从伦敦、巴黎和纽约的拍卖行买来最精美的艺术品，并兴高采烈地在全球收购最好的不动产，其价格是那里的常住居民难以想象的：在伦敦的房地产市场中，这些来自过去苏联各共和国的买家所出的平均价格是美国和中国买家的3倍，是当地买家的4倍。曼哈顿、梅费尔、骑士桥和法国南部的专属私人住宅和地标性建筑，一个接一个地被乌兹别克铜业巨头、乌拉尔的钾业大亨或哈萨克斯坦的石油富豪收入囊中。他们的出价

① 谈谈、李娟娟：《阿塞拜疆：镶嵌在丝路上的一颗明珠——“一带一路”上的产油国之二》，《石油知识》2017年第2期。

② 王利众等编：《“一带一路”国别概览：阿塞拜疆》，大连海事大学出版社2018年版，第10页。

最高，而且通常都是一笔付清。”①

2. 伊斯兰教的特殊派别

与同处于南高加索地区的格鲁吉亚和亚美尼亚不同，由于受到波斯、大高加索和突厥文化的共同影响，阿塞拜疆普遍信奉伊斯兰教。独立后的阿塞拜疆在文化上始终与伊朗和沙特阿拉伯保持着紧密的联系，因为“这三个国家拥有相同的宗教信仰和共同的文化历史传统”。② 阿塞拜疆的教派与沙特阿拉伯的逊尼派不同，阿塞拜疆的民族和宗教构成比较单一，是当今世界什叶派穆斯林占据人口数多的四个国家之一，与伊朗的什叶派在总体上趋近。但是与伊朗、黎巴嫩和伊拉克等什叶派不同，阿塞拜疆的什叶派伊斯兰教的政治化程度较低，教派关系融洽是阿塞拜疆什叶派的显著特征。近几十年来，伊斯兰教派矛盾激化是中东地区的突出现象。与此形成鲜明对比的是，阿塞拜疆两大教派关系比较缓和，彼此未发生过严重冲突。

从历史上看，16 世纪初伊朗萨法维王朝将什叶派定为国教，加速了阿塞拜疆人的什叶派化进程。在 1722 年萨法维王朝灭亡之时，什叶派教义已经成为大多数阿塞拜疆人和波斯人的宗教信仰。阿塞拜疆人由此成为诸突厥语族民族中唯一一个什叶派穆斯林占据多数的民族，而这一什叶派化的过程也促进了阿塞拜疆民族宗教认同的形成。19 世纪以来沙俄和苏联的先后统治，给阿塞拜疆留下了深厚的世俗化遗产。沙俄的统治客观上给阿塞拜疆带来了现代教育和世俗思想，使当地穆斯林走上了不同于伊朗穆斯林的发展道路。阿塞

① ［英］彼得·弗兰科潘：《丝绸之路：一部全新的世界史》，邵旭东、孙芳译，浙江大学出版社 2016 年版，第 440 页。

② 王利众等编：《“一带一路”国别概览：阿塞拜疆》，大连海事大学出版社 2018 年版，第 73 页。

拜疆人更多地与沙俄国内的穆斯林联系在一起，深受欧洲世俗文化的影响。当地现代民族主义者引入世俗学校和出版社等现代事物，改变了阿塞拜疆的面貌。

1918 年，阿塞拜疆民族主义者宣布本国独立，使其成为伊斯兰世界第一个世俗共和国。开国的领导层决定在这个共和国实行议会民主制，规定妇女拥有选举权，试图建立一个面向西方世界的现代国家。阿塞拜疆共和国虽然只存在了两年，却为 1991 年阿塞拜疆再次独立后政教关系的发展奠定了基调。1920 年苏联红军解放阿塞拜疆使当地什叶派进入了深度世俗化的新阶段。政府在全社会推行大规模的无神论教育，关闭处理家庭和宗教事务的传统法庭。赴麦加的朝觐活动几乎停止，礼拜和斋戒等其他宗教功课极少有人遵行。清真寺丧失了宗教教育的功能，阿塞拜疆人对伊斯兰教普遍缺乏了解，有的甚至一无所知。宗教学者数量锐减，且处于政府的严格管控之下。1991 年阿塞拜疆独立之际，全国只有 16 个人接受过宗教教育，他们全部在高加索穆斯林委员会任职。

1991 年独立之后，阿塞拜疆的宗教政策以世俗化为核心，大致经历了温和规范、严格管控和局部调整三个时期。在此背景下，什叶派以宗教为旗帜的政治化主要包括两种表现形式，即巴库聚礼清真寺社团的温和政治参与和纳达兰村的激进政治抗争。什叶派大国伊朗虽然力图以多种方式影响阿塞拜疆什叶派，但效果比较有限。1993 年 10 月，曾任苏联共产党中央政治局委员和苏联部长会议第一副主席的盖达尔·阿利耶夫当选总统。为了巩固政权，获得宗教人士和伊斯兰国家的支持，1994 年，盖达尔·阿利耶夫成为现代阿塞拜疆第一位到麦加朝觐的政治领袖。在 2003 年 10 月卸任总统后，盖达尔·阿利耶夫的儿子伊利哈姆·阿利耶夫当选，并连任至今。

“9·11”事件发生后，阿塞拜疆政府将打击宗教极端主义作为重要任务。2013 年，阿塞拜疆政府开始采取措施改善与穆斯林（尤其是什叶派穆斯林）的关系。2014 年，总统签署了三项向阿塞拜疆宗教组织提供财政援助的命令，此后国内伊斯兰教、基督教和犹太教等各宗教社团多次获得财政援助。总统还为促进宗教文化宽容以及宗教和文化间对话拨款。同年，政府出资建成了高加索地区最大的清真寺，并以前总统盖达尔·阿利耶夫的名字命名。2017 年，总统宣布当年为“伊斯兰团结年”，并为相关活动拨款。当年 4 月，议会修改了《宗教自由法》，放松了对国民接受国外宗教教育的限制。

需要强调的是，宗教力量不得影响公共生活和政治稳定是阿塞拜疆政府始终坚持的基本原则。依据 2011 年巴库研究所的调查，阿塞拜疆人优先认同的对象依次是国家、民族、宗教和地区（出生地）。对大多数阿塞拜疆人来说，伊斯兰教首先是一种根植于历史的传统，他们认同的对象主要是文化和民族，而不是宗教或教派。20 世纪 90 年代以来，宗教在阿塞拜疆虽有复兴，但缺乏深度和广度，远未动摇世俗主义的根基。

自 19 世纪以来形成的悠久的世俗化传统，使阿塞拜疆在独立之后也一直坚持政教分离的原则，政治精英借助世俗民族主义塑造了阿塞拜疆人独立的身份认同。阿塞拜疆政府一方面强化对宗教的管理，坚决反对宗教干预政治；另一方面实践宗教平等的原则，倡导伊斯兰教的团结和统一，不支持或打压某个宗教或教派。阿塞拜疆大体上实现了教派与社会的基本稳定，这种特殊的宗教认同为塑造阿塞拜疆特有的经济、政治、文化和社会模式奠定了思想基础。

3. 现代文化的多元转型

自古以来，亚欧文明通过古丝绸之路相互交融，沿线国家与民族逐渐形成了开放多元的文明形态，而位于亚欧连接地带的阿塞拜疆便是其中的典型样板。以语言为例，20 世纪之前所有突厥语都叫作鞑靼语，其中也包括阿塞拜疆语（或称为阿塞拜疆鞑靼语），后来苏联共和国时期根据斯大林的指令正式将“鞑靼语”改称为“阿塞拜疆语”。阿塞拜疆共和国境内现行的阿塞拜疆语使用拉丁字母书写（伊朗境内的阿塞拜疆语使用阿拉伯字母书写，俄罗斯境内的阿塞拜疆语使用基里尔字母书写）。[①] 阿塞拜疆处于欧洲和亚洲、东方和西方、游牧和农耕世界的接合部，历史上是大国争夺的对象和民族会聚的熔炉，开放多元的文化基因始终植根于此。

独立以来，阿塞拜疆政府在国家层面积极推动多元文化建设，其具体表现主要包括三点，即保护各民族、宗教、团体和个人在文化选择上的平等权利；保障国家各民族和宗教代表的多样性；对各种文化持兼容并蓄而不倒向一方的态度。[②]

2014 年 2 月该国成立了国家民族多元文化与宗教事务委员会，其宗旨是促进国内各民族和宗教间的对话。2014 年 5 月 15 日成立了“巴库多元文化国际中心”，该中心成为阿政府推行多元文化的重要机构。根据阿利耶夫签署的命令，2016 年被确定为“多元文化年”，阿塞拜疆文化与旅游部、教育部、科学院及巴库多元文化国际中心等多个部委和单位都于 2016 年初制订了相应的行动计划。国家层面的行动有效地扩大了多元文化政策的社会影响，加大了多元文化政策的推行力度。

在发展多元文化过程中，阿塞拜疆投入了大量的人力、物力和财力，特别注重通过资助举办各类国际会议和学术活动以增强其多元文化政策的国际知名度和影响力。2008 年举办了“巴库论坛”，

---

① 王利众等编：《“一带一路”国别概览：阿塞拜疆》，大连海事大学出版社 2018 年版，第 74 页。

② 贾迎亮、张雅梅：《阿塞拜疆多元文化政策探析》，《西伯利亚研究》2019 年第 5 期。

邀请来自不同文化背景的文化部长、个人和团体进行对话；2010 年举办了“世界宗教领袖大会”；2011 年举办了首届“世界文明对话论坛”，其口号是“融入共同的价值观，各种文明相互借鉴”；2016 年 4 月，举办了“第七届联合国文明联盟全球论坛”，各国代表围绕“包容性的社会共同生活：目标和挑战”这一主题，就如何促进不同宗教和文明之间的对话、如何实现人类的和谐相处深入交换了意见和看法。

同时，阿塞拜疆坚持把多元文化政策贯彻到教育中。许多高校都开设了《阿塞拜疆多元文化》课程，各高校的管理机构、教学方法、课程设置也都朝着满足多元文化背景下师生需求的方向进行改革。宪法虽然规定了国家的官方语言是阿塞拜疆语，但在少数民族的教育中是可以使用本民族语言进行教学的。在国立全日制普通学校中，除了阿塞拜疆语，许多学校还使用俄语、英语、德语、法语和少数民族语言进行教学。政府将多元文化政策贯彻到各级教育当中，表明了其推行多元文化政策的坚定立场。

为了维护少数民族和宗教团体的文化权益，在阿塞拜疆政府的大力资助下，阿塞拜疆建立了许多少数民族的文化中心、社团等民间组织。相关的文化组织有斯拉夫文化中心、库尔德文化中心、克里米亚塔塔尔文化中心、车臣文化中心、德国文化社团、波兰文化社团、乌丁文化社团。此外，还有各少数民族建立的民族社团组织，例如俄罗斯社团、格鲁吉亚社团、乌克兰社团、阿瓦尔人社团、欧洲犹太人社团、格鲁吉亚犹太人社团等。在政府支持和资助下建立的这些少数民族文化和社团组织成为阿塞拜疆多元文化政策推行的重要载体。

（三）阿塞拜疆在亚欧地缘政治中的角色

大、小高加索山自西向东穿越阿塞拜疆全境，余脉最终没入里海。其飞地纳希切万自治共和国被亚美尼亚、伊朗和土耳其三国环绕。阿塞拜疆陆地边境线总长 2657 千米，海岸线长 456 千米。[①] 在西方地缘战略家的眼中，这里是“装满了里海盆地和中亚财富大瓶的瓶塞”。[②] 从地理位置和历史定位看，该国的重要性随着全球化到后全球化时代的来临而越发凸显。

1. 欧亚地区的“战略支轴”

阿塞拜疆被布热津斯基称为亚欧大陆的“战略支轴”，在亚欧格局中处于一个十分复杂而又至关重要的位置，这一重要性是由时空两方面所共同决定。从空间上看，阿塞拜疆位于亚欧两大洲的交接处，既是东西交通走廊上的重要通道，又是南北走廊上的关键隘口；夹在黑海与里海之间，使它不仅成为陆路的要塞，也成为水路的关口。作为一个地理学意义上的枢纽，阿塞拜疆具有先天的优越性。从时间来看，阿塞拜疆历史上一直置身于东西文明的交会处和各种民族杂居的大熔炉中，经历了巨大的历史变迁，越来越成为世界主要大国和地区强国激烈竞争的对象。近代以来，阿塞拜疆一直作为一个相对弱势的国家处于地区大国俄罗斯帝国、土耳其帝国和波斯帝国的环伺之下，并于 19 世纪上半叶被并入帝俄的版图中。自此之后直到 20 世纪 90 年代苏联解体，阿塞拜疆的战略地位是作为苏联地缘环境的一个组成部分而出现的，并不发挥显著的独特作用。在

① 对于阿塞拜疆是否“临海”，取决于如何界定里海是“海”还是“内陆湖”，而这一问题至今尚存争议，因而此处的“海岸线”一词主要参见中华人民共和国商务部等发布的《2020 年对外投资合作国别（地区）指南——阿塞拜疆》研究报告（中国一带一路网，https：//www. yidaiyilu. gov. cn/zchj/zcfg/159430. htm）。

② 王利众等编：《“一带一路”国别概览：阿塞拜疆》，大连海事大学出版社 2018 年版，第 115 页。

取得独立后，作为一个独立的地缘政治主体，阿塞拜疆战略地位最终得以完全彰显。

从动态层次来看，冷战后阿塞拜疆在亚欧格局中的战略位置可以从两个角度来分析。一方面，从国际关系的大格局来说，这里是以美国为首的西方和作为苏联主要国家的俄罗斯激烈竞争的地区。美国和欧洲为了填补由于苏联解体而出现的地区权力“真空”，进行了北约和欧盟双重东扩，不断蚕食俄罗斯的传统势力范围；南高加索和里海地区是其东扩之后竞争的又一个地缘政治利益区，直接关涉到西方的经济能源利益以及“东进”的途径。为了阻遏西方力量的强势进入，俄罗斯力图加强对自己传统势力范围的控制，提高在这一重要区域的影响力，为此而采取政治、经济、安全等各方面的手段。因此阿塞拜疆的战略地位在国际力量的争夺中不断体现出来。另一方面，从区域的格局重组竞争看，苏联解体后南高加索和里海地区出现了诸多新兴独立国家，为了各自的经济社会发展，各国相互之间既展开合作，又进行竞争。由于这个地区复杂的民族宗教以及领土争端的纠纷长时间被大国竞争掩盖，因此苏联的解体将这些矛盾和冲突全部被释放了出来，导致这种地区格局重组更加复杂。同时由于这一地区蕴含丰富的能源资源，周边国家的要素禀赋不均匀，加之该地区在大国博弈中所扮演的角色不尽相同，其整体格局的复杂性和变动性更加突出。

对于阿塞拜疆而言，其战略选择基于自身的两个优势以及三个劣势。①

两个优势是：地处优越的战略位置以及拥有丰富的能源资源。作为东西方和南北方的“十字路口”，阿塞拜疆的地缘位置不仅有利

---

① ［阿塞拜疆］道明：《阿塞拜疆在欧亚格局中的战略地位研究》，外交学院博士学位论文，2011 年。

于它以此实现自己的国家利益，提升在国际舞台上的影响力，而且因此成为大国努力争取的对象，从而增加了阿塞拜疆在与大国交往中讨价还价的余地，赋予了其独立决定对外方针的可能性。而丰富的能源资源为国家的发展赋予了先天优势，使其在这方面较少依赖于其他国家供给，不会受制于外部力量，同时，在当今能源需求旺盛的时代，能源提升了阿塞拜疆在周边地区经济乃至全球经济中的地位。

三大劣势是：国家面积小、规模小；与邻国存在领土主权问题；地处复杂的区域环境。小国虽然不等同于弱国或者穷国，但在现实主义的语境下小国与大国相比有着它不可避免的脆弱性，尤其是在经济和安全方面。阿塞拜疆虽然能源资源丰富，但是国家的经济结构并不完整，国家发展的一个主要方向是依靠能源资源的生产和出口，因此容易受到国际市场波动的影响。在安全方面，由于面积小，缺乏战略纵深，同时武装力量有限，自身的防御能力也存在一定局限；在打击恐怖主义、跨国犯罪等非传统安全方面，往往缺乏足够有效的应对手段。阿塞拜疆的最大劣势是国家的领土和主权完整问题，“纳卡”地区的领土争端长期困扰着阿塞拜疆的国家发展进程，而在解决这个问题的过程中往往受到世界主要大国和周边国家的牵制。值得一提的是，特殊的地理位置既是阿塞拜疆的战略优势，又是它的战略劣势，作为大国的争夺焦点，阿塞拜疆很难保持不偏不倚的中间立场，在很多问题上不得不做出“站队”选择，而不论选择的结果如何，都有可能对自身造成不利的影响。

有阿塞拜疆的研究者明确指出，从自身地缘战略定位出发，阿塞拜疆需要考虑以下几个方面。第一，如何既能平衡大国的博弈，又能利用大国的影响力。例如，由于阿塞拜疆在解决其首要关注的“纳卡”冲突问题上，俄美是主要调解者，如何寻找到最佳的契合点，获得双方的支持，尽快地推进这一进程，就成为至关重要的考虑因素。第二，如何在不兼容的关系中做到独善其身。例如在伊朗问题上，美国坚持要求阿塞拜疆提供打击伊朗的“战略平台”，如果阿塞拜疆接受这一方案，则会将自己卷入冲突之中，严重损害自身利益；如果拒绝美国的要求，将会在很多实际的问题上失去美国的关键性支持。第三，能源外交是阿塞拜疆的重要手段，阿塞拜疆一方面注重能源生产和出口，另一方面积极参与该地区的能源外运管道建设。[①] 实际上，阿塞拜疆和多数新兴独立国家在现有的国际体系中尚未完全确立自己的地位。但是，以更广阔的视角来衡量，“历史上阿塞拜疆是具有穆斯林文化和东方传统的国家，但它也像同一血缘的土耳其一样，受欧洲的吸引，实际上它的社会在不断地西方化。从这个意义上说，阿塞拜疆不仅是独特的桥梁，同时也是能够把欧洲的影响扩及到广阔的亚洲—穆斯林地区的文化传播者”。[②]

2007 年 5 月 23 日，阿塞拜疆颁布了《国家安全构想》,[③] 将国家利益确定为九项内容：维护主权独立和领土完整，确保国际公认的边界神圣不可侵犯；维护人民团结，凝聚国民意识；建立公民社会，尊重人权和自由；通过发展民主、构建市民社会、坚持法治和维护公共秩序等方式，巩固国家制度和人民安全；履行国际义务，加强同国际组织的合作，促进全球和地区的安全稳定；为外国和国内投资创造良好条件，发展国内市场经济，改善法律环境，确保经济稳定；通过合理利用国家资源、保持经济发展、加强环境保护和

① ［阿塞拜疆］道明：《阿塞拜疆在欧亚格局中的战略地位研究》，外交学院博士学位论文，2011 年。

② ［阿塞拜疆］拉希姆·穆萨别科夫：《处于地缘政治利益交叉口的阿塞拜疆共和国》，《东欧中亚市场研究》1999 年第 6 期。

③ National Security Concept of the Republic of Azerbaijan, Approved by Instruction No. 2198 of the President of the Republic of Azerbaijan on 23 May 2007, http://www.azembassyashg.com/pr/NSC.pdf.

开发教育、科技潜力等方式，确保人民享有体面的生活和社会福利；同世界各地的阿塞拜疆人分享共同的价值观，巩固国家团结和国家认同；保护历史文化遗产和精神财富，开发人力潜力，维护和发展阿塞拜疆的语言、民族意识、爱国主义和国家尊严。而阿塞拜疆国家安全政策的主要方向是通过利用内政和外交手段，消除安全威胁，促进国家利益的实现。为此，《国家安全构想》列出了外交政策的主要目标，如恢复阿塞拜疆的领土完整、融入欧洲和大西洋的一系列机制、发展与北约和欧盟的合作关系、与国际组织进行合作等。

从阿塞拜疆的国家安全构想及其与俄美的关系发展来看，虽然阿塞拜疆的地缘政治地位没有根本上的改变，而且俄美等大国以及周边国家对阿塞拜疆的争夺将会更趋激烈，但阿塞拜疆不再仅仅是西方国家和周边国家博弈的对象，而是成为博弈的一员。该国力图为自己国家利益的最大化进行选择和定位。

自脱离苏联而成为一个独立国家之后，阿塞拜疆不再是俄罗斯的一部分，目前与俄罗斯的关系也不是传统意义上大国与附庸国之间的等级关系，与美国也不会建立一种从属的关系，阿塞拜疆始终保留界定自我政治、经济与安全利益的权利。二十多年来，阿塞拜疆在阿利耶夫父子的主政下，实行全方位的外交政策，一方面维持面向世界主要大国的“等距离”平衡外交，通过重新整合与疏导这些国家间的利益关系，利用其在高加索地区的合作与竞争，最大限度地维护阿塞拜疆的国家利益；另一方面阿塞拜疆与多数周边国家发展睦邻友好关系，通过与这些国家建立和实施新型的安全合作机制、矛盾疏导机制、协商对话机制和利益协调机制，努力消除周边安全中现实的或潜在的安全隐患和不稳定因素。俄美等大国在阿塞拜疆的争夺虽然十分激烈，但这种地缘政治博弈尚不具有对抗性。高加索地区错综复杂的种种问题是任何单个从自身利益出发的国家或组织都无法独立解决的，该地区的和平稳定最终还需要来自更多方面的合力推动，由本地区内的国家进行协商解决。因此各主要国家在对该地区进行争夺的同时，还存在着不同程度的合作。①

2. 关于里海法律地位的争议

“里海”（英语：Caspian Sea；俄语：Каспийское море）向来以关键的地理位置和丰富的自然资源而著称，一直是阿塞拜疆地缘政治中非常重要的战略基点。在一般意义上，里海虽称海，却是一个巨大的内陆咸水湖。之所以叫海，是因为面积相对湖而言更加辽阔，而且其性质（如颜色、海滩等）更偏向于海水。里海拥有与海洋相似的生态系统，在地理学上属性为‘海迹湖’，它与黑海最后分离成为一个内陆湖泊。然而，基于地缘战略考虑，里海沿岸的五个国家对于其究竟是“海”还是“湖”始终存在较大争议。

直到 2018 年 8 月 12 日时任哈萨克斯坦总统纳扎尔巴耶夫、俄罗斯总统普京、阿塞拜疆总统阿利耶夫、土库曼斯坦总统别尔德穆哈梅多夫、伊朗总统鲁哈尼在哈萨克斯坦的阿克套举行会晤，就里海法律地位、里海国家间合作以及重大国际和地区问题交换意见。会晤结束后，五国总统签署了《里海法律地位公约》。该公约既没有将里海界定为海，也没有将其界定为湖。根据公约，里海沿岸国家海岸线往外延伸 15 海里的水域为该国领海，领海往外再延伸 10 海里的水域为该国专属捕鱼区，其他水体以及这些水体的渔业资源将由里海沿岸五国共同拥有。公约强调，里海海底资源将由相邻国家根据国际法准则通过谈判进行分割；里海国家有权在里海海底铺设油气管道，但必须获得管道所经里海国家同意并符合环保要求；非里海国家不得在里海驻扎军队，里海国家不得将本国领土提供给第

---

① ［阿塞拜疆］道明：《试析阿塞拜疆在俄美对外战略中的地位》，《俄罗斯学刊》2011 年第 4 期。

三国来从事危害其他里海国家的军事行动。[①] 因此，尽管签署了公约，但沿岸国家并未就里海的法律地位问题达成共识。

目前围绕里海的国际争端有以下几个方面的内容：第一，确定各国已签订的开发协议中的所占份额；第二，确定里海的法律地位；第三，确定将里海石油输往国际市场的路线。在已经签署的各项协议当中，美国的多家跨国公司无疑占据了首要的位置。它们拥有的总份额最多，比排第2位的俄罗斯多出2倍。这种情况也是错综复杂的世界石油经济中力量对比的一个客观反映。相对而言，俄罗斯缺乏足够的资金、现代工艺和在这种海洋深处工作的经验，也没有形成通向里海石油潜在用户——西欧和地中海国家的发达的运输网络。阿塞拜疆领导层努力使油田的经营多样化，鼓励扩大地理上的范围，增加合同参加者的数量。阿塞拜疆政府的策略在很大程度上符合了本国利益的实际考量。它能使阿塞拜疆在吸引外国投资方面占有领先地位，可以保证阿塞拜疆在里海沿岸其他国家中占有先机，将自己的石油资源运往销售目标市场。大规模地引进和开发，能够尽快淘汰陈旧的勘探、开采、运输石油设备，使基础工业技术设备更快地实现现代化，同时依靠世界各大能源公司设在巴库的分支机构，将巴库打造成本地区的石油之都、重要的金融及技术研发中心。以此为支柱和基点，不断进一步扩展在里海其他属区的开发项目。按照这样的趋势发展，阿塞拜疆未来不仅能获取可观的经济利益，还有助于谋求更大的政治影响力。[②]

---

① 周翰博：《五国签署〈里海法律地位公约〉》，《人民日报》2018年8月14日。

② ［阿塞拜疆］拉希姆·穆萨别科夫：《处于地缘政治利益交叉口的阿塞拜疆共和国》，《东欧中亚市场研究》1999年第6期。

3. 提升军力以强化地缘优势

在全球发展中国家的军贸市场中，阿塞拜疆属于资金充裕、装备和国防工业发展需求强烈的国家，丰富的能源资源也为持续投资提供了经费保证。21 世纪初，石油价格持续走高，阿塞拜疆常规军费与武器装备采购额在 21 世纪以来增长数倍。2004 年，阿塞拜疆军费仅为 1.6 亿美元，到 2010 年则接近 7 亿美元。自 2011 年起，阿塞拜疆政府增设了“特种装备采购”资金，使国防总开支大幅提高，当年就达到 17 亿美元，2015 年则达到最高的 19.4 亿美元。2016 年，由于装备采购资金大幅度削减，国防开支总额仅为 14 亿美元，2017 年小幅增长到 14.8 亿美元。如果统计上内卫部队和边防军的开支总和，阿塞拜疆军队和安全部队的经费总额甚至接近亚美尼亚政府全年财政预算。

但是阿塞拜疆的国防工业仍有众多门类存在明显短板，亟待国外配套企业支持。该国引进的数量众多且型号繁杂的武器装备，大幅度增加了部队的训练和后勤压力。这在“纳卡”地区冲突中表现得尤为突出，尽管武器装备先进，然而面对“纳卡”独立武装时，军队仍遭受了较大损失。由于国内和地区局势不稳定，加之近年国际油价大幅波动，阿塞拜疆的国防投入已明显低于往年，未来装备采购将有所降低。国内军队和国防工业发展缺乏清晰的路线，大批签约项目履行情况不透明，使该市场仍然具有一定的风险。有分析指出，若阿塞拜疆继续“引进先进武器”为战略威慑的手段，则不排除增购复杂装备的可能性。[①] 2020 年以来，由于阿塞拜疆大量采购国际市场上技术较为先进的武器装备，使其在与亚美尼亚的纳卡

---

① 殷晓阳：《阿塞拜疆军力及军贸发展现状》，《国防科技工业》2018 年第 9 期。

地区领土争端中占据了一定优势。

四 南高加索地区独特的共产主义烙印

在苏联加盟共和国中，南高加索是传播马克思主义、发动社会主义革命、建立无产阶级政权比较积极主动的地区，这里产生过很多代表性人物、思想和实践，为国际共产主义运动的发展做出了贡献。尽管苏联解体后，南高加索三国纷纷转型为资本主义制度国家，社会主义遗产几乎被消除殆尽，然而该地区从历史到现实传承下来的共产主义遗存及左翼政党政治依然展现出独树一帜的面貌。

（一）马克思主义在南高加索地区的传播

恩格斯曾在《共产党宣言》两篇序言里提及亚美尼亚语的翻译："亚美尼亚文译本原应于几个月前在君士坦丁堡印出，但是没有问世，有人告诉我，这是因为出版人害怕在书上标明马克思的姓名，而译者又拒绝把《宣言》当作自己的作品"（1888 年英文版序言）；"这里我还要提到一件奇怪的事。1887 年，君士坦丁堡的一位出版商收到了亚美尼亚文的《宣言》译稿；但是这位好心人却没有勇气把这本署有马克思的名字的作品刊印出来，竟认为最好是由译者本人冒充作者，可是译者拒绝这样做"（1890 年德文版序言）。[①] 大约在 1887 年冬季，《共产党宣言》就已经被翻译成亚美尼亚语，接着又出现了亚美尼亚语的其他译本，但都没有公开发行。直到 1904 年，《共产党宣言》亚美尼亚语译本才得以出版面世，可谓一波三

---

① ［德］马克思、恩格斯：《共产党宣言》，中共中央马克思恩格斯列宁斯大林著作编译局编译，人民出版社 2014 年版，第 11、17 页。

折、逢春又生。作为《共产党宣言》翻译者之一的约瑟夫·涅尔谢索维奇·阿塔贝强茨曾经把恩格斯《社会主义从空想到科学的发展》译成亚美尼亚语，后来又将自己翻译的《共产党宣言》译本寄给恩格斯，并在信中请求恩格斯为亚美尼亚语译本作序。1894 年 11 月 23 日，恩格斯写了回信，感谢这位年轻的译者把《共产党宣言》和《社会主义从空想到科学的发展》译成自己祖国的语言。恩格斯考虑到自己不懂亚美尼亚语，也没有像研究英国工人阶级状况那样亲自研究过亚美尼亚问题，从科学的严肃性出发，没有撰写序言，但根据《共产党宣言》的基本思想，从“共产党人到处都支持一切反对现存的社会制度和政治制度的革命运动”[①] 的立场出发，为译者和亚美尼亚人指明了斗争方向：“坦率地说，我个人的意见是这样：阿尔明尼亚要从土耳其人以及俄国人的统治下解放出来，只有在俄国沙皇制度被推翻的那一天才有可能。”[②]

首版出版面世的亚美尼亚语《共产党宣言》全译本由邵武勉（Shaumyan Stepan Georgevič）翻译完成。[③] 1903 年，邵武勉移居日内瓦，在那里他第一次见到列宁，此后便同列宁联系密切并深得列宁信任。列宁曾在电报中这样说道：“您知道，我是充分信任邵武勉的。”[④] 根据列宁的提议，俄国社会民主工党中央委员会出版社于 1904 年 2 月在日内瓦成立了一个专门委员会，该委员会负责用亚美尼亚语和格鲁吉亚语出版社会主义书籍。邵武勉在该委员会工

① 《马克思恩格斯文集》第 2 卷，中共中央马克思恩格斯列宁斯大林著作编译局编译，人民出版社 2009 年版，第 66 页。

② 《马克思恩格斯全集》第 39 卷，中共中央马克思恩格斯列宁斯大林著作编译局译，人民出版社 1974 年版，第 310—311 页。

③ 《马克思恩格斯与俄国政治活动家通信集》，人民出版社 1987 年版，第 811 页。

④ 《列宁全集》第 48 卷，中共中央马克思恩格斯列宁斯大林著作编译局编译，人民出版社 2017 年版，第 252 页。

作期间，将一系列社会主义著作译成亚美尼亚语，其中包括马克思和恩格斯的《共产党宣言》、马克思的《雇佣劳动与资本》、考茨基的《殖民政治》以及亚美尼亚社会民主工党党章。首版亚美尼亚语《共产党宣言》是邵武勉经德语版《共产党宣言》翻译而成，1904 年 8 月由俄国社会民主工党在日内瓦付印发行，印制该译本的印刷厂还印刷过布尔什维克派的《前进报》(«Vperёd»)。同年底，邵武勉从日内瓦回到第比利斯，亚美尼亚语《共产党宣言》在南高加索的传播全面展开。在回到南高加索地区后不久，邵武勉便当选为南高加索布尔什维克的核心领导机构高加索联盟委员会的委员，并成为该联盟委员会秘密战斗机关报《无产阶级斗争报》[①]的编委。这样的身份对于邵武勉在亚美尼亚传播《共产党宣言》起到了极大的促进作用。1905—1907 年，邵武勉走遍了南高加索各工业中心，向南高加索工兵群众宣传《共产党宣言》中的思想，阐述布尔什维克党的斗争策略，仅在《火星报》上就发表了 40 余篇文章。自首版亚美尼亚语《共产党宣言》诞生至苏联解体，现存可以找到的版本共有 9 个。[②] 这 9 个版本尽管封面、页数各不相同，但它们的出版发行都足以彰显《共产党宣言》传播的持久性与广泛性。

十月革命胜利后至苏联解体前，南高加索地区《共产党宣言》的传播呈现出蓬勃发展之势，仅亚美尼亚一国就在埃里温出版了 8 版民族语言版本，《共产党宣言》在南高加索的传播达到了黄金时代。即便是新出版的《共产党宣言》也影响甚小，例如 2016 年在圣

---

① 该报是由邵武勉创办的亚美尼亚社会民主党人联盟机关报《无产阶级报》和由斯大林创办的社会民主党格鲁吉亚组织机关报《斗争报》合并而成，并用亚美尼亚语、格鲁吉亚语和俄语出版。

② 除 1904 年首版之外，苏联解体前还出版有 1932 年、1948 年、1948 年（两版）、1952 年、1960 年、1968 年、1973 年版亚美尼亚语《共产党宣言》，这 8 版《共产党宣言》都在埃里温出版发行。

贝纳迪诺新出版的亚美尼亚语《共产党宣言》，尽管封面精美、内容翔实，但依然未能受到亚美尼亚人民群众的重视，这也间接反映了三国共产主义组织以及工农群众未能准确全面理解《共产党宣言》。①

（二）邵武勉与巴库公社

斯捷潘·格奥尔基耶维奇·邵武勉，亚美尼亚人，生于格鲁吉亚，在阿塞拜疆主政，其经历囊括南高加索三国。他 1878 年 10 月生于第比利斯一个店员家庭，是早期南高加索共产党的活动家，高加索革命运动的杰出领导人之一，新闻记者，文学批评家，曾化名 S. 赛缪诺夫（S. Semionov）、苏林（Suren）从事革命活动。其于 1900 年加入共产党。生于梯弗里斯（即格鲁吉亚首都第比利斯）。毕业于梯弗里斯实科中学（1898 年）。在该校参加青年革命小组。1899 年在贾拉洛格拉村（斯捷帕纳万市）组织亚美尼亚的第一个马克思主义小组。1900 年进入里加综合技术学院学习，由于进行革命活动被开除，流放到高加索。1902 年为亚美尼亚社会民主党人联盟的组织者之一。

1902 年底侨居德国，在柏林大学哲学系学习（1905 年毕业），在俄国社会民主工党国外机构工作。1903 年在日内瓦同列宁第一次会面，直至去世一直同列宁保持经常的通信联系；从事亚美尼亚文和格鲁吉亚文的社会民主主义文学出版工作。用亚美尼亚文翻译马克思和恩格斯的《共产党宣言》（1904 年）和马克思的《雇佣劳动与资本》（1906 年）。

1905 年回到梯弗里斯，是俄国社会民主工党高加索协会委员会

① 靳书君、崔天宇：《〈共产党宣言〉在外高加索的早期传播与当代展望》，《高校马克思主义理论研究》2020 年第 4 期。

的领导人之一。俄国社会民主工党第四次代表大会（1906 年）和第五次代表大会（1907 年）代表，后来为巴库布尔什维克组织领导人之一。

邵武勉是《高加索工人小报》(1905 年)、《凯茨报》(《火星报》，1906 年)、《巴库无产者报》、《巴库工人报》、《汽笛》（1907—1908 年）等报纸和《诺尔·霍斯克》(《新言论》，1906 年）杂志的创办人和编辑。他积极为布尔什维克报纸撰稿：《前进报》(1905 年)、《无产者报》(1905 年)、《工人报》（1910—1912 年)、《真理报》（1912 年起)。1911 年任筹备第六次社会民主党全俄代表会议（布拉格代表会议，1912 年）的俄国组织委员会委员。布拉格代表会议选出的中央委员会缺席遴选，邵武勉（在流放中）为中央委员会候补委员。1914 年起领导巴库布尔什维克组织。在邵武勉的领导下举行受到俄国工人广泛支持的石油工人总罢工。1915 年领导高加索布尔什维克党组织代表会议；任俄国社会民主工党高加索执行局委员。

1917 年二月革命后，任巴库苏维埃主席。他是第一次全俄苏维埃代表大会代表，并当选为全俄中央执行委员会委员。俄国社会民主工党（布）第六次代表大会代表，并当选为中央委员。1917 年 10 月领导高加索布尔什维克党组织第一次代表大会。1917 年 11 月建立苏维埃政权——巴库公社。它是十月革命的巨大胜利之一。1917 年 12 月，俄罗斯苏维埃联邦社会主义共和国人民委员会任命邵武勉为高加索事务特别委员。1918 年 3 月领导镇压巴库平等党反苏维埃的叛乱，4 月起任巴库人民委员会主席兼外事委员。在邵武勉的直接领导下，巴库人民委员会进行了极其重要的社会改造——组织巴库公社武装力量。①

① ［苏］苏联百科全书出版社学术委员会、苏联科学院历史学部编：《世界历史百科全书（人物卷)》，商务印书馆 1992 年版，第 1424 页。

俄国革命之后，随着自我表达甚至是民族自决的呼声越来越大，整个乌克兰、南高加索和中亚地区都萌发了新思想、新认同和新渴望。来自“波斯、亚美尼亚和土耳其受奴役人民”的代表，连同那些来自美索不达米亚、叙利亚、阿拉伯半岛等地的劳苦大众，被召集参加了1920年在巴库举行的一次会议。作为布尔什维克党最主要的煽动者之一，托洛茨基的发言毫不隐讳。他告诉听众：“我们现在的任务是点燃反对西方的圣战之火”，时机一到，“我们要教育东方的民众憎恨富人、反抗富人”。这意味着反抗富有的“俄罗斯人、犹太人、德国人、法国人……从打倒英帝国主义开始，发动一场真正的人民圣战”。换句话说，东西方最后对决的时刻到了。[①]

巴库公社成立后，邵武勉毫不调和地反对民族主义，任务就在于进行反对民族主义的无情斗争，组织亚美尼亚人民群众与俄罗斯人、格鲁吉亚人和阿塞拜疆人友好地团结起来，并在决定关头领导他们冲击专制政体。巴库公社的敌人很多。反对巴库苏维埃政权的南高加索反革命力量有姆沙瓦党人、孟什维克党人、达什纳克党人、社会革命党人，和德国、土耳其、英国、美国的武装干涉者。苏维埃巴库处在四面包围之中。邵武勉坚定地站在无产阶级国际主义的立场上，不断号召南高加索人民同伟大的俄罗斯人民结成兄弟联盟。他一再解释说，只有在苏维埃俄国的援助下，南高加索各族人民才能得到真正的解放，南高加索各族人民的命运是和伟大十月社会主义革命的命运不可分地联系着的。“南高加索的最凶恶的敌人过去和现在始终是民族主义。”格鲁吉亚的孟什维克党人、亚美尼亚的达什纳克党人和阿塞拜疆的姆沙瓦党人煽动各民族互相仇视，企图借此削弱高加索的革命运动，使南高加索脱离苏维埃俄罗斯，企图借此

① ［英］彼得·弗兰科潘：《丝绸之路：一部全新的世界史》，邵旭东、孙方译，浙江大学出版社2016年版，第297—298页。

在各兄弟民族之间制造民族纠纷，从而使高加索隶属于帝国主义掠夺者。①

关于邵武勉的个人特点，英国历史学家霍普柯克曾评价道：邵武勉与他的大多数布尔什维克同僚不同，他受过良好的教育，而且久经世故。邵武勉与许多其他布尔什维克人不同，他更愿意用说服而不是使用恐怖手段来实现自己的目标。他是一位令人敬畏的领袖，也是一个纪律严明的人，不允许周围的人跟他唱反调。此外，众所周知，他跟列宁是密友，深得列宁的信任，因为他的观点占了上风。②

霍普柯克还认为，虽然格鲁吉亚人和亚美尼亚人作为古老的基督教民族是能够共生共存的，但是巴库和阿塞拜疆周围的穆斯林和亚美尼亚人却有着长期痛苦的相互敌对的历史。这曾经导致了频繁的屠杀和反屠杀。由“高加索列宁”斯捷潘·邵武勉领导的布尔什维克实际上已经控制了巴库，这可是阿塞拜疆心脏地带最大、最富有的城市。更糟的是，邵武勉本身是亚美尼亚人，已经有令人担忧的迹象表明，在他的鼓动下，亚美尼亚民族主义者和布尔什维克党员已经在巴库达成和解，目的明显是合力对付阿塞拜疆人。虽然邵武勉已经在他的布尔什维克、亚美尼亚人和巴库的穆斯林之间建立了一个联盟，但这个联盟从一开始就非常脆弱，被恐惧、猜疑和忌妒撕裂。邵武勉的权力也仅限于这座城市。周围的大部分地区（包括关键的铁路干线），仍然牢牢地掌握在亲土耳其的阿塞拜疆人手中，导致该市居民的粮食严重短缺。一位历史学家后来这样说：“巴库是一个布尔什维克岛，位于反布尔什维

① ［苏］涅尔西襄：《邵武勉：为共产主义而奋斗的光辉战士》，全星译，新知识出版社1955年版，第11、31—32、33页。

② ［英］彼得·霍普柯克：《新大博弈：一战中亚争霸记》，邓财英译，民主与建设出版社2020年版，第314、316页。

克的海洋的中心。”[①]

而英国历史学家霍布斯鲍姆则指出，在俄国势力最弱之际，德国扶植了格鲁吉亚与亚美尼亚独立建国，英国则乘机鼓动富藏石油的阿塞拜疆独立。在1917年之前，南高加索地区的民族主义并未构成严重的政治问题：对亚美尼亚人来说，他们担心的恐怕是土耳其而非莫斯科；阿塞拜疆更公然支持主张与俄国统一的孟什维克党。[②]苏联在南高加索地区的胜利，部分是由于和土耳其妥协，从而为日后族群冲突留下不少敏感问题，其中最著名的就是住在阿塞拜疆境内卡拉巴赫山区的亚美尼亚人。[③] 所有这些要素决定了邵武勉、巴库公社以及南高加索地区共产主义运动的悲剧性结局。

1918年9月20日，在里海东岸阿赫查—库伊马和别列瓦尔车站之间的沙漠中，刽子手残忍地把邵武勉、阿齐斯伯可夫、查帕里则、飞奥列托夫、科尔干诺夫、马里根等26个巴库人民委员和巴库无产阶级最优秀的领导者枪毙了。在知道邵武勉和其25个战友遭到秘密枪杀的消息后，巴库、梯弗里斯和南高加索其他城市的工人宣布全体举行哀悼，并举行声势浩大的游行和示威运动，借此对卑鄙的刽

① ［英］彼得·霍普柯克：《新大博弈：一战中亚争霸记》，邓财英译，民主与建设出版社2020年版，第259、269、290、295页。

② ［英］埃里克·霍布斯鲍姆：《民族与民族主义》（第2版），李金梅译，上海人民出版社2020年版，第266页。

③ 亚美尼亚人的情形正足以说明根据地域来界定民族的困难性。在1914年之前，现今的亚美尼亚共和国（以埃里温为首都）对亚美尼亚人而言，根本不具特定意义。“亚美尼亚”最初是在土耳其境内。俄罗斯境内的亚美尼亚人除了为数庞大的国内和国际离散者之外，主要是由一支外高加索农牧民族和一群都市人口组成。因此我们可以说，“亚美尼亚”是世界各地的亚美尼亚人被灭绝或驱逐之后才形成的国家。［英］埃里克·霍布斯鲍姆：《民族与民族主义》（第2版），李金梅译，上海人民出版社2020年版，第266—267页。

子手们的血腥暴行表示愤怒。[①]《新大博弈：一战中亚争霸记》一书详细描述了如下这段无比悲壮的、至今读来仍令人叹息的历史经过。

就在当天黎明前不久，一位维修工人沿着外里海铁路走路回家，他听到一列火车从克拉斯诺瓦茨克方向驶来的声音，大吃一惊。因为他知道，在这样的时间里，本应当没有任何火车会沿着单轨铁路到这个偏僻的地方来。当火车驶得更近的时候，他可以看到火车上没有灯光，这种情况即使是在这个混乱的时代也是闻所未闻的。他感到迷惑不解，于是爬上了路堤，藏在了一丛骆驼刺后面，想看着这列鬼火车通过。火车反而静静地滑行着停了下来，距离他在黑暗中蹲着的地方很近。其中一节车厢的门突然猛地打开了，几名武装警卫跳下了火车。紧跟着他们的是一群双手被绑在身后的囚犯。不管这 26 名巴库政委在 3 小时前离开克拉斯诺瓦茨克时相信自己将迎来什么命运，现在他们都不可能对即将发生的事情抱有任何幻想了。命令是用俄语下达的，他们被枪指着，走到了路堤的疏松砂岩处。他们对此表示抗议，却又被推进了不远处的沙漠里。这时，警卫给他们提供了眼罩。有些人接受了，有些人拒绝了。藏起来的铁路工人目睹了这一切。接着这些难逃一劫的人在沙丘顶上排成一列，他们在黎明的天空下十分显眼。警卫们面对政委们站着，其中一些政委开始高喊不屈的言辞。行刑者举起了他们的步枪。一声令下，就是一阵扫射。大多数囚犯当场死亡，但也有些人只是受了伤，并且试图逃跑，却被警卫开枪或用棍棒打死了。现场马上陷入了一片可怕的宁静中，行刑者把尸体一个接一个

① ［苏］涅尔西襄：《邵武勉：为共产主义而奋斗的光辉战士》，金星译，新知识出版社 1955 年版，第 34—35 页。

地拖到沙丘的一个低洼处，来往的火车看不到那里。他们从克拉斯诺沃茨克来的时候特地带了铲子，现在正好铲沙子把这些尸体埋住。为了确保所有犯罪证据都被掩盖起来，警卫们最后环顾了一下四周，然后才走回火车那里，看起来他们对自己整晚的工作很满意。他们被冷血地谋杀了，由此诞生了一部伟大的俄国革命史诗，苏维埃的每个学生在接下来的70年里都会受到熏陶。[①]

在很长一段时间里，巴库公社牺牲的26名革命烈士始终被南高加索地区的人们爱戴与铭记，亚美尼亚政府部门院内还立有邵武勉的雕像。“1984年秋，我第一次访问巴库时，它仍牢牢地掌握在苏联手中。城市生活的各个方面都铭记着这26位政委英雄，每一位游客，都会去参观许多缅怀他们的纪念碑。他们的痕迹几乎无处不在。”[②] 然而，苏联解体后，情况发生了变化：“一群愤怒的暴民谴责邵武勉及其他政委是俄罗斯帝国主义的走狗，是他们给这座城市带来了70多年的压迫，这些人还突然袭击了埋葬着那26人的广场，破坏了那里的纪念碑。得知邵武勉以及一些其他政委是亚美尼亚人之后，这群人的情绪更加高涨，因为他们讨厌亚美尼亚人，这是世人都非常清楚的”；“在他们的家乡巴库，他们依然躺在广场下面，但除此之外，所有其他关于他们的痕迹几乎都被摧毁了。曾经矗立在他们集体坟墓上的巨大而令人印象深刻的纪念碑尽管在愤怒的暴民对广场的攻击中幸存下来，上面的铭文却已经被移除了，纪念他们的永恒火焰也已经熄灭。那个曾经神圣的广场，以前每隔一小时

① ［英］彼得·霍普柯克：《新大博弈：一战中亚争霸记》，邓财英译，民主与建设出版社2020年版，第379—381页。

② ［英］彼得·霍普柯克：《新大博弈：一战中亚争霸记》，邓财英译，民主与建设出版社2020年版，第416页。

就会响起献给布尔什维克烈士的安魂曲，如今却寂静得可怕”。①

（三）南高加索各国的共产党境况

格鲁吉亚、亚美尼亚、阿塞拜疆各自独立后，20 世纪 90 年代中期伴随资本主义制度的危机，这些国家迎来以共产主义为代表的左翼思潮的回升，本国的共产党得以纷纷恢复、重建（或创建新的共产党）。21 世纪初期开始，在欧亚地区共产主义思想遭遇危机、国际国内共产党发展环境不利以及各个共产党自身出现问题的背景下，加之三国“去俄罗斯化”、亲西方、亲欧洲的情况日益明显，三国的共产党又遇到了困境，党员人数锐减、政治及社会影响力急剧下降，致使现今的南高加索地区共产主义运动处于低谷。

1. 格鲁吉亚统一共产党

格鲁吉亚在苏联解体后官方反共产主义、反俄罗斯立场一直十分强烈的情况下，仍有多个共产主义政党存在，其中影响最大、苏联解体后的 30 多年里一直没有停止活动的是格鲁吉亚统一共产党（Единая коммунистическая партия Грузии）。格鲁吉亚统一共产党于 1994 年 9 月召开成立大会，选举苏联将军潘特莱蒙·乔尔格泽为中央第一书记，并宣称自身为格鲁吉亚苏维埃社会主义共和国共产党的合法继承者。该党在名称中加上“统一”一词，基于两方面考虑：一是因为支持“8·19”事件，格鲁吉亚原共产党被当作非法组织取缔，之后格鲁吉亚出现了多个共产主义政党，党名中加上“统一”一词可有别于同类型政党；二是为了能够顺利通过国家司法部注册审核。1994 年 11 月 10 日，该党正式注册登记，成为合法政党。

---

① ［英］彼得·霍普柯克：《新大博弈：一战中亚争霸记》，邓财英译，民主与建设出版社 2020 年版，第 417、419 页。

2001 年 6 月初，在亚美尼亚、阿塞拜疆和格鲁吉亚三国交界处“红桥”，三国共产党举行会晤，宣布成立亚美尼亚—阿塞拜疆—格鲁吉亚三国联合共产党组织“红桥—兄弟情谊”。潘特莱蒙·乔尔格泽、阿塞拜疆共产党中央第一书记拉米兹·阿赫梅多夫、亚美尼亚共产党中央第一书记弗拉基米尔·达尔宾扬签署了议定书。作为这次活动的倡议者，潘特莱蒙·乔尔格泽指出，成立该国际组织的主要目的是推动三国和平相处。2021 年 5 月 22 日，格鲁吉亚统一共产党召开第十一次代表大会，共有来自全国各地的 132 名代表参加。大会总结了过去几年的工作成绩，讨论了在当局对社会主义力量施压的情况下党的下一步工作，以及在《自由宪章》法框架内加强党的法律地位问题，还通过了新版党章。特穆尔·皮皮亚指出，修改党章的必要性是由现实本身决定的，通过修改党章，党将更容易克服国家机构设置的法律障碍。此外，大会通过了《反危机纲领》。该纲领在评价格鲁吉亚现状的同时，提出了摆脱最深刻危机的出路，主要目标是使格鲁吉亚回归社会主义发展道路。大会选举特穆尔·皮皮亚为中央主席，特穆拉兹·萨姆尼泽为中央第一副主席。

虽然同 2004—2012 年相比，目前格鲁吉亚统一共产党的发展状态有改善之处，但从整体上看，该党还是处于势衰阶段。该党的势衰，既有外因也有内因，既有历史因素也有现实制约。归根结底，该党势衰是多种因素综合作用的结果。格鲁吉亚主要共产主义力量一直处于各自为战的状态。1995 年格鲁吉亚议会大选，格鲁吉亚统一共产党、斯大林共产党、格鲁吉亚共产党同时以独立身份参加大选，选民支持率分别为 4.49%、2.3%、2.2%。以上 3 个共产主义政党如能团结起来参加大选，支持率接近 10%，完全可以进入议会。1995 年政党进入议会的选民支持率门槛由原来的 2% 提升至 5%，促使该国不少政治力量团结起来，但是共产主义政党还是各自为战。

自 1994 年恢复重建至今，格鲁吉亚统一共产党先后经历了三个领导人时期：潘特莱蒙·乔尔格泽、努格扎尔·阿瓦利亚尼和特穆尔·皮皮亚时期。在近30年的历程中，该党发展状态虽时有改善，但整体仍是呈现不断衰弱趋势，其原因主要包括：共产主义力量各自为战、背负着沉重的历史包袱、同类政党的挤压、有威望的苏联形象代言人离世、资产阶级政权的打压等。展望未来，该党的发展前景可期：年富力强的现任领导人将使该党逐步巩固、与国内部分左翼力量的合作未来可期、苏联地区国际共产主义组织的大力支持、政治生态环境相对改善、得票率门槛降低增加了该党进入议会的概率。[①]

2. 亚美尼亚的三个共产党

在亚美尼亚，目前有三个共产党在开展活动，它们分别是亚美尼亚共产党（Коммунистическаяпартия Аремнии）、亚美尼亚进步联合共产党（Прогрессивная объединенная коммунистическаяпартия Армении）和自称当局的“建设性反对派”的亚美尼亚联合共产党（Объединеннаякоммунистическая партия Армении）。[②] 在亚美尼亚的三个共产党中，亚美尼亚进步联合共产党和亚美尼亚联合共产党属于相对弱小的政党，影响力相对较大的是亚美尼亚共产党。

亚美尼亚共产党自称1920年建立的亚美尼亚苏维埃社会主义共和国共产党的继承党。根据亚美尼亚共产党的认知，“20世纪80年代末期，全苏联此起彼伏的人民反抗和罢工成为苏联解体的原因，共产党

---

① 李世辉、贺雨佳：《格鲁吉亚统一共产党的历史演变与发展前景》，《当代世界社会主义问题》2022年第4期。

② 2001年，尤里·马努基扬（Юрий Манукян）退出亚美尼亚共产党，2002年与格兰特·沃斯卡尼扬（Грант Восканян）一起创建亚美尼亚重建共产党（Обновленная коммунистическая партия），2003年7月7日马努基扬创建亚美尼亚联合共产党。

失去了权力，其中包括亚美尼亚”。1991年9月，在亚美尼亚苏维埃社会主义共和国共产党的党代表大会上，该党曾宣布自行解散。亚美尼亚民主党（Демократическаяпартия Армении）以该党为基础建立。同年，亚美尼亚共产党埃里温市市委第一书记谢尔盖·巴达良（Сергей Бадалян）倡议重建亚美尼亚共产党。亚美尼亚共产党重建之后，谢尔盖·巴达良担任党的领导人。1999年鲁边·格里戈里耶维奇·托夫马相（Рубен Григориевич Товмасян）接任亚美尼亚共产党第一书记职务。2013年11月23日召开了亚美尼亚共产党中央委员会全体会议，接受了鲁边·格里戈里耶维奇·托夫马相的退休申请，并选举第二书记塔恰特·萨尔基相（Тачат Саркисян）为党的新领导人。据2012年4月的统计资料，亚美尼亚共产党共有党员1.8万名。[①]

亚美尼亚共产党自重建开始就积极参加亚美尼亚议会——国民会议的选举，在1995—1999年亚美尼亚第一届国民会议选举中获得六个席位；在1999—2003年的第二届国民会议选举中获得九个席位。在2003年和2007年的第三届和第四届国民会议上亚美尼亚共产党因没有获得超过5%的进入国民会议的选票门槛，而未能进入国民会议。2012年的第五届国民会议选举中，亚美尼亚共产党同亚美尼亚进步联合共产党联合参选，但未能进入国民会议。亚美尼亚进步联合共产党也一直呼吁要与亚美尼亚共产党联合起来，但目前来看，除了联合参加选举或者在街头抗议活动中有一些联合外，未见有其他实质性联合举措。

在亚美尼亚，现当权者是代表大资本家、大地主利益的右翼的代表，其在执政的过程中，总会有意无意地给共产党设置这样那样

① 2010年11月亚美尼亚共产党召开党的第38次代表大会之际，党员人数2万名，到2012年4月党员人数1.8万名，呈现出人数逐渐减少的态势。参见“Коммунисты Армении провели свой XXXVIII съезд”，http：//www.kpu.ua/kommunisti-armenii-proveli-svoj-xxxviii-sezd/，30ноября，2010г。

的约束或者限制，比如，为参加亚美尼亚总统选举设置高额押金等行为，让代表劳动人民的左翼政党被排挤在国家的选举活动之外。鉴于以上诸多因素，亚美尼亚共产党在短期内难以在亚美尼亚大有作为。①

3. 阿塞拜疆的三个共产党

作为加盟共和国，阿塞拜疆的经济、政治、文化和社会都深受苏联时期的马克思主义与共产主义思想、制度的影响。尽管苏联解体多年，但“共产主义遗产”仍然存留在这个什叶派穆斯林为主体的转型国家中，成为该国的独特表现之一。从政党政治角度看，苏联解体之后，阿塞拜疆共产主义运动的发展历程，可以用“不断分裂”来概括。在20世纪90年代初期，阿塞拜疆苏维埃社会主义共和国的苏联共产党的中层工作人员在阿塞拜疆建立了多个以共产党命名的政党。1993年底，拉米兹·艾哈迈多夫（Рамиз Ахмедов）创建了阿塞拜疆共产党（Коммунистическая партия Азербайджана）。该党在阿塞拜疆司法部进行了登记注册，并参加了共产党联盟—苏联共产党组织。1995年经过长期的党内斗争之后，拉米兹·艾哈迈多夫领导的阿塞拜疆共产党发生了分裂，分裂后两个党都被称为阿塞拜疆共产党。

2008年1月，鲁斯塔姆·沙赫苏瓦罗夫（Рустам Шахсуваров）领导的阿塞拜疆共产党内部发生党内斗争，阿列斯克尔·哈利洛夫取得了胜利，鲁斯塔姆·沙赫苏瓦罗夫领导的一派退出了该党，并组建了阿塞拜疆社会主义党（Социалистическая партия Азербайджана），即阿塞拜疆进步社会主义党（Прогрессивно-социалистическая партия）。2011年2月11日，阿列斯克尔·哈利

① 陈爱茹：《格鲁吉亚、亚美尼亚、阿塞拜疆三国共产主义运动评析》，《当代世界与社会主义》2014年第5期。

洛夫领导的阿塞拜疆共产党宣布要与捷利曼·努鲁拉耶夫（Тельман Нуруллаев）领导的阿塞拜疆共产党（马克思列宁主义派）[Коммунистическая партия Азербайджана（марксистско-ленинская）] 联合，于 2011 年 10 月联合成一个新党，该党被称为阿塞拜疆共产党联盟 [“Союз Компартий Азербайджана”（СКПА）]，其指导思想是马克思列宁主义和辩证唯物主义。

在阿塞拜疆，还有尼亚齐·拉特扎波夫（Ниязи Раджабов）领导的阿塞拜疆“新生代”共产党（Коммунистическая партия Азербайджана«Новое поколение»）。在阿列斯克尔·哈利洛夫领导的阿塞拜疆共产党宣布要与捷利曼·努鲁拉耶夫领导的阿塞拜疆共产党（马克思列宁主义派）联合之后，阿塞拜疆实际上只剩下了三个共产党：劳夫·库尔班诺夫（Рауф Курбанов）领导的阿塞拜疆共产党、尼亚齐·拉特扎波夫领导的阿塞拜疆“新生代”共产党和阿列斯克尔·哈利洛夫领导的阿塞拜疆共产党与捷利曼·努鲁拉耶夫领导的阿塞拜疆共产党（马克思列宁主义派）联合之后产生的阿塞拜疆共产党联盟。

当前，在阿塞拜疆开展活动的有三个共产党：劳夫·库尔班诺夫领导的阿塞拜疆共产党、尼亚齐·拉特扎波夫领导的阿塞拜疆“新生代”共产党和阿塞拜疆共产党联盟。阿塞拜疆的三个共产党都比较弱小，影响力十分有限。目前相对比较活跃的是劳夫·库尔班诺夫担任党中央书记的阿塞拜疆共产党。[①] 库尔班诺夫领导的阿塞拜疆共产党对苏联一直怀有深厚的情感，致力于恢复苏联地区各国之间的联盟。因此，该党在国内影响力有限的情况下，非常注重其周边和国际影响力，尤其是在苏联地区组建的共产党联盟—苏联共产

---

① 陈爱茹：《格鲁吉亚、亚美尼亚、阿塞拜疆三国共产主义运动评析》，《当代世界与社会主义》2014 年第 5 期。

党中的影响。库尔班诺夫领导的阿塞拜疆共产党的领导人积极参与共产党联盟—苏联共产党的各项活动，正因为如此，其在国内的活动也获得了来自俄罗斯方面的支持和援助。总体上看，阿塞拜疆的三个共产党影响力仅限于在独联体国家和地区的共产党中，这种“一息尚存”的共产主义印记成为阿塞拜疆相对独特的政治社会景象。

第四章

南高加索的地缘战略安全

南高加索三国的地缘战略安全既有个性方面，如阿塞拜疆的“飞地”问题、格鲁吉亚与俄罗斯的边界争端、亚美尼亚与土耳其的历史仇恨等，也有共性方面，如亚美尼亚与阿塞拜疆的纳卡领土争端、三国都面临的域外大国博弈等。这些错综复杂的地缘政治现实是实现欧亚地区未来和平发展所必须着力关注的因素。

一　格鲁吉亚地缘战略安全

由于夹在俄罗斯和美国之间，格鲁吉亚在具备一系列地缘意义和优势的同时，也相应地有着诸多地缘战略风险，包括政治、经济和军事三方面，致使其国内和周边局势在相当长的时期内都始终存在变数。

（一）国内政局存在不稳定因素

目前格鲁吉亚的政治风险主要体现在国家政体安全与内部政治两个基本方面。

第一，悬而未决的阿布哈兹和南奥赛梯问题仍然是首要政治风险。萨卡什维利执政时期一面倒的亲西方政策和对于阿布哈兹和南奥赛梯问题的强硬态度直接诱发了2008年的俄格冲突，这次武装冲突之后，俄格关系进入了前所未有的低点。随着俄罗斯承认南奥赛梯和阿布哈兹的“独立国家”地位，阿布哈兹和南奥赛梯的分离问题被国际化，目前也毫无在短期内得到解决的迹象。阿布哈兹和南奥赛梯问题的激化和俄格关系破裂造成的经济下滑直接导致了萨卡什维利的下台，时任总理伊万尼什维利在当选之后将与俄罗斯恢复关系和欧洲一体化并列为新政府的首要任务。由于俄格双方在这一问题上分歧巨大，俄罗斯与格鲁吉亚之间“良好的经济关系”虽然已经恢复，但“糟糕的政治关系”仍将因为阿布哈兹和南奥赛梯问题的阻拦而持续下去。一旦阿布哈兹和南奥赛梯出现新的变化，俄格关系再度陷入紧张，甚至出现地区冲突的可能性较高。①

第二，国内政局存在较大不确定性。格鲁吉亚自独立以来，先后爆发过多次反对党示威游行，2003年的“玫瑰革命”更是诱发了独联体国家新一轮的颜色革命浪潮，尽管现任政府实现了权力的和平交接，但是由于格鲁吉亚在领土问题上的悬而未决和国内各派别围绕格鲁吉亚与俄美关系立场的巨大分歧，国内政局仍然存在变数。格鲁吉亚的两个派别围绕格未来国家发展的一系列问题存在诸多争议，其中最为主要的就是如何发展和平衡与俄美关系和如何确保阿布哈兹与南奥赛梯问题的顺利解决。②

2023年3月，格鲁吉亚突然经历了严重骚乱。抗议者举着标语，

---

① Angelika Nußberger, “The War between Russia and Georgia – Consequences and Unresolved Questions”, *Göttingen Journal of International Law*, Vol. 1, No. 2, 2009.

② 储殷、柴平一：《“一带一路”投资政治风险研究之格鲁吉亚》，中国网，http://opinion.china.com.cn/opinion_62_139362.html。

挥舞着美国、欧盟和乌克兰国旗，数次冲击格鲁吉亚议会，以抗议议会此前通过的《外国代理人法》。尽管格鲁吉亚政府和执政党表示该法是仿效美国的类似法案，但曾经把本国冲击议会行为称为“暴乱”的美国和欧洲等西方国家却公开支持抗议者，声称法案“受克里姆林宫启发”，并威胁对格鲁吉亚政府和执政党进行制裁。2023年是格鲁吉亚爆发“玫瑰革命”20周年，不少分析担忧格可能再次爆发“颜色革命”。俄罗斯 Iarex 网指出，格鲁吉亚把国家目标放在加入欧盟方面，但该国汲取了乌克兰的教训。2023年2月，总理加里巴什维利曾称，乌克兰政府试图将格鲁吉亚拖入与俄罗斯的冲突中，“他们企图开辟对俄罗斯第二战场，但格鲁吉亚将努力使国家避免遭受这样的艰难考验”。俄新社引述俄罗斯国家杜马议员谢列梅特的话称，美国是格鲁吉亚骚乱的幕后黑手，打算在该国组织新的“颜色革命”。华盛顿希望搞乱该国政治局势，挑起冲突。美国已经为格鲁吉亚制定了“乌克兰模式”。俄罗斯《观点报》引述联邦委员会议员克里莫夫的话称：“自21世纪以来，格鲁吉亚发生的一切都是在美国的操纵下发生的。我们现在看到该国政府试图摆脱外国影响。因此美国立即开始干涉。他们使用以前的方法，雇人走上街头引发骚乱。事实证明，任何想要摆脱美国殖民主义的人民都注定要经受这种考验。乌克兰就没有承受住这样的压力。”格鲁吉亚正在进行一次“独立的考试”——“格鲁吉亚必须认识到，美国人不会考虑他国人民的幸福和繁荣，只会考虑自己的利益。显然，美国的主要目标是保持其主导地位。尤其是在与俄罗斯接壤的地区”。[①]

① 隋鑫等：《格鲁吉亚骚乱，西方插手》，《环球时报》2023年3月10日。

（二）经济社会发展相对乏力

尽管政府在“后革命时代”切实取得了不少成就，但格鲁吉亚经济改革仍存在很大风险。

第一，经济改革的自由度依然较低。随着上述经济改革取得了成功，格鲁吉亚可以被称作自由改革的国度。尽管政府冗员减少、税收负担降低，以及许可证获得程序与创业所必须的各种批准程序得到简化，但必须注意到，这段时期里，也实施了一项限制雇员权利但大大扩大雇主权力的劳动法。可以将这些改革统称为新自由改革，而人们关注的是，这些改革如何能使格鲁吉亚更具投资吸引力。这些改革带来了积极后果，即格鲁吉亚在国际金融公司和世界银行编制的营商条件排名中，从2006年的第112位升到2007年的第18位，再继续升到2010年的第12位。这一成就，当然会被格鲁吉亚领导人竭力以各种方式来宣传。但事实上，情况并不像排名看上去的那样乐观。“玫瑰革命”之后，格鲁吉亚出了不少侵犯财产权——尤其是侵犯格鲁吉亚工商业主财产权——的案件，比如，安全部门迫使私人业主“自愿”放弃财产所有权，或未经法院裁决就随意破坏私人所有的建筑物与空间。并且，考虑到外国公司更有机会来吸引外界关注格鲁吉亚问题，政府在与这些公司打交道时要谨慎得多。更关键的问题是，由于司法当局无法独立于政治精英，同时政府对商业体系大加干涉（且不说频繁的侵犯人权行为），政府已毫不犹豫地将“新布尔什维克者”的措施用于经济工作中。

考虑到格鲁吉亚是在打着新自由主义的旗号实施着新布尔什维克者的经济改革，那么上述营商条件排名显然是在粉饰格鲁吉亚的现实。尽管在一定程度上说，任何排名都需要谨慎对待，因为排名结果主要受到针对利益各方进行的调查所用研究方法的影响，而这种方法就是，用定量的方式来评价某一往往是定性的事件。但是，如果将营商条件排名与“世界经济论坛”编制的2010—2011年度全球竞争力排名进行对比，就不难看出，格鲁吉亚在后一排名中的情形远不能令人满意：国家总排名列第93位，财产权排第116位，司法独立排第104位，反垄断政策的有效性排第135位。[①] 统计数据表明，格鲁吉亚公民的生活水平很低。即使按照官方数据报道，生活在贫困线下的人口占比也超过了20%——此处将平均消费（即家庭的平均消费）的60%作为相对贫困标准。另据专家评估，格鲁吉亚人中遭遇严重社会困难者高达86%。[②]

第二，国家到社会各个层面的腐败依然严重。“玫瑰革命”之后，格鲁吉亚即刻开展了大规模的反腐斗争，并成功解决了预算危机、能源问题和警察行为问题，使人们渐入一种误区，觉得格鲁吉亚已经彻底铲除腐败。当然，这一误区多少与政府的导向有关。大规模腐败已经降低到最低程度，精英腐败情形却远比先前复杂，即从原初的贿赂方式演变成更为复杂的形式。特别是当前官员被控涉腐，靠他们的家人付大笔赎金来获得自由，而这笔钱根本没有进入国家预算。事实上，“玫瑰革命”以后，国家安全机构（如检察院、内务部、国防部等）设立了预算外资金，其中部分赎金就被纳入进来。由于这笔钱不受任何监督，故此无从了解累计有多少资金，也不知道这些资金的去向。显然，诸如以赎金换得自由的方式是一次性行为，最多能够反复使用一段时间，但收取次数终究有限。政府接下来开始强制商人向该账户捐款。最终在国际货币基金组织的要求下，政府才停止这类捐款行为——政府表面上同意这么做，但实际上拖了很长时间。像政府通过指定工商企业“自愿捐款”从而为

① 储殷、柴平一：《“一带一路”投资政治风险研究之格鲁吉亚》，中国网，http：//opinion. china. com. cn/opinion_62_139362. html。

② Hans Oversloot，“Georgia，A political History Since Independence”，*East European Politics*，Vol. 29，No. 4，2013.

社会事务获取资金的这类手段，是革命后腐败的典型组成部分。[①]“玫瑰革命”后，格鲁吉亚重新开启了去私有化进程，即一项对私有化结果的修订，或被称作重新私有化。安全部门的官员威胁那些财产在革命前已经被私有化的所有者，迫使他们“自愿”放弃财产所有权。这样的私有化冒着恶性循环的风险——那些被强行夺走财产者可能会加以报复，而一旦反政府势力上台，格鲁吉亚就可能会陷入持续去私有化的闭环。此外，私有化过程本身就存在暗箱操作，这也为腐败的滋生提供了沃土。

第三，发展模式与欧洲渐行渐远。即使在“玫瑰革命”之前，格鲁吉亚也并未掩饰其亲西方倾向，只是在革命后，这一向欧洲—大西洋倾斜的趋势变得更加明显。政府尤为强调其想要加入北约的愿望，也公开表示其渴望成为欧盟的一员。欧盟采取了重要措施，与包括格鲁吉亚在内的一些苏联加盟共和国建立并深化合作关系。比如，自 2004 年以来格鲁吉亚一直在《欧洲睦邻政策》框架内与欧盟保持密切合作，并于 2007 年加入《黑海协同》倡议，于 2009 年加入《东方伙伴关系》倡议。格鲁吉亚官方也在积极宣传其亲欧倾向。但种种迹象表明，一旦到了切实采取行动时，政府根本没有完善的举措。2008 年 9 月 1 日，俄格冲突之后，欧盟在举行的“特别欧洲委员会”会议上，邀请当时表现出积极支持态度的格鲁吉亚与欧盟达成自由贸易协定，前提是格鲁吉亚必须履行与实现这一协定有关的特定条件。布鲁塞尔还特别要求，第比利斯需要实施欧式反垄断法律（格鲁吉亚的反垄断规则在革命之后已被废止），并且改革劳动法，以保护雇主的权益。然而，尽管第比利斯官方表示欢迎来自布鲁塞尔的邀约，但仅仅数日之后，格鲁吉亚就与国际货币基金

① 储殷、柴平一：《“一带一路”投资政治风险研究之格鲁吉亚》，中国网，http：//opinion. china. com. cn/opinion_62_139362. html。

组织签署了一份意向书，并在其中承诺，自己近期不会实施前述提及的体制改革。①

直到 2011 年，格鲁吉亚有关食品安全的法律才重新生效，与签署草拟反垄断法律有关的讨论还在进行中，结果还很难预测，而有关劳动法改革的讨论还根本未开始。2009 年 1 月，美国和格鲁吉亚签订《战略伙伴宪章》，其中涉及订立自由贸易协定问题。面对这种情形，第比利斯即使明知布鲁塞尔所达成的自由贸易协定需要何种条件，却仍在该宪章签署之后的两年多时间里，没有采取任何行动，甚至都没有弄清楚，华盛顿在同样一个问题上究竟提供了何种条件。与此同时，格鲁吉亚领导人越来越倾向东方而非西方模式。这主要是因为，他们发现新加坡、迪拜和中国香港经济模式颇有吸引力。用前总统萨卡什维利的话来说，从经济角度看，格鲁吉亚应按新加坡模式来发展。相比之下，格鲁吉亚在宣传“欧洲路线”时最多这样说：“格鲁吉亚应该成为带有新加坡元素的瑞士。”这等于完全忽视了格新两国在经济与制度体系模式方面存在的显著差异，更不用说，新加坡模式几乎不适用于格鲁吉亚，而且格鲁吉亚的这一发展方向等于从根本上就有悖于先前已然对外声称的欧洲倾向。② 格鲁吉亚领导人着重强调了新加坡——这样一个权威体制的国家——经济方面的新自由主义本质，却忽视了最重要的规则问题，而这一问题正是布鲁塞尔对第比利斯当局实现自由贸易所开出的必要条件。新加坡经济的这种代表性远非表面那样简单——这个国家已经在食品

① David Rinnert, “The Politics of Civil Service and Administrative Reforms in Development-Explaining Within - Country Variation of Reform Outcomes in Georgia after the Rose Revolution”, *Public Administration and Development*, Vol. 35, No. 1, 2015.

② Julie A. George, “The Dangers of Reform: State Building and National Minorities in Georgia”, *Central Asian Survey*, Vol. 28, No. 2, 2009.

监管和反垄断规则方面建立了完善的运行机制。格鲁吉亚领导者如果走新加坡式道路，就会使格鲁吉亚离欧盟以及欧洲模式的经济体系越来越远。

第四，对俄罗斯的经济依赖仍然十分明显。2008 年 8 月，南奥赛梯发生武装冲突后，俄格之间的官方外交关系破裂。人们普遍认为，双方的经济往来也就此中断。但事实并非如此，因为格鲁吉亚是俄罗斯的劳务输入国，而俄罗斯也是格鲁吉亚经济的主要投资者之一。[①] 随着对外贸易受到了很大限制，俄格之间的贸易额大幅下降，但并未完全切断。官方数据显示，2005—2008 年，格鲁吉亚向俄罗斯的出口额占比从 17.8% 骤减到 2.0%，2010 年为 2.2%，其中 2005 年时，俄罗斯禁止从格鲁吉亚进口食品。俄罗斯在格鲁吉亚进口额中的占比也有所下降，从 2005 年的 15.4% 骤降到 2008 年的 6.7%，到 2010 年继续降到 5.5%。特别应该强调的是，2010 年，俄罗斯在格鲁吉亚对外贸易中排名第五，仅次于土耳其、阿塞拜疆、乌克兰和德国，领先于美国、保加利亚、中国和其他国家。[②]

很多格鲁吉亚公民和已经取得俄罗斯公民身份并居住在俄罗斯的格鲁吉亚族群成员，需要将其收入中的一部分寄给居住在格鲁吉亚的亲属。在俄罗斯同格鲁吉亚建立签证机制、2006 年俄罗斯爆发格鲁吉亚族群成员受迫害事件、银行体系日益发达等系列事件推动下，银行汇款业务大幅增长，并在很大程度上取代了自苏联解体之后就建立起来的扶助体系，即俄罗斯的格鲁吉亚族群成员将钱通过回乡朋友带给自己在格鲁吉亚的亲属。即使在俄格冲突之后，这一

① 储殷、柴平一：《“一带一路”投资政治风险研究之格鲁吉亚》，中国网，http：//opinion. china. com. cn/opinion_62_139362. html。

② 李敬等：《“一带一路”相关国家贸易投资关系研究：俄罗斯、蒙古、独联体其他六国》，经济日报出版社 2017 年版。

趋势也未受到影响。特别是在 2005 年，总共有超过 4.03 亿美元被转移到格鲁吉亚，其中超过 2.4 亿美元（占所有汇款的 59.6%）来自俄罗斯；2008 年，这两个数字分别增长了 150%（达到 10.08 亿美元）和 160%（达到 6.24 亿美元，占所有汇款的 61.9%）。在 2008 年全球金融危机的影响下，2009 年，格鲁吉亚汇款总额下降到 8.42 亿美元（为 2008 年的 84%），源自俄罗斯的汇款金额跌至 4.5 亿美元（为 2008 年的 72%）——尽管俄罗斯也受到金融危机的严重影响，但从俄罗斯到格鲁吉亚的汇款占汇款总额的 53.4%。与 2009 年相比，2010 年格鲁吉亚汇款总额有所提升（共计 9.04 亿美元），源自俄罗斯的汇款总额（达到 5.3 亿美元）与汇款占比（58.6%）也有所提升。①

至于俄罗斯在格鲁吉亚的投资状况，许多直接投资公司在离岸区注册，因此无法追踪资金的真实来源。官方数据显示，在格鲁吉亚 2010 年的外国直接投资总额中，俄罗斯位居第三，仅次于荷兰和美国。俄罗斯在苏联解体后的投资问题与俄罗斯自 2002 年以来实行的“自由帝国”理念密切相关。“玫瑰革命”后，格鲁吉亚当局也积极推动本国融入这一过程。因此，即使俄格外交关系中断，也没有任何理由宣称，俄格之间毫无经济往来。“玫瑰革命”后，格鲁吉亚政府的首要任务是解决前任政府的遗留问题，需要通过从根本上降低腐败程度，以克服预算危机与能源危机。政府不仅成功地实现了这些目标，而且在自由化工商业管理法律方面成果显著。有鉴于此，国家及其领导人也因此获得了来自国际社会的大力支持，格鲁吉亚改革也被宣传为成功典范。许多国家都对借鉴这一经验的可能性表示出兴趣。然而，在格鲁吉亚明显取得成功的同时，与格鲁吉

① Salome Gogiashvili, “Current Issues of the Formation of the Investment Environment and Potential in Georgia”, *Creative and Knowledge Society*, Vol. 6, No. 1, 2016.

亚经济改革有关的误区也逐渐形成。表现在：其一，格鲁吉亚并非一个充满自由改革氛围的国度，而是一个新自由主义与“新布尔什维克主义”的共生体；其二，格鲁吉亚并非没有腐败，新的、形式更复杂的精英腐败正在蔓延；其三，格鲁吉亚并未仅仅坚持亲欧倾向，国家领导人已经正式宣布“新加坡模式”的经济目标，并且政府正有意拖延与欧盟自由贸易协定的实施；其四，2008 年 8 月俄格之战后，格鲁吉亚和俄罗斯依然保持着经济往来，也包括贸易往来。这些误区既不利于格鲁吉亚的发展，也不利于对这些改革感兴趣的国家的发展。①

（三）周边军事安全风险不断上升

自 2006 年以来，俄罗斯与格鲁吉亚之间因天然气管道爆炸、俄罗斯禁售格鲁吉亚矿泉水与葡萄酒以及阿布哈兹科多里峡谷冲突等一系列事件而龃龉不断。特别是格鲁吉亚当局以从事间谍活动为由逮捕 5 名俄罗斯军官，甚至一度包围俄军驻南高加索集群司令部，使两国之间的关系跌至谷底。对此，俄罗斯不仅增兵至边境地区，还切断了与格鲁吉亚之间的海陆空交通联络及邮政联系。俄罗斯国家杜马计划通过立法修正案，允许政府禁止与特定国家金融往来。根据俄罗斯中央银行公布的一项数据，从俄罗斯汇往格鲁吉亚的资金占到格鲁吉亚国内生产总值的 4%，一旦俄罗斯中断与格鲁吉亚的金融往来，后者将遭受重大经济打击。格鲁吉亚当局迫于内外压力，将几名被拘押的俄罗斯军人交给了欧洲安全与合作组织的官员并由其移交给俄方，但俄方不仅没有宣布停止制裁措施，还拒绝第三方调解。俄格关系的持续紧张恶化了南高加索地区的局势，同时，也

---

① ［格］玛莉雅：《冷战以来格鲁吉亚与中国双边关系分析》，华中师范大学硕士学位论文，2012 年。

促使格鲁吉亚加快了接近北约的步伐。

第一，重要的地缘战略位置引得大国争相逐鹿。对俄罗斯而言，南高加索地缘战略地位尤其重要，不仅是俄罗斯通往南方的重要门户，也是确保俄罗斯在黑海、里海地区传统利益的战略要地，更是保证俄罗斯南部边界安全与稳定的一道天然屏障。所以南高加索历来被视为俄罗斯传统的势力范围。苏联解体后，美国开始积极介入后苏联空间，自波罗的海三国加入北约开始，美国进一步在中亚和南高加索地区与俄罗斯进行全方位角逐，积极发展与南高加索国家的关系，大力迎合格鲁吉亚、阿塞拜疆融入西方的努力。俄罗斯与美国为了争夺在南高加索的主导权，都在推动建立对自己有利的地区和国际安全机制。面对北约与欧盟双东扩所带来的严重的地缘安全压力，俄罗斯重新审视自己的南高加索政策，采取政治、经济、军事与外交的手段促使格鲁吉亚与阿塞拜疆重视俄在此地区的利益与要求。而美国为了排挤俄罗斯在南高加索的势力，除了对格鲁吉亚、阿塞拜疆两国进行大量的财政经济援助，还加强了与该两国的军事合作。为弱化俄罗斯在两国的军事影响力，美国一方面利用北约“和平伙伴关系”与格鲁吉亚、阿塞拜疆进行军事演习，使两国在武器装备、军事训练方面向北约靠拢；另一方面还分别与两国签订了各类军事合作协议，通过提供军事经济援助、培训军事人员及驻扎军事基地等方式加强对两国的军事影响。①

阿富汗战争后，南高加索和中亚已成为美军驻欧部队战略东移的一个新落脚点。南高加索三国自 1994 年成为北约“和平伙伴关系”成员国以来，曾多次参加北约举行的军事演习。其中，格鲁吉

① Craig Dunkerley, “Russia, Georgia and the United States: Dealing with New Realities”, *Israel Journal of Foreign Affairs*, Vol. 2, No. 3, 2008.

亚参加北约军事演习的频率很高。据统计，迄今格鲁吉亚已参加了北约100多场规模不等的演习。在格鲁吉亚、阿塞拜疆拒绝续签《独联体集体安全条约》后，北约加大了对两国的军事支援力度。2003年7月，北约空军就早期预警和空中侦察问题与格鲁吉亚达成了一致。按照协议，格鲁吉亚将向北约空军开放领空。2004年10月，北约通过了针对格鲁吉亚的特别伙伴行动计划，以进一步提升与格鲁吉亚的军事合作水平。进入2005年后，美国与格鲁吉亚军事合作迅速升温。布什政府明确表示支持格鲁吉亚加入北约，并呼吁北约成员国向格鲁吉亚伸出援助之手，敦促俄履行从格鲁吉亚撤军的承诺。格鲁吉亚与美国全方位的密切协作（尤其是在军事方面的合作）都被俄看作对其根本利益的严峻挑战和威胁。①

第二，边境冲突源于积怨较深。格鲁吉亚与俄罗斯之间的矛盾可谓积怨已久，主要是因为南奥赛梯与阿布哈兹及潘基西峡谷问题。南奥赛梯问题涉及俄罗斯。南北奥赛梯人毗邻而居，同属一个民族，却分属格鲁吉亚和俄罗斯两国。1990年9月，南奥赛梯要求脱离格鲁吉亚，与北奥赛梯合并。格鲁吉亚政府于是出兵干预，向南奥赛梯地方武装开战。后来格鲁吉亚和俄罗斯两国达成一致，同意南、北奥赛梯维持现状，但这一地区的潜在矛盾并没有得到根本解决。目前，作为主要调停者的俄罗斯在南奥赛梯驻有维和部队，兵力近900人，但格鲁吉亚认为，俄罗斯是在暗中支持南奥赛梯独立。1992年7月宣布独立的阿布哈兹是格鲁吉亚的一个自治共和国，物产丰富。格鲁吉亚政府为维护领土完整于当年8月出兵镇压，双方爆发长达13个月的战争，造成3000人死亡。1994年5月，在俄罗斯调停并出动维和部队的情况下，双方实现停火，但阿布哈兹的地位问

① 周媛、丛鹏：《解读俄美博弈格鲁吉亚的地缘战略因素》，《国际观察》2008年第2期。

题仍没有解决，战乱随时都会爆发。2004 年，阿布哈兹举行总统大选。格鲁吉亚认为，阿布哈兹有俄罗斯支持的影子，强烈要求国际社会干预阿布哈兹冲突。在俄格关系问题上，俄罗斯军方持强硬立场。时任俄罗斯北高加索军区副参谋长尤·伊万诺夫认为，格鲁吉亚只是将发展与俄罗斯的关系看作获取利益的手段，而不想承担任何义务。格鲁吉亚将维和部队视为实现其领土完整的手段，在得不到满足时，就在俄罗斯驻格鲁吉亚军事基地上同俄罗斯讨价还价，并要求俄罗斯驻阿布哈兹维和部队撤离。①

上述冲突不仅使俄罗斯的南部安全环境恶化，还严重影响了俄罗斯与南高加索国家的关系。地区内的分离主义和恐怖主义组织与车臣恐怖势力有着千丝万缕的联系，使俄罗斯的安全环境，特别是北高加索地区的稳定受到严重影响。南高加索地区与俄罗斯北高加索地区“唇齿相依”，历史文化联系十分紧密，因此，南高加索地区的风吹草动都会对俄罗斯北高加索地区的局势产生影响。1999 年以来，潘基西峡谷问题不仅成为制约俄格关系的关键，还成为可能引发俄格危机的导火线。潘基西峡谷位于格鲁吉亚首都第比利斯东北方向，与车臣共和国南部邻近。自第二次车臣战争爆发以来，有大量车臣难民逃到那里避难。俄罗斯认为，除难民外，潘基西峡谷还藏匿有车臣非法武装分子。非法武装的财政支持、弹药补给及外国雇佣军也多从那里进入车臣。潘基西峡谷的各国恐怖分子对俄北高加索地区的安全构成了严重威胁，是车臣战争久拖不决的主要原因之一。为此，俄罗斯多次提出要派兵“越境剿匪”，但均遭到格鲁吉亚方的拒绝。格鲁吉亚方则认为，其是俄罗斯车臣战争的受害方。正是俄罗斯在车臣开战，才导致车臣难民和非法武装人员进入格鲁

① 周媛、丛鹏：《解读俄美博弈格鲁吉亚的地缘战略因素》，《国际观察》2008 年第 2 期。

吉亚境内。格鲁吉亚担心俄罗斯借口打击车臣非法武装，向格鲁吉亚境内派遣军队，从而将车臣战争引入本国境内，损害格鲁吉亚领土完整与安全，所以拒绝同俄罗斯在潘基西峡谷采取联合反恐行动，转而寻求与西方合作，邀请美国特种部队教官到格鲁吉亚帮助培训军队，让欧安组织观察员前往潘基西峡谷实地考察。此举使格俄关系更加紧张，双方面临爆发冲突的严峻局面。①

再者，格鲁吉亚之所以一再以强硬的姿态挑战俄罗斯，还源于其国内严峻的政治经济形势。自 2003 年底萨卡什维利执政以来，其在选举之前所允诺的改革基本上都未能兑现。经济的低迷、庞大的失业大军使格鲁吉亚普通大众对新政府的不满情绪日益加深。格鲁吉亚国内的反对党派也趁此向当局发难，要求萨卡什维利下台。为了摆脱内外交困的局面，格鲁吉亚当局也只有利用俄罗斯作为转移国内民众视线的“挡箭牌”。格鲁吉亚内务部门相继逮捕了时任安全部长吉奥尔加泽以及 29 名反对派领导人，格鲁吉亚政府宣称他们接受外国情报组织的资助，妄图发动政变推翻现政府。尤其是在格鲁吉亚以进行间谍活动为由拘捕 5 名俄罗斯军官之后，格俄矛盾更公开化。从目前情况来看，萨卡什维利政府已巧妙地利用了大众的“民族感情”，暂且缓解了民众对其的不满情绪，并进一步引起了北约成员国、欧安组织对其的关注程度。②

第三，军事基地问题加剧俄罗斯与格鲁吉亚分歧。俄罗斯在格鲁吉亚境内的军事基地问题一直是两国矛盾的症结之一。在格鲁吉亚看来，俄罗斯在格鲁吉亚境内设立军事基地是对其主权和领土完整的侵犯，并损害了其国家的尊严。格鲁吉亚境内的俄罗斯军事基

---

① 吴彦：《格鲁吉亚“玫瑰革命”中的美国因素分析》，外交学院硕士学位论文，2007 年。

② 郑异凡：《格鲁吉亚民主共和国及其被兼并》，《探索与争鸣》2011 年第 2 期。

地问题的产生在根源上还是和20世纪90年代初的格鲁吉亚与南奥赛梯及阿布哈兹冲突有关。1992年1月，格鲁吉亚加姆萨胡尔季阿政权垮台，3月，曾任苏联外长的谢瓦尔德纳泽回国当政。由于俄罗斯的北奥赛梯直接参与了同格鲁吉亚政府军的战斗和对格鲁吉亚的封锁，俄罗斯首先出面对南奥赛梯冲突进行干预。在俄罗斯的积极干预下，1992年6月底，俄罗斯、南北奥赛梯和格鲁吉亚四方领导人在达戈梅斯达成协议，规定在冲突地区设置15千米宽的隔离区，俄罗斯维和部队进驻该地区。与此同时，由于格鲁吉亚拒绝俄罗斯加强驻阿布哈兹军队力量，使两国矛盾突出，格鲁吉亚与阿布哈兹分立主义武装冲突到1993年初仍旧时断时续。虽然在俄调解下，冲突双方于1993年7月达成停火协议，由俄派观察员和军队监督签订停火协议，但9月阿布哈兹军队在俄监督停火军队的眼皮底下发动进攻，俄罗斯除口头警告外没有采取实际措施，10月初，格前总统加姆萨胡尔季阿的支持者也展开军事行动，使格鲁吉亚政府军腹背受敌。处于极度困难境地的格鲁吉亚总统谢瓦尔德纳泽被迫向莫斯科求助。叶利钦以格鲁吉亚加入独联体并允许俄驻军为条件，使俄军以独联体维和部队名义进入冲突地区，并先后建立了4个军事基地（分别位于瓦济阿尼、古达乌塔、阿哈尔卡拉基和巴统）。无论是当时还是现在的格鲁吉亚领导人都认为，俄罗斯是格鲁吉亚内部分裂势力的支持者与始作俑者。俄罗斯一直在利用军事基地问题与格鲁吉亚讨价还价，这更进一步增加了格鲁吉亚对俄罗斯的戒心。格鲁吉亚政府担心这支驻扎在本国的外国军事力量在格鲁吉亚发生国内危机时干涉本国的内政，所以对俄罗斯驻扎在格鲁吉亚境内的军事力量一直感到“如芒在背”。虽然根据欧安组织和俄罗斯1999年在伊斯坦布尔达成的协议，俄罗斯于2001年7月1日前撤除了古达乌塔和瓦济阿尼的两个军事基地。但格鲁吉亚认为古达乌塔军事基地的撤除工作还没有完成。在撤除阿哈尔卡拉基和巴统这两个军事基地的期限问题上，俄格依然存在分歧。俄罗斯认为撤除这两个军事基地至少需要 10 年以上时间，而格鲁吉亚则希望这一问题最多在 3 年内解决。最终双方于 2006 年 3 月达成协议，俄军的两个军事基地必须在 2008 年撤走。

但在俄格关系再度紧张的时刻，俄罗斯以安全为由暂停了从格撤军的进程，并命令部队进入高度戒备状态。这显然是对格鲁吉亚行动的一个反制措施，在某种程度上也令南高加索的紧张形势再次升级。格鲁吉亚认为，只有选择与北约合作，借助于北约的军事力量才能制衡俄军在此地区的影响，并保护本国的权益不会受到俄罗斯的侵害。正如萨卡什维利所说："格鲁吉亚现在面临前所未有的机遇，非常接近北约。今天我们做出正式声明：我们申请成为北约成员国。我们曾经请求北约军队进入我国境内，现在我们的军队要进入北约了。加入北约对格鲁吉亚来说意味着其边界将是北约的边界，将不再只有 10 架战机和 50 架直升机防护，而是由 1000 架西方战机和现代化的军队防护。"

第四，另寻新"靠山"转投北约。近年，由俄罗斯所主导的独联体内各成员国的离心力越来越强，开始与北约越走越近。1997 年 10 月 10 日，在美国等西方国家的支持下，阿塞拜疆、格鲁吉亚两国与同样具有反俄情绪的乌克兰、摩尔多瓦组成了非正式联合体"古阿姆"集团，力图推进与欧洲的一体化，同西方建立更密切的关系，抗衡俄罗斯主导的独联体。1999 年 4 月，"古阿姆"成员国参加在华盛顿举行的北约成立 50 周年庆典活动，其间还通过了"将在北大西洋伙伴关系理事会和北约和平伙伴关系的框架内发展相互协作"的决议，以尽快加入北约作为本国外交的重要任务。此前，阿塞拜疆和格鲁吉亚两国已先后宣布不再续签独联体集体安全条约。该组织的成立显然与积极推行独联体一体化政策的俄罗斯是背道而驰的。[①] 在2006年5月还召开了“古阿姆”改组基辅峰会。其间就有分析指出，从长远来看，以“古阿姆”为基础，美国将不惜资金将其打造为一个强大的对抗独联体的组织。为了构建从波罗的海到黑海的反俄包围圈，新“古阿姆”将吸收波罗的海与黑海地区国家、中亚国家和联合国、欧安组织代表加入该组织。这意味着，它的主要目的将从最初的经济合作转为更加重视军事政治合作。2006年8月中旬，“古阿姆”国防部、总参谋部和外交部部长在格鲁吉亚首都第比利斯召开了会议，会议的主要议题是建立联合维和营。舆论分析，这个组织正在试图转变为一个地区性的、对抗独联体和独联体集体安全条约组织的军事政治联盟。

随后在2006年9月21日，北约成员国外长理事会做出决定，将与格鲁吉亚“密切对话”。“密切对话”是捷克前总统哈维尔在努力加入北约时创造的术语，意指“更为密切的与北约一体化的阶段”。自1997年开始，所有要求加入北约的国家都必须经过这一阶段。北约外长会议批准与格鲁吉亚“密切对话”，是不顾俄方坚决反对向格方发出的明确接纳信号，可能使格鲁吉亚成为第一个加入北约的独联体国家。另外，北约的决定也是史无前例的，此前申请入约的国家不能有任何冲突，而现在格鲁吉亚境内有阿布哈兹、南奥赛梯两大冲突地区，且不时爆发武装冲突，北约却对此视而不见，自然引起了俄罗斯的强烈不满。对于来自北约的“善意和积极举动”，格鲁吉亚方面表现出了前所未有的亢奋。萨卡什维利表示：“我向全体格鲁吉亚人民保证，我们将站在北约一边。格鲁吉亚目前正处于这一不可逆转的进程当中，而北约的所有欧洲成员国以及美国都支持我们。”时任格鲁吉亚议会欧洲一体化委员会主席巴克拉泽

---

① Robert L. Larsson, “The Enemy Within: Russia's Military Withdrawal from Georgia”, *The Journal of Slavic Military Studies*, Vol. 17, No. 3, 2004.

当天也说，北约日前决定同格鲁吉亚“加紧对话”使格鲁吉亚与北约的关系“提前进入了新阶段”，意味着格鲁吉亚获得了来自伙伴国及北约成员国的大力支持。格鲁吉亚此举立刻刺激到了俄罗斯。2006 年 9 月 22 日，俄罗斯外交部立刻发出了严正声明，对北约同格鲁吉亚“加紧对话”的决定表示不满，担心此举将使南高加索脆弱的安全局势更加恶化。另外，俄罗斯也加紧了军事准备，正在高加索地区组建两个现代化山地旅并准备在未来部署到俄格边境，以应对那里的紧张局势。

第五，加入北约前景并非一帆风顺。首先是格鲁吉亚领土完整问题。当前，南奥赛梯和阿布哈兹两个地区拒绝接受格鲁吉亚中央政府的辖制，要么要求与俄罗斯联邦合并、要么寻求独立。出于各方面因素考虑，俄罗斯迄今尚未公开支持两地脱离格鲁吉亚，而格鲁吉亚加入北约，俄罗斯在涉及自身的重大战略利益问题上可能不会袖手旁观。届时，边界的更改将是格鲁吉亚面临的重大挑战。其次，北约内有影响力的部分欧洲成员国担心因吸收“有问题的格鲁吉亚”而得罪俄罗斯，对格鲁吉亚“入约”态度消极。尽管北约 26 个成员国的外长曾一致同意与格鲁吉亚“加紧对话”，但能否最终赞成向格鲁吉亚敞开大门仍是未知数。其实，坚定支持格鲁吉亚“入约”的，主要是美国以及“新欧洲”的苏联、东欧国家，而“老欧洲”的法、德等国态度并不明朗，它们不愿意因积极促成格鲁吉亚“入约”而得罪俄罗斯。①

北约 1997 年马德里会议曾明确开列新成员“入伙”的五项指标：实行民主制度、尊重人权、市场经济、文官控军、与邻国关系友好。格鲁吉亚在政治、经济、外交诸领域的实际情况，与上述多

① 吴鹏：《格鲁吉亚——背弃俄罗斯转投北约》，《当代世界》2006 年第 11 期。

项标准还颇有差距。尽管北约前几轮扩员时曾多次“破格”，但格鲁吉亚恐怕还是很难绕过对俄罗斯关系“这道坎儿”。[1] 北约一旦吸纳格鲁吉亚，将开创接收亚洲国家和原独联体成员的先河，引发一系列联动效应：中亚、西亚一批有“西奔”意向的苏联国家，可能会接踵向北约递交“投名状”——这不仅会令俄罗斯南侧翼完全暴露在北约兵锋之下，甚至会使关乎俄罗斯核心利益的“近邻地区”处处告警，这是俄罗斯难以承受的。

2008 年，格鲁吉亚本来有希望获得“北约成员国行动计划”资格，却因突如其来的南奥赛梯事件而愿望落空。2019 年 3 月，格鲁吉亚总统祖拉比什维利在发表年度施政报告时曾表示，欧盟正在重塑自身。这为格鲁吉亚加入欧盟提供了新的机遇。格鲁吉亚将在 2019 年进一步扩大同北约的合作，一系列军事演习正在筹划之中。据格鲁吉亚新闻网报道，时任北约副秘书长戈特莫勒率代表团于 2019 年 10 月 3 日抵格鲁吉亚并开始正式访问，代表团包括 29 名北约成员国代表。格鲁吉亚外交部表示，这是北约代表团今年第五次访问格鲁吉亚，此次访问是“史无前例的历史事件”，是格鲁吉亚与北约深化双边关系与合作的体现，格鲁吉亚加入北约是不可逆的进程。[2] 北约甚至至今不开列明确的入盟谈判日程表，也是基于多重顾虑：北约与俄罗斯关系，特别是俄美关系，将更加受俄罗斯近邻的中小国家掩累，回旋余地很小；北约自身的“扩大疲劳症”不断加重，令北约因成员国过多而越发“身大神散”；北约过分深入高加索—中亚这一“亚欧大陆的巴尔干”动荡地带，面对的安全威胁与风险因素将大增。“挤压俄罗斯战略空间”是促使北约与格鲁吉亚走近的最大动力。然而，即便真正加入北约，格鲁吉亚也只会成为俄美

---

① 何南楠、海镜：《北约与格鲁吉亚“相拥”不易》，《解放军报》2018 年 8 月 11 日。

② 格鲁吉亚外交部，www. mfa. gov. ge。

博弈“前沿阵地”。

2022 年 11 月，据俄罗斯《观点报》报道，格鲁吉亚国防部已经确认军方在诺里奥展开军事演习，其间将对北约—格鲁吉亚联合培训和评估中心（JTEC）的一批学员进行监测员—控制员培训。格鲁吉亚军队北约化可以看作其加入北约的前奏，这标志着北约与格鲁吉亚关系将更加密切，从而受到世界广泛关注。格鲁吉亚军队北约化意在避免重蹈乌克兰覆辙。格鲁吉亚军事部门领导层报告中表明：“本国考虑到乌克兰的事件，共和国军队将适应新的现实。”格鲁吉亚国防部与其合作伙伴共同制定了三份重要文件，主要涉及格鲁吉亚的中长期国防战略。国防部长胡安舍尔·布尔楚拉泽指出，该文件是基于乌克兰当前的遭遇，考虑到格鲁吉亚可能面临的威胁和风险而制定的。格鲁吉亚同乌克兰的发展与遭遇有诸多相似之处，都曾是苏联加盟共和国，都是美帝国主义成功实施颜色革命的国家，同样都走上了亲西方的道路，谋求加入欧盟和北约，而且都与俄罗斯有领土争端和多种矛盾。这表明，其军队北约化是以乌克兰为鉴，对俄方可能进行的行动做出的反应。有报道称，目前超过 60% 的格鲁吉亚公民认为本国正朝着错误的方向发展。同时，在格鲁吉亚居民最关心的问题清单中，排名前三依次为失业、物价上涨和贫困，同时也有 20% 的居民认为格鲁吉亚的外部冲突才是主要问题。而早在 2022 年 9 月，格鲁吉亚执政党梦想党主席伊拉克利·科巴希泽在接受电视台采访时表示：“我们应该询问民众是否想要开辟‘第二战线’，如果民众愿意，我们可以日后再议；如果不愿意，我们应该做出不同的选择并坚持已有的决定。”这一提议在充满讽刺意味的同时，侧面反映出格鲁吉亚人民是反对战争的。虽然格鲁吉亚与乌克兰独立后历史颇为相似，但对比两国经济、国土面积、人口数量，格鲁吉亚都不及乌克兰，而乌克兰危机也使格鲁吉亚产生了担忧，于是不得不在经济与安全上进行战略上的考量，选择在北约与俄罗斯二者中周旋，来赢得本国的生存与发展。正如格鲁吉亚国防部长所说，格方会将主要重点放在全面防御上。使格鲁吉亚军队北约化从而进行全面防御，则是格方在充分斟酌民众经济要求与和平诉求后的具体措施之一。

格鲁吉亚军队北约化面临一系列主要矛盾。首先，北约、格鲁吉亚与俄罗斯之间的矛盾。一是格鲁吉亚与俄罗斯的反控制与控制的矛盾。二是北约东扩与俄罗斯在周边建立战略缓冲地带的矛盾。北约本是为防范苏联而建立的一个防御性联盟，苏联解体后北约便失去了它原来存在的意义。但北约不但没有解散，反而又以俄罗斯为敌，很快撕毁了美国向俄罗斯做出的不会东扩的承诺，北约边界向俄罗斯步步紧逼。格鲁吉亚北约化也正合北约东扩之意，但这与俄罗斯通过控制周边国家从而建立战略缓冲地带的战略构想相矛盾。

其次，北约各国意见不一的矛盾。北约内部对于格鲁吉亚加入北约存在不同意见。其中，德国总理朔尔茨曾表示，过去未接受格鲁吉亚加入北约的申请是“正确的决定”。一方面，如果允许格鲁吉亚加入北约，那么很可能会再次与俄罗斯发生冲突，而使俄乌（美）和谈的可能性减弱。另一方面，由于俄乌冲突的影响，西欧各国（特别是德国）的能源、经济都受到了严重影响。尤其是近半年来，西欧各国经济持续低迷，通胀上升，各国政府已经债台高筑。加以制造业的不断流失，促使西欧在东亚寻找贸易伙伴的同时倾向于调和俄乌关系，使格鲁吉亚加入北约增添诸多变数。

再次，美国政府内部政见不一的矛盾。2022 年的美国总统大选中期选举结束后，共和党掌控众议院，拜登在政策实施方面有可能处处受到掣肘。在美国中期选举结束前，美国众议院共和党领袖麦卡锡接受媒体采访时就表示，拜登政府忽视了美国国内问题，而共和党人则注意到了这一点，在将来也会以国内问题为优先事项。而美国受俄乌冲突、新冠疫情影响，通胀高企、失业率加剧，国内矛盾重重，在这种情况下加深格鲁吉亚与北约的合作并不利于美国经济的稳定；另外，从战略上考量，美国希望让格鲁吉亚作为俄罗斯周边埋下的暗子，从而起到对俄罗斯的进一步牵制作用。但是，民主党不希望放松对俄罗斯的钳制，参议员克里斯·墨菲曾表示："过早与普京坐下来谈判存在道德和战略风险。这样做有可能使他的罪行合法化，并将乌克兰的部分地区拱手让给俄罗斯，而普京甚至都不会遵守协议。有时，必须让一个恃强凌弱的人看到他权力的极限，外交才能发挥作用。"两种角度、两类政见，体现了其内部的矛盾。

格鲁吉亚重要的地理位置使其成为北约和俄罗斯觊觎的目标，其强烈的民族主义情绪及其国家利益的多重考虑使其产生加入北约的强烈倾向，俄乌冲突使这一倾向进一步加剧。格鲁吉亚北约化可以看作其谋求加入北约的前奏，而这与俄罗斯将其作为战略缓冲地带的战略构想相矛盾，必然引起俄罗斯的强烈反应。又加之美国及其北约盟国当前由新冠疫情和俄乌冲突等导致国内经济受到严重影响，在格鲁吉亚加入北约问题上意见不一，甚至分歧严重，使格鲁吉亚加入北约之路注定充满坎坷和变数。①

二　亚美尼亚地缘战略安全

由于所处地缘位置重要而敏感，并经历过苏东剧变转型，亚美尼亚不得不在夹缝中求生存。2018 年"天鹅绒革命"后亚美尼亚政局仍难以预料。尽管亚美尼亚是俄罗斯的传统盟友，美国多年来的渗透却使其极易成为大国博弈的棋子，而种族"大屠杀"和

---

① 郭秉鑫等：《格鲁吉亚军队北约化缘何牵动世界神经》，《军事文摘》2023 年第 5 期。

领土争议更是让亚美尼亚与土耳其、阿塞拜疆势同水火，亚美尼亚始终面临着复杂多变的地区风险与挑战。

（一）“天鹅绒革命”后政局存在不确定性

自“天鹅绒革命”爆发至2018年底，亚美尼亚经历了多次总理选举和一次议会选举，在很大程度上改变了该国政治局面。此次亚美尼亚政权更迭的发展历程大致分为4个阶段。

第一阶段（2018年4月13日至5月8日），“天鹅绒革命”爆发，前总理被迫下台，反对派领袖帕希尼扬获任新总理。2018年4月13日开始，亚美尼亚爆发大规模反政府抗议活动，约上万人参加，反对前总统谢尔日·萨尔基相参选总理。4月17日选举萨尔基相为新一届政府总理。同日，抗议活动领导人帕希尼扬宣布开始“天鹅绒革命”。4月23日，当选不到一周的总理萨尔基相被迫辞职。5月8日，亚议会再次进行总理选举，反对派领袖帕希尼扬作为唯一候选人以59票支持、42票反对，[①] 获得超过半数议员支持成功胜选。

第二阶段（2018年5月8日至10月16日），新总理帕希尼扬初期执政，政府与共和党矛盾重重。尽管帕希尼扬出任新总理，但在当时议会的105个席位中，共和党占50席，这使帕希尼扬的政策实行屡遭阻挠。为了打击共和党，新政府把矛头首先指向亚首都埃里温市市长（共和党高层）。根据调查，埃里温基金会（Yerevan Foundation）存在贪腐和资金滥用等违法行为。2018年7月9日，埃里温

---

① “Никол Пашинян избран премьер-министром”, https://ru.armeniasputnik.am/politics/20180508/11780005/parlament-izbral-nikola-pashinyana-premer-ministrom.html.

市长、共和党创始人之一马尔卡良（Taron Margaryan）宣布辞职。[①] 9 月 23 日，埃里温市议会举行选举，帕希尼扬领导的“我的步伐”政党联盟以 81.06% 的支持率拔得头筹，埃里温市长也更换成为帕希尼扬的支持者。[②]

第三阶段（2018 年 10 月 16 日至 12 月 9 日），帕希尼扬宣布辞职，并成功以辞职促成原议会解散。由于政府与议会矛盾难解，帕希尼扬意识到须迅速将已高涨的民意“变现”，因此在 2018 年 10 月 16 日发表电视讲话，宣布辞职并呼吁提前举行新一届议会选举。[③] 10 月 24 日，亚美尼亚举行第一轮总理选举，帕希尼扬为唯一候选人。最终第一轮总理选举以 11 票弃权、1 票反对、无赞成票而告终。[④] 11 月 1 日，亚美尼亚议会举行第二轮总理选举，帕希尼扬仍为唯一候选人，选举以 13 票弃权、无赞成票和反对票再次失败。[⑤] 由于两轮选举均未能成功选举出新总理，因此议会解散，帕希尼扬暂时担任代总理。

第四阶段（2018 年 12 月 9 日至今），帕希尼扬领导的政党取得新一届议会选举胜利，亚美尼亚政权暂时进入相对稳定阶段。2018 年 12 月 9 日，亚美尼亚如期提前举行议会选举。“我的步伐”联盟

---

① “Мэр Еревана подал в отставку”, https：//ria. ru/20180709/1524234550. html.

② “Сторонник Пашиняна станет мэром Еревана：подсчет голосов завершен”, https：//ru. armeniasputnik. am/politics/20180924/14650015/yerevan-vibori-mer. html.

③ “Пашинян подал в отставку”, https：//ria. ru/20181016/1530804232. html.

④ “Парламент Армении сделал первый шаг к роспуску：Пашинян не избран премьером”, https：//regnum. ru/news/2506939. html.

⑤ “Пашинян добился роспуска парламент а Армении”, https：//ria. ru/20181101/1531947883. html.

共获得70.42%的选票，“繁荣亚美尼亚党”获得8.26%选票，“光明亚美尼亚党”得到了6.35%的选票。[①] 2019年1月14日，新议会召开第一次会议，帕希尼扬再次出任总理。新议会的诞生使帕希尼扬获得了政府和议会的双方支持，政治议程也开始步入正轨。

“天鹅绒革命”的爆发也有其国内原因，一方面是国内民众对共和党治下的社会生计环境的不满。萨尔基相违背承诺竞选总理成为直接导火线。萨尔基相2008年当选总统，后又在2013年获得连任，亚美尼亚社会也普遍相信，萨尔基相再次当选意味着亚美尼亚社会传统政治和经济现状将难以发生大变革。前政府执政效率和治理水平未能满足民众需求，共和党治下的腐败问题多被诟病。透明国际全球清廉指数显示，亚美尼亚2013—2017年分别排第94名、第94名、第95名、第113名和第107名，2018年是第105名，2019年是并列第77名。[②] 另一方面也与帕希尼扬在初次上台后就出台新举措相关。帕希尼扬不仅继续打击前政权，还不断树立政府良好形象。新政府成立之初就计划建立一个完全独立的国家机构，专门开展腐败案件调查和追缴赃款的工作，并承诺将向公众公开新官员的财产信息。同时帕希尼扬采取了一系列惠民政策。首先是进行所得税改革。所得税率将从目前较为普遍的28%和23%统一调整为23%，且在三年后还将继

① “В новом парламент е Армении будет больше депутатов: ЦИК утвердила число мандатов”, https://ru.armeniasputnik.am/politics/20181216/16278048/v-novom-parlamente-armeni-budet-bolshe-deputatov-cik-utverdila-chislo-mandatov.html.

② 数据来源于透明国际2013年至2019年度清廉指数，参见https://www.transparency.org。

续减小至 20%。企业所得税率也将从 20%降至 18%。[①] 其次是提高最低退休金。最低退休金在 2019 年将提高 60%，达到 25500 德拉姆（约合 52.5 美元）。该数额超过了亚美尼亚极端贫困门槛（48.5 美元）。[②] 此外，政府还有意降低贫困居民的用气价格、向 IT 初创公司提供减税优惠等，此类政策受到民众广泛支持。

“天鹅绒革命”后，亚美尼亚国内政局还将面临一些挑战。帕希尼扬在与前政府的斗争中非常善用群众力量，往往振臂高呼就能一呼百应，达到事半功倍的效果。但随着新政府和议会的逐渐稳定，民众对于自身生活水平的关注度越来越高，街头运动带来的民众热情也将消退。从经济上看，亚美尼亚经济孤立局面阻碍其挖掘经济发展潜力。“天鹅绒革命”后，民众将改善生活水平的期望寄托在新政府上，但解决亚美尼亚周边邻国的客观制约因素并非一日之功。亚美尼亚民众的生活来源很大一部分是海外汇款，其中包括在俄罗斯移民的汇款收入，因此亚美尼亚经济对外部经济环境的变化非常敏感，受卢布汇率的影响尤其严重。从外交上看，民众对于该领土问题也非常敏感，尤其是在全球民粹主义浪潮翻涌的当下，该问题常常与国家尊严和民族荣辱联系在一起。和平谈判仍是解决纳卡问题的最优方式，但这将意味着双方均需作出妥协和让步，新政府将面临艰难的外交谈判。如何在谈判中取得有利地位，同时又照顾到

---

① “‘Налоговые маневры’ по-армянски, или 10 важных событий в экономике в 2018 году”, https://ru.armeniasputnik.am/economy/20181227/16454656/hleb-pensioneram-zrelishcha-rabochim-vazhnejshie-sobytiya-ehkonomiki-armenii-v-2018-m.html.

② “В Армении не будет крайне бедных пенсионеров: минимальная пенсия с1 января 2019 года значительно повысится”, http://newsarmenia.am/news/society/v-armenii-ne-budet-krayne-bednykh-pensionerov-minimalnaya-pensiya-s-1-yanvarya-2019-goda-znachitelno.

国内民众的民族自尊心，将是新政府面临的又一难题。[①]

（二）在大国博弈的夹缝中处境艰难

首先，俄罗斯与美国的地区角力让亚美尼亚不得不保持平衡。亚美尼亚所处的南高加索地区是俄美渗透与反渗透的重要区域。一方面，美国不断加大在亚美尼亚的影响，以制约俄罗斯的地区优势。美国对亚美尼亚的政策，主要着眼于两点：一是为了显示其作为当今世界唯一超级大国对整个世界的影响力，特别是在解决地区冲突、提供经济援助等方面的独特能力，进一步确立唯一超级大国的“世界领导地位”；二是扩大美国在南高加索和中亚地区的主导权，谋取更多的自身利益。从美国对亚美尼亚的态度来看，美国对亚美尼亚的政策具有两面性——对亚美尼亚采取的市场经济模式给予了高度评价，并对亚美尼亚提供了大量的人道主义和经济援助（亚美尼亚是独联体国家中美国实施人道主义援助的最大受益者，按人口平均计算居世界第三位，仅次于以色列和埃及），但对亚美尼亚所奉行的一系列平衡的外交政策和施政纲领表示不满。基于对独联体的地缘战略思想，美国力图巩固苏联解体的现状，支持各共和国的独立和主权，排挤和削弱俄罗斯在其传统势力范围的影响，因此不赞成亚美尼亚加强与独联体（特别是俄罗斯）的关系。[②] 另一方面，俄罗斯对亚美尼亚实施的政策十分有效，达到了控制亚美尼亚的目的。在军事上，亚美尼亚出于国力原因只能依靠与俄罗斯的结盟，来保证国家的长期安全，而俄罗斯也看到了这点，并以此为切入点，和亚美尼亚进行多方面的合作，主要就是加强经济上的合作关系，随

---

① 李静雅：《亚美尼亚“天鹅绒革命”初探》，《国际研究参考》2019 年第 1 期。

② 陆齐华：《美国地缘战略中的亚美尼亚》，《东欧中亚研究》2001 年第 5 期。

着合作的不断深入，俄罗斯已经对亚美尼亚的经济起着决定性作用，俄罗斯基本控制了亚美尼亚的电力、天然气等能源，不仅如此，俄罗斯还有效地限制了亚美尼亚与欧盟和美国的合作，促使亚美尼亚与俄罗斯的合作更加紧密。虽然欧盟多次与亚美尼亚探讨，希望亚美尼亚加入欧盟，推进经济一体化，但出于俄罗斯的影响，亚美尼亚只是初步与欧盟进行经济上的合作，促使欧盟为它开通一系列优惠条件，而未加入欧盟，对美国也是如此，只是经济合作，不涉及经济合作以外的其他合作。这一切都是俄罗斯政府对亚美尼亚政策的效果，从这一点来看，俄罗斯对亚政策无疑是成功的。① 因此，保证亚美尼亚安全最理想的方案是平衡美国和俄罗斯在这一地区的地缘政治利益。但这个理想的方案是无法实现的。“目前美俄两国在高加索地区的角逐简直是毫无目的，让人无法理解，因为两国就该地区还没有明确的政策和利益需求。”②

其次，亚美尼亚为避免成为俄罗斯与美国博弈的“棋子”，不断向欧洲靠拢。亚美尼亚与欧洲组织的结合从国家独立之初就已开始，并为自己保留了对外政策优先权。显而易见，这对亚美尼亚与欧盟、欧委会、北约及其他欧洲组织的合作以及亚美尼亚与南高加索地区各国的双边关系产生了重大的影响。由于多种因素，与欧盟的合作是亚美尼亚对外政策的主要内容之一。为了向欧洲迈进，亚美尼亚不断表明，加入欧洲一体化并非完全由其主观意识决定，而是取决于亚美尼亚人民的传统价值观念。它起源于印欧的亚美尼亚人民与欧洲始祖有着意义深远的基因纽带。亚美尼亚已于 2004 年 5 月表示了对欧盟扩大的欢迎，并于 2004 年 6 月同格鲁吉亚和阿塞拜疆一起

① ［亚］郜勇（Koryun Ghazaryan）：《亚美尼亚与俄罗斯的关系探析》，吉林大学硕士学位论文，2014 年。

② ［亚］卡拉佩特·卡连强、徐燕霞：《世界新秩序和亚美尼亚安全》，《俄罗斯中亚东欧研究》2009 年第 3 期。

纳入《欧洲睦邻计划》。亚美尼亚继续加强与法国的关系，并与希腊有着密切的商业联系，因为那里居住着有重要话语权的亚美尼亚群体。亚美尼亚是许多欧洲组织和体系的成员，如欧洲理事会、欧洲安全与合作组织、黑海经济合作、欧洲复兴发展银行等。它是北约欧洲—大西洋合作理事会的成员，和平伙伴关系计划的参与者。亚美尼亚不仅将欧盟一体化视为融入欧洲政治经济一体化的进程，而且将其视为文化与精神价值回归的良机及其与欧洲历史关联的延续。①

再次，务实而共同的战略利益使亚美尼亚与伊朗往来密切。多年来伊朗饱受西方世界制裁之苦，迫切需要在中东地区发展更多的伙伴关系以破解困局。虽然亚美尼亚与伊朗宗教不同，但基于共同的利益和历史上的传统纽带，两国保持着平稳的关系。伊朗实际上从一开始就对其可能在高加索地区和中亚地区中所处的形势采取实事求是的态度，意识到不可能将伊朗模式运用到这些地区以后，伊朗认为在该地区运用“土耳其模式”是完全可能的。伊朗总是优先考虑自身的安全和经济，其北部边境的稳定对于这个国家而言是至关重要的。伊朗有不少突厥—阿塞拜疆少数民族人口，这同样影响了伊朗对这些地区和邻国的政策。很明显，土耳其不断增强的势力将给这个地区带来许多问题，从这点来看，俄罗斯获取失而复得的势力，比较能够为伊朗所接受。② 然而，伊朗和亚美尼亚的能源贸易以及其对俄罗斯利益的影响是显而易见的。俄罗斯对于伊朗在亚美尼亚天然气市场所占据越来越大的份额感到压力也是从自身利益的角度来考虑的。亚美尼亚对其天然气市场的供应商多样化改革必定

---

① ［亚］阿依科·马尔季罗相：《亚美尼亚加入欧盟的前景分析》，《俄罗斯中亚东欧研究》2008 年第 3 期。

② ［亚］阿依科·马尔季罗相：《亚美尼亚加入欧盟的前景分析》，《俄罗斯中亚东欧研究》2008 年第 3 期。

触及俄罗斯在亚美尼亚的利益。因此，亚美尼亚与伊朗的贸易关系可能通过削弱俄罗斯获得的自主权利益而极大地改变亚美尼亚和俄罗斯同盟关系的现状。当现状可能发生改变的状况下，不对称的政治军事同盟有两种选择：防止现状改变或改变最初应允的义务。在目前南高加索地区紧张的政治局势下，对亚美尼亚而言，如若选择破坏俄亚同盟最初订立的条约会致使俄亚双方利益受损。故此，亚美尼亚与伊朗之间的贸易协定必定会减少俄罗斯的利益。①

（三）与阿塞拜疆的领土纠纷冲突激烈

纳戈尔诺—卡拉巴赫（Nagorno - Karabakh，简称“纳卡”）位于亚美尼亚和阿塞拜疆中间，面积4400平方千米，人口18万人，其中绝大多数为亚美尼亚族人。纳戈尔诺是俄语中“多山的”意思。卡拉巴赫是土耳其语和波斯语的组合词，“Kara”在土耳其语中意为“黑色的”，“ba”是土耳其语中葡萄酒的意思，也是波斯语中花园的意思，而“bakh”是将“ba”俄语化的结果。亚美尼亚人这一地区称为阿尔茨阿克（Artsakh，亚美尼亚语：Լեռնային Ղարաբաղ），阿塞拜疆人则将其称为达力克卡拉巴（Dagliq Qarabag）。② 该地区从历史上来说是亚美尼亚人的土地，2000多年来，曾先后是亚美尼亚、阿尔茨阿克（Aghvank，高加索阿尔巴尼亚）、波斯和俄罗斯帝国的一部分。其亚美尼亚的足迹可追溯到公元前1世纪。“纳戈尔诺—卡拉巴赫”一词于1923年首次出现。当苏维埃政府从制度上赋予它自治，称它为纳戈尔诺—卡拉巴赫自治州时，苏联早已将它划入苏维埃阿塞拜疆版图。它现在的官

---

① ［亚］Gevorg Gasparyan：《非对称同盟之间的贸易——以俄罗斯与亚美尼亚在南高加索地区的同盟与贸易为例》，吉林大学硕士学位论文，2016年。

② Svante Cornell, *Small Nations and Great Powers: A Study of Ethnopolitical Conflict in the Caucasus*, Routledge, 2005, p. 48.

方命名是“多山的卡拉巴赫共和国”阿尔茨阿克（Artsakh）。

近代亚美尼亚与阿塞拜疆并未就“纳卡”问题产生冲突。“直到1905年，大量的亚美尼亚人和阿塞拜疆人相对融洽地混居在一起。”① 然而在苏联统治时期的几次大规模移民，打破了原有的民族结构，破坏了族际平衡，导致民族间的不平等长期难以消除，由此产生的民族矛盾也难以协调。在此期间，苏维埃阿塞拜疆政府采取了一个系统的政策，将亚美尼亚人迁移出了纳希切万（今天该地区没有任何亚美尼亚人）。但这一政策对纳卡地区收效甚微，当时亚美尼亚人在该地区仍占绝大多数。1988年2月，一场和平的、民主的亚美尼亚统一运动首先开始于纳卡地区，并且纳卡自治区做出一项决议，试图将“卡拉巴赫”从阿塞拜疆转入亚美尼亚，实现由外来统治到各民族权力的自决。阿泽里库这几座城市对亚美尼亚人进行了大屠杀，将一场和平的运动转变为暴力冲突，继而对“纳卡地区”的亚美尼亚人采取了军事入侵行动。②

作为苏联末期爆发的第一个领土冲突，纳戈尔诺—卡拉巴赫冲突发端于1988年，第一次划定停火线的时间为1994年。根据冲突的激烈程度可以粗略地分为三个阶段：1988—1990年：社群规模的基于族群间的暴力和屠杀；1991年：由反政府军和非常规部队参与的小规模苏联内战；1992—1994年：两个新成立的主权国家之间的全面战争。这场冲突造成了超过两万人死亡，近一百五十万人成为难民。现今纳卡地区被亚美尼亚实际控制。从1994划定停火线之后，亚美尼亚人的武装力量占领了阿塞拜疆百分之十四的领土，除去纳卡之外，还有七个在“纳卡”周围的原属于阿塞拜疆的地区也

---

① Thomas De Waal, “*Black garden*”, *Armenia and Azerbaijan through Peace and War*, New York: NYU Press, 2003, pp. 45 – 54.

② ［亚］阿依科·马尔季罗相：《亚美尼亚加入欧盟的前景分析》，《俄罗斯中亚东欧研究》2008年第3期。

被亚美尼亚人占领。与领土争夺相伴的是亚美尼亚人对阿塞拜疆人大规模的驱逐。[1]

2020 年 7 月，两国在“纳卡”地区的冲突再度升级。阿塞拜疆宣布亚美尼亚军队企图用大炮攻击该国军队的阵地，而亚美尼亚方面称局势加剧是因为阿塞拜疆方面发动炮击。阿塞拜疆称，在冲突发生 3 天内，巴库有 11 名士兵死亡，亚美尼亚称该国有 4 名士兵死亡，10 名士兵受伤。[2] 自 1994 年至今，俄罗斯及欧安组织明斯克小组就这一问题进行了多次调解，两国总统也进行了多次直接会晤，但由于双方均态度强硬，谈判始终未有实质性进展。亚阿两国之间关系正常化道路上的阻碍不仅仅有民族矛盾、宗教文明差异、领土纠纷，背后还蕴含着复杂的利益争夺，以及大国在此的力量角逐及其各自地缘战略目标的排他性。这些影响因素之间不是孤立的，它们相互交织，给该地区原本复杂的局势增添了正常对话的难度。[3]

纳卡冲突失利给亚美尼亚带来巨大创伤，民族屈辱感倍增，悲观、绝望情绪迅速在亚国内蔓延。2020 年 11 月 10 日晚，也就是停火协议生效当天，大批愤怒的民众冲击政府大楼，要求帕希尼扬引咎辞职。其中一部分抗议者闯入总理官邸，另一部分闯入议会，并将议长米尔佐扬打成重伤。此次亚美尼亚政局再起波澜显然是民众对当局不满情绪的发泄，说明纳卡冲突失利已成为亚美尼亚人心中

① 李迪：《亚美尼亚民族主义与纳卡冲突的爆发》，华东师范大学硕士学位论文，2019 年。

② “Azerbaijan Threatens Chernobyl-Style ‘Catastrophe’ In Caucasus Drone War”, https://www.forbes.com/sites/davidhambling/2020/07/17/threat-of-chernobyl-style-catastrophe-in-caucasus-drone-war/#93093bb7946a.

③ 张晓玲、梁英超：《浅析亚美尼亚和阿塞拜疆关系正常化的阻碍性因素》，《西伯利亚研究》2013 年第 6 期。

挥之不去的阴影，牵动着民众和社会的敏感神经。亚美尼亚国内很多民众认为，帕希尼扬当局对纳卡冲突失利难脱干系。一是帕希尼扬 2018 年上台后，其领导的政府并未把安全问题放在首位。帕希尼扬政府提出了“亚美尼亚 2050”发展目标，推动全面经济改革，试图实现经济独立和腾飞，但对巩固国家安全的重要性和紧迫性认识不足，着力不多且措施有限。同时，帕希尼扬非行伍出身，在军队中影响力有限，这在客观上也对他形成了制约，导致他在面对阿塞拜疆大举攻势时应对举措失当。二是对于阿塞拜疆对纳卡地区主权声索的决心和实力估计不足。帕希尼扬当局误判了形势，对阿塞拜疆真正的军事实力并不十分了解，以为阿塞拜疆不会冒险发动战争。同时，帕希尼扬当局对土耳其也有误判，没有对土耳其深度介入纳卡冲突作好充分准备。三是在纳卡问题上采取激进政策。阿塞拜疆对国际调停解决纳卡问题早已不抱希望，阿塞拜疆本希望 2018 年上台的帕希尼扬政府能在纳卡问题上采取更灵活的立场。然而，帕希尼扬政府在纳卡问题上的立场比其前任更为强硬。四是对美国和西方国家抱有不切实际的幻想，以为他们会阻止阿塞拜疆的冒险行动。究其原因在于，外部势力对当前亚美尼亚政治危机各怀盘算。俄罗斯为了确保在纳卡地区的军事存在，不愿看到亚美尼亚陷入内乱，希望局势尽快恢复稳定。而且俄罗斯正忙于俄乌冲突和国内经济复苏，分身无术，也不想因卷入亚美尼亚内部争斗而招致美国与西方的新的更大制裁。阿塞拜疆、土耳其出于保住纳卡冲突胜利果实的考虑，也不希望亚美尼亚局势动荡，以免影响纳卡停火协议执行。美国与欧盟则呼吁各方保持冷静，缓和紧张局势。外部势力在亚美尼亚都有各自利益关切，一旦亚美尼亚局势出现于己不利的变化，很可能会出手干预。①

2022年9月，亚美尼亚和阿塞拜疆两国在边境多地再度爆发大规模冲突，造成双方近千名官兵和亚方多名平民伤亡。自2020年11月第二次纳卡冲突结束以来，两国先后在2021年5月、7月、8月、11月和2022年3月、8月多次交火，此次冲突在烈度、伤亡和覆盖地域上均远超历次，是双方新老矛盾的一次集中爆发，为两国关系正常化和中亚地区稳定造成重大不确定性，也凸显了南高加索地区大国博弈的复杂性。

第二次纳卡冲突后，土耳其凭借对阿塞拜疆的军事支持，一跃成为地区格局中举足轻重的角色，并在战后成为停火协议监督方之一。土耳其高度重视阿塞拜疆的“赞格祖尔走廊”计划，不仅深度参与项目融资和施工，还积极利用“突厥语国家组织”等机制争取中亚国家支持。土方这样做的深层原因在于，一旦“走廊”开通，理论上将使从土耳其到中亚所谓“突厥语国家”的陆上交通线连成一片，中间无须过境所谓“非突厥语国家”，对于扩大土耳其的地区影响是有利的。此次亚美尼亚向俄罗斯和集安组织求援无果后，其国内出现“弃俄西投”主张，不少人鼓吹退出集安组织，依靠西方力量保障自身安全。美国也借机拉拢亚美尼亚，瓦解俄罗斯地区影响力。美国国会众议院议长佩洛西在两名亚美尼亚裔议员陪同下访亚美尼亚，成为该国独立以来到访的最高级别美国政要。佩洛西高调支持亚美尼亚“反抗侵略”，称只要亚方提出要求，美将提供军事援助。然而，美国表面对亚美尼亚示好，实际却更重视阿塞拜疆。美国与阿塞拜疆有密切的防务合作关系，前者长期向后者提供里海安全和人权培训援助。在美军撤出阿富汗前，阿塞拜疆一直是美军

① 邓浩：《纳卡战争后的亚美尼亚政局动荡不休》，《世界知识》2021年第7期。

后勤补给的重要通道。在欧洲能源“去俄化”背景下，美国企业也一直希望修建里海输气管道，增加对欧洲的能源供给。因此，美国对亚美尼亚做出的“军援承诺”只不过是一张为了迎合国内亚美尼亚裔选民，同时离间亚俄关系的“空头支票”。虽然亚美尼亚与阿塞拜疆间分歧和争端短期内难以消弭，但爆发类似于第二次纳卡冲突的全面对抗可能性不大。虽然两国国内均有反停火、反和谈的势力，阿塞拜疆国内也有鼓吹领土扩张的声音，但总体而言两国政策重心都放在经济恢复、战后重建和加强地区连通性上，两国之间的各层级沟通渠道仍然畅通。[①]

此外，在乌克兰危机的影响下，俄罗斯与美国敌对态势、俄罗斯与欧盟关系走弱已经在南高加索地区显现出来。南高加索形成的俄罗斯与西方的均势，促成了三个主权国家追求不稳定的政策倾向，这种不稳定性倾向可能带来更大的安全隐患。如果这种安全隐患难以解决，亚美尼亚和阿塞拜疆之间的纳卡冲突将很可能成为欧亚又一个类似于巴尔干半岛的“火药桶”，严重影响南高加索次区域和国际体系安全和稳定。长期的冷冲突与随时可能爆发的战争态势将创造不确定情势，不仅威胁到南高加索国家的政治稳定和领土安全，也为分离共同体寻找国际承认提供了机会窗口。一些分离共同体在国际冲突和安全危机中获得新的战略价值。如果阿塞拜疆或格鲁吉亚没有能力回应分离主义危机，分离共同体将保持，甚至获得更大的国际发言权，成为俄罗斯与美国、欧盟较量的棋子。从这个角度来看，南高加索分离主义将更难以解决。[②]

---

① 康杰：《亚美尼亚与阿塞拜疆再起冲突》，《世界知识》2022 年第 20 期。

② 孙超：《南高加索安全复合体的生成困境探析》，《俄罗斯研究》2017 年第 2 期。

三　阿塞拜疆地缘战略安全

从周边关系看，阿塞拜疆既面临着与亚美尼亚长期的“纳卡”地区领土纠纷和军事冲突，也要面对与本国领土隔绝的纳希切万飞地的境遇，还要平衡与区域性国际组织“古阿姆”集团内部各国的多重利益关系。不仅如此，俄罗斯、美国、欧盟在阿塞拜疆的长期角逐以及被伊朗、土耳其等具有重要影响力的地区强国的包围等现实状况，都使其不得不在夹缝中求生，谋求一定的战略生存空间。

（一）纳卡地区冲突尚未解决

苏联解体后，1991 年 11 月阿塞拜疆撤销了纳卡自治地位。12 月，当地占多数的亚美尼亚人举行投票，宣布成立纳戈尔诺—卡拉巴赫共和国并脱离阿塞拜疆，纳卡冲突爆发。1992 年 2 月亚美尼亚发动军事进攻，先是占领重镇拉钦，打通了联结纳卡和亚美尼亚的“陆上走廊”，而后又攻占交通要地克尔巴贾尔，打通第二条“陆上走廊”。截至 1993 年 12 月，约 11.5% 的阿塞拜疆领土被亚美尼亚占领，在此期间，3 万多平民丧生，20 余万人受伤致残。对于阿塞拜疆而言，亚美尼亚就是宿敌。纳卡地区拥有自己的国号，即“纳卡共和国”。在这个“共和国”里，纳卡人有自己的总统，拥有自己的武装，并使用亚美尼亚的货币。

2020 年 9 月 27 日，积怨已久的阿塞拜疆和亚美尼亚因为纳卡地区冲突再起。在俄罗斯的介入下，持续了 40 余天的战争暂时告一段落。尽管俄罗斯派遣了大量的维和部队入驻纳卡地区，保证双方停火的有效性，维持住稳定局势，但被割让地区的亚美尼亚显然无法接受这样的局面。目前纳卡地区的和平仅仅是暂时的，俄罗斯如果不撤军，随时会有和阿塞拜疆、土耳其爆发冲突的可能；如果俄罗斯撤军，亚美尼亚和阿塞拜疆也会随时动武。[①]“纳卡”地区冲突的背后实则隐含着俄罗斯与土耳其的战略竞争及博弈。为了得到俄罗斯长期支持，亚美尼亚签署了独联体所有的经济和军事协议，允许俄罗斯在其领土上驻军，甚至放弃了对苏联财产权利的全部要求。阿塞拜疆的支持者主要是土耳其。[②] 冲突发生以来，俄罗斯一直坚持中立的态度，对于战局并未做出太多实质性干预。但随着战事进展，俄罗斯也明确表态，俄罗斯与亚美尼亚之间签订有安全保障条约，如果冲突持续蔓延，俄罗斯将向亚美尼亚提供所有必要的援助。阿塞拜疆如果继续进攻，将迫使俄军参战，这是阿塞拜疆不愿意看到的。在国际上，阿塞拜疆的行动并没有受到过多支持，目前只有土耳其表示认同，而更多的声音依然在呼吁双方立即停火并缓和局势。[③] 对阿塞拜疆来说，通过签署条约的形式将目前取得的战果固化下来，尚可接受。未来一个阶段，“政治暗战”极有可能取代“军事热战”成为主角：阿塞拜疆将推动纳卡问题解决进程朝符合自身利益方向发展，索取最大回报，也将继续鼓励土耳其支持自己的诉求。亚美尼亚会寻求俄罗斯更多的支持，以确保停火协议执行后尽可能避免出现对自己最不利的局面，例如，设法维护拉钦走廊安全、防止阿塞拜疆提出最高要价（即要求亚美尼亚承认其在纳卡地区的

① 潘金宽：《阿塞拜疆和亚美尼亚在纳卡的恩怨情仇》，《军事文摘》2021 年第 1 期。

② 柏舟：《阿塞拜疆和亚美尼亚的恩怨从何说起》，《党员文摘》2020 年第 11 期。

③ 兰顺正：《纳卡冲突迎来停火的背后》，《解放军报》2020 年 11 月 17 日。

领土、拥有治理权）等。[①] 不管形势如何发展，这一地区将始终是南高加索地区安全中最不稳定的因素。

2023 年 5 月，亚美尼亚总理帕希尼扬在俄罗斯首都莫斯科参加欧亚经济委员会最高理事会扩大会议时表示，亚美尼亚和阿塞拜疆已就相互承认领土完整达成一致。阿塞拜疆总统阿利耶夫在同一场合表示，“考虑到亚美尼亚正式承认纳卡地区是阿塞拜疆的一部分”，相信两国有机会达成和平协议。值得注意的是，帕希尼扬和阿利耶夫对连接亚美尼亚和纳卡地区的拉钦走廊目前实际状况意见不一。[②]

（二）纳希切万“飞地”问题错综复杂

纳希切万自治共和国（阿塞拜疆语：Naxçıvan Muxtar Respublikası，英语：Nakhichevan）位于南高加索南部，是阿塞拜疆的一块飞地。北邻亚美尼亚，南靠伊朗，西面有一小部分国土和土耳其相邻。面积 5502.75 平方千米，人口 459600 人（2020 年），阿塞拜疆人占到 99.5%，还有少数亚美尼亚人和俄罗斯人。

纳希切万历史悠久，在《圣经》中被视为大洪水后挪亚建造的第一个城市。亚美尼亚的文字于 7 世纪在此地区被创造出来。历史上由于地理位置重要，一度是重要的商业中心，后来由于列强争夺，几易其主。纳希切万真正成为阿塞拜疆领土的一部分，是源于 1921 年 3 月 16 日俄土之间签署的《莫斯科条约》，该条约甚至允许阿塞拜疆人占多数的“Sharur－Daralagez”地区并入阿塞拜疆，土耳其将

---

① 2020 年“纳卡”冲突发生后，亚美尼亚、阿塞拜疆和俄罗斯共同签署停火协议，作为“纳卡”地区与亚美尼亚之间保留的唯一通道——拉钦走廊交由俄罗斯维和部队控制以确保人员和货物的安全运输，为期 5 年。参见张全《纳卡博弈：“暗战”可能取代“热战”》，《解放军报》2020 年 12 月 8 日。

② 赵忠奇：《亚阿同意相互承认领土完整》，《文汇报》2023 年 5 月 27 日。

可以与阿塞拜疆接壤。在苏联时期，纳希切万经济社会等方面都取得了较大的发展。一方面，苏联高度集权的体制下民族冲突和纠纷较少，另一方面，基础设施建设、医疗和教育等各方面成效显著。纳希切万是莫斯科—德黑兰铁路和巴库—埃里温铁路的重要枢纽，在冷战时期因西邻土耳其、南接伊朗而一度成为战略要地。此外，这一地区矿藏（特别是盐矿）丰富。

1990 年 1 月，纳希切万政府发表声明脱离苏联。这是苏联各加盟共和国中第一个宣布独立的地区。如今仍作为阿塞拜疆的一个自治共和国存在，有自己的宪法和政府。纳希切万远离阿塞拜疆本土，地理位置相对孤立，因而结合当地实际需要，创建出了确保内部资源市场与外部世界有效连接的发展方式。从 20 世纪下半叶开始，纳希切万内部开始形成新的生产领域，采取较为先进的技术开采丰富的天然资源，逐步实现多元化产业和农产品加工业相结合。除了占有特殊地位的农产品加工和采矿业等传统支柱产业外，还有电子、金属加工、建材、轻工等新兴产业。纳希切万与阿塞拜疆的其他地区共同构成多元发展的经济模式。① 今天的纳希切万已经成为阿塞拜疆经济发展水平最高的地区之一。2021 年 4 月，中国重庆市与阿塞拜疆纳希切万自治共和国在渝签订关于建立友好合作关系备忘录。根据备忘录，重庆市与阿塞拜疆纳希切万自治共和国将积极扩大在经济、贸易、文化、教育、科技、卫生、体育、旅游等领域的合作，为两地开展合作提供便利条件。②

2020 年 9 月阿塞拜疆在与亚美尼亚纳卡地区发生冲突之后，两国于 2020 年 11 月 10 日签署了一项协议。该协议允许阿塞拜疆建立与纳希切万连接的中间走廊。尽管此举有可能将纳希切万与阿塞拜

---

① 参见阿塞拜疆国家新闻社，special. azertag. az。

② 《重庆与阿塞拜疆纳希切万自治共和国签订关于建立友好合作关系备忘录》，《重庆与世界》2021 年第 5 期。

疆本土连通，但从实际情况看，纳希切万对于阿塞拜疆本土的认同感比较有限，反而同与之接壤、长期对其施加影响的土耳其关系更为密切。这也是阿塞拜疆今后一段时期所面临的一个治理难题。

（三）“古阿姆”集团影响力逐步下降

“古阿姆”集团（GUAM）① 成立于 1997 年 10 月 10 日，由阿塞拜疆、乌克兰、摩尔多瓦、格鲁吉亚四国组成，“古阿姆”便由四国国名的首个字母构成，其最初目标是推动成员国的民主化进程，实现与欧洲的一体化，逐渐融入西方世界。2006 年 5 月 23 日，四国领导人在基辅举行“古阿姆”峰会，决定把这一非正式地区联盟变为正式国际组织，命名为“古阿姆民主与发展组织”。“古阿姆”集团四国覆盖的面积为 79.38 万平方千米，有 6000 多万人，表面上看影响力有限，但实际上其成立与发展具有一定的地缘政治意义。该集团横跨亚欧两洲，连接里海和黑海，能够起到连接当今世界最重要的三个地缘政治区域——中亚、高加索和巴尔干的纽带作用。“古阿姆”集团四国中，乌克兰与摩尔多瓦相邻，阿塞拜疆与格鲁吉亚相邻，乌克兰与格鲁吉亚隔黑海相望。俄罗斯的克拉斯诺达尔边疆区拥有俄罗斯唯一的黑海出海口，将“古阿姆”集团四国从地理上分成两部分。“古阿姆”集团南部的土耳其作为美国和北约在亚欧大陆腹地的“桥头堡”，为“古阿姆”集团和美国的联系起到了桥梁的作用。“古阿姆”集团东部濒临里海，西部与白俄罗斯和东欧国家波兰、斯洛伐克、匈牙利以及罗马尼亚相连，形成了一条贯穿中亚至东欧、连通高加索和巴尔干地区的“狭长走廊”。②

---

① “古阿姆”集团成立初期，成员国还有乌兹别克斯坦，因此这一组织的简称开始为“GUUAM”，后来乌兹别克斯坦退出，名称就更改为“GUAM”。

② ［阿塞拜疆］道明：《阿塞拜疆在欧亚格局中的战略地位研究》，外交学院博士学位论文，2011 年。

“古阿姆”集团是苏联地缘政治空间内跨国合作的一次尝试，各成员国均面临“分离主义和外部势力的威胁”，意图利用这一平台，联合起来共同应对“来自莫斯科的挑战”，具有脱离俄罗斯、靠近西方的倾向。“古阿姆”集团成立后，与北约和欧盟进行了多项合作。在“古阿姆”集团的发展历程中，美国和欧盟给予了极大的支持。在政治方面，“古阿姆”集团成员国希望通过这个组织来抗衡独联体，减少俄罗斯对这些国家的影响和控制，积极参与欧洲事务，与北约和欧盟建立更为紧密的合作；在经济方面，“古阿姆”集团成员国希望通过相互之间的经济合作，促进社会经济发展，特别是希望减轻对俄罗斯能源的依赖，建设绕开俄罗斯的中亚（里海）—高加索—欧洲的能源运输路线，使这一区域发展成为东西方之间广阔的运输走廊；在安全方面，由于“古阿姆”集团成员国的众多冲突未能在独联体框架内得到解决，各成员国希望联合对抗“侵略分裂主义”，同时谋求转变为成员国与欧洲—大西洋一体化的战略选择工具。

值得注意的是，在2020年“古阿姆”集团政府首脑会议上，阿塞拜疆只派出一位副总理率团出席，而且阿塞拜疆是此次“古阿姆”集团首脑会议上唯一没有发表谴责俄罗斯言论的国家。阿塞拜疆虽然仍然是“古阿姆”集团成员，但一直奉行平衡多元的外交政策，在对俄罗斯与西方关系上没有“选边站队”。有评论认为，阿塞拜疆实际上“冻结”了作为“古阿姆”集团成员的资格。①

（四）全球及地区大国的角力盘根错节

苏联解体、东欧剧变引发了欧亚地区格局的剧烈变动与重组，

① 《“古阿姆”集团强化四国合作以应对俄罗斯压力》，《中国青年报》2018年10月9日。

导致其地缘政治环境“碎片化”，形成许多真空地带。迅速填补这些真空是各种国际政治力量的目标。对于谋求重振大国地位的俄罗斯来说，整合后苏联的地缘政治空间、恢复自己的传统影响，是其重新崛起的关键“支点”。对于冷战结束后的美国来说，“亚欧大陆是最重要的地缘政治目标”，而“美国这个非欧亚大国在这里取得了举足轻重的地位”，美国面临的问题是如何“持久、有效地保持这种地位”。[①] 而欧洲在苏联解体后不久便开始对阿塞拜疆以及南高加索地区施加影响，力图成为该地区的重要角色。其他周边国家（如伊朗、土耳其等）也都在试图不断巩固并加强其在南高加索地区的战略影响力。

1. 俄罗斯的阿塞拜疆布局

在南高加索三国中，相对于格鲁吉亚和亚美尼亚，阿塞拜疆对于俄罗斯的战略地位更加突出，可以说是“俄美在南高加索地区争夺最为激烈的国家”，也是俄罗斯在南高加索地区控制手段最少的国家。首先，阿塞拜疆作为南高加索三国中疆域最大、资源最丰富且唯一毗邻里海的国家，经济自主性相对更强，对俄罗斯依赖程度较低；其次，阿塞拜疆地缘战略位置重要，是里海能源向西方输出的最佳通道，是中亚国家减少对俄罗斯依赖的一个重要力量；再次，阿塞拜疆属于伊斯兰国家，与俄罗斯北高加索地区的穆斯林居民区相邻，“从冷战惯性影响和新地缘政治竞争的角度看，北高加索是俄罗斯最不走运的地区”。[②] 北高加索局势稳定与否取决于各种十分复杂的因素，其民族问题的解决某种程度上与南高加索地区（尤其是

---

① ［美］兹比格纽·布热津斯基：《大棋局——美国的首要地位及其地缘战略》，中国国际问题研究所译，上海人民出版社 1998 年版，第 41 页。

② ［阿塞拜疆］道明：《试析阿塞拜疆在俄美对外战略中的地位》，《俄罗斯学刊》2011 年第 4 期。

与阿塞拜疆）息息相关。因此目前阿塞拜疆是俄罗斯在南高加索地区需要极力争取的国家。

俄罗斯独立以来，在战略和外交政策的选择上，经历了从亲西方的外交政策到实行“双头鹰”政策的调整再到目前灵活务实外交政策的选择。对于俄罗斯来说，阿塞拜疆是其实现国家战略、维护国家安全的一个关键国家，制定对阿塞拜疆合理有效的外交政策对俄罗斯来说意义重大。[①] 能源领域是俄罗斯争取阿塞拜疆最重要的因素之一。能源外交是俄罗斯大国复兴、施加地缘政治影响、维护国家利益同时抗衡美国和西方的一个重要战略手段。作为欧洲能源的主要供应国，俄罗斯只要掌握了输往欧洲能源的“阀门”、控制了输送线路，在很大程度上就拥有了对欧洲的战略优势。

2. 美国与欧盟的阿塞拜疆棋局

20 世纪 90 年代，俄罗斯受困于国内问题，并且与亚美尼亚结盟，致使阿塞拜疆不得不向外寻找盟友，试图借助西方势力（特别是通过美国的参与）来消解俄罗斯在高加索地区政治、军事和经济中的影响力。1998 年时任美国国务卿独联体国家问题特别助理谢斯塔诺维奇清晰地表述了美国对高加索和中亚国家（其中包括阿塞拜疆）的战略任务：第一，巩固该地区的政治、经济体制，推动市场民主化向前发展；第二，积极调解该地区的冲突；第三，发展能源，构建东西方的交通走廊；第四，在安全问题上与该地区国家进行合作。作为后苏联地缘政治空间中的一员，同时也被美国视为“地缘支轴国家”的阿塞拜疆，在美国的地缘政治战略中自然成为其实现上述目标的一部分。在美国看来，独立的阿塞拜疆是西方进入能源

① 韩亚伟：《冷战后俄罗斯对阿塞拜疆政策研究》，兰州大学硕士学位论文，2014 年。

丰富的里海盆地和中亚地区的通道，相反，阿塞拜疆被征服就意味着中亚将可能与外部世界隔绝，阿塞拜疆也就在政治上易受制于俄罗斯要求重新实现一体化的压力。因此，美国大力发展与阿塞拜疆的关系，希望将其纳入美国的地缘战略轨道。

高加索地区是美国和欧洲基本目标的一个重要方面：第一，美国和欧洲不仅将高加索—里海区域视为世界经济的重要能源产区，而且将其作为一个重要的地缘政治目标，一个摆脱能源上依赖俄罗斯的工具以及在亚欧大陆立足的要点；第二，高加索与伊朗和黑海—里海区域在地理上的接近是遏制伊朗、对其施加压力的最适宜的战略平台；第三，控制南高加索地区可以监控俄罗斯的领土，尤其是其南方联邦区，这无疑对俄罗斯的安全和领土完整构成了巨大挑战。“颜色革命”之后的格鲁吉亚已经全面倒向西方，北约的军事存在事实上已经将其置于自己的控制之下。与阿塞拜疆发展关系也符合美国和北约的这一目标。在政治领域，美国总的方针是鼓励苏联加盟共和国实行民主政治和市场经济改革，同时培养亲美亲西方的力量，将其纳入自己的“价值”轨道中来。从苏联解体伊始，美国在南高加索地区实行“点式”的慷慨财政援助，不仅援助该地区的国家和政府，而且“援助”那些年轻、有前景、有野心的精英。美国多年的“经营”，以至于让俄罗斯学者感叹，20 世纪 90 年代初期的亲俄罗斯的精英如今在南高加索三国中已经几乎荡然无存。即使是亚美尼亚，其统治精英完全是出于局势的需要而让俄罗斯相信自己的忠诚和友谊，已经与以前的心态大相径庭。目前南高加索国家的亲美亲西方精英已经成长壮大，开始占据主导地位。阿利耶夫家族之所以能够掌控政权，一个重要原因是在巴杰石油管线上已经投资了数十亿美元的西方财团对其进行的隐性支持。阿利耶夫有足够的信心认为，只要这些国际能源和金融巨头们站在他这一边，他就有足够的力量来维护自己的统治。一些西方观察家指出，由于巴杰线主要是由西方财团提供资金，因此实际上是对阿利耶夫政权体制的变相资助，从而使这个里海产油大国能够放心地脱离俄罗斯而投入西方的怀抱——“颜色革命”也因为石油而在这个国家变了颜色，成了一场自上而下的“黑色革命”。①

在发展与欧洲关系的过程中，阿塞拜疆在各个领域积极主动地按照欧洲标准来进行改造，目前取得较大进展的是在军事安全领域。阿塞拜疆自独立后便加快发展与北约的合作，从最初加入北大西洋合作委员会，到后来加入北约“和平伙伴关系计划”，再到“单独伙伴行动计划”，阿塞拜疆与北约的合作越来越深入。通过这些计划，阿塞拜疆在北约的帮助下，努力向欧洲—大西洋标准看齐，实现军事现代化，同时阿塞拜疆在安全、国防改革以及国际维和等各个领域与北约开展合作。在社会、政治、文化、人权等领域，阿塞拜疆通过与欧盟在“伙伴关系与合作协议”、“睦邻政策”以及“东方伙伴关系”计划等框架下进行合作，依照欧盟标准进行各方面的改革。在经济与贸易方面，阿塞拜疆与欧盟之间的能源安全合作是一个重要的主题，双方签署了“能源领域战略伙伴关系”协议，欧盟在能源领域帮助阿在基础设施、技术规范以及法律条文方面按照欧洲的规范进行改造。对于欧洲来说，从苏联解体开始，就试图将苏联的“势力范围”纳入自己的“阵营”，从而压缩俄罗斯的战略空间。北约东扩和欧盟东扩是持续的并行进程，经过多轮东扩，在中东欧已经被纳入北约和欧盟后，独联体国家已经开始成为发展的对象。在这种情况下，作为亚洲国家的阿塞拜疆因为其地缘战略位置的重要性得到了欧洲越来越明显的关注。

① 梁强：《石油与革命——对阿塞拜疆当前政局的一种解释》，《南风窗》2005 年第 13 期。

3. 土耳其与伊朗在阿塞拜疆的争夺

阿塞拜疆与它南部的两个大国——土耳其和伊朗——都是信仰伊斯兰教的国家，其中伊朗是政教合一的伊斯兰国家，而土耳其则与阿塞拜疆在文化上相对接近。两个大国在阿塞拜疆的对外战略中都具有非常重要的地位。它们在苏联解体后南高加索地区的地缘政治格局重构中，都力图扩大自己的影响，参与该地区的博弈。

在亚欧格局中，自近代以来，土耳其和伊朗一直是主要的地区力量，一度与俄罗斯构成一个“大三角”关系，而这个三角关系的立足点和中心点则是南高加索和里海地区。围绕这一地区，三个地区大国已经进行了几个世纪的争夺。20世纪中叶这种争夺达成了暂时性的平衡，但是随着苏联解体，这种不稳定的均衡状态再次被打破，各个地区大国在追逐新的利益时都发现了机会。作为里海沿岸国家，伊朗深度参与里海地位划分等问题，由于在里海油田的归属上与阿塞拜疆存在争议，两国关系始终风波不断。对于土耳其而言，该国油气资源相对不足，但因其占据着扼守黑海出口处的有利位置，所以在里海、中亚油气资源的外运上占有十分强大的话语权。因此，土耳其作为该地区能源格局中的有力角逐者，一直试图在俄罗斯、阿塞拜疆、中亚以及欧洲地区之间达到自身利益最大化。

第五章

共建"一带一路"下的南高加索地区

2023 年是共建"一带一路"提出十周年。习近平主席指出，"这个倡议的根本出发点和落脚点，就是探索远亲近邻共同发展的新办法，开拓造福各国、惠及世界的'幸福路'"。[①] 对南高加索地区来说，共建"一带一路"的意义同样重大而深远。有格鲁吉亚学者坦言："阿塞拜疆可以强化其过境潜力；亚美尼亚有机会成为连接伊朗和格鲁吉亚的新中转国；格鲁吉亚可以加强其枢纽地位，成为全球经济和物流中心，吸引来自世界各个国家的企业。……，高加索国家将会成为东西方之间经济合作的中心。"[②]

---

① 《习近平出席欧亚经济联盟第二届欧亚经济论坛全会开幕式并致辞》，《人民日报》2023 年 5 月 25 日。

② Vakhtang Charaia and Mariam Lashkhi, "Strategic Cooperation between China and the South Caucasus Countries", Edited by Mher Sahakyan and Heinz Gärtner, *China and Eurasia: Rethinking Cooperation and Contradictions in the Era of Changing World Order*, Abingdon (UK) and New York (USA): Routledge, 2022, pp. 145 – 162.

一　共建“一带一路”下的格鲁吉亚

中国与格鲁吉亚是传统友好合作伙伴。2022年6月9日，习近平主席同格鲁吉亚总统祖拉比什维利互致贺电，庆祝两国建交30周年。建交30年来，双方扎实推进各领域合作，在国际事务中有效沟通协调，推动中格关系健康稳定发展。在共建“一带一路”的推动下，两国关系和双方各领域合作将取得更多成果，造福两国和两国人民。

（一）格鲁吉亚在丝绸之路经济带建设中的枢纽作用

欧亚主义是关于俄罗斯地缘政治思想的重要理论之一，在南高加索地区各国也具有广泛深刻的影响力。欧亚主义的经济基础是“有市场的社会”而非“市场经济”。欧亚主义者认为，经济应服务于欧亚国家、欧亚文明和欧亚文化，市场原则不应对影响公共与政治生活的意识形态构成威胁。欧亚主义的本质是在政府控制战略性领域的基础上，形成中小规模生产、贸易、服务行业的自由市场以及多种形式的集体管理。[①]

在全球化时代，以欧亚主义经济模式为基础的国家联盟难以建立，因为除个别国家外，多数苏联加盟共和国都倾向市场经济，而非“有市场的社会”。新成立的欧亚经济联盟以石油和天然气收益的再分配机制为基础、以俄罗斯向其他成员国让渡部分收益为手段，

---

① Vakhtang Charaia and Vladimer Papava, “Belt and Road Initiative: Implications for Georgia and China-Georgia Economic Relations”, *China International Studies*, Vol. 6, 2016.

来使成员国留在联盟内部，以此维持和增强俄罗斯的政治影响力。乌克兰危机发生后，西方国家对俄罗斯实施的经济制裁以及俄罗斯采取的反制裁措施，都反映了欧亚经济联盟的脆弱性和不稳定性，因为欧亚经济联盟成员国不会也不可能在经济上完全跟随俄罗斯的步伐。欧亚经济联盟与欧盟相比不具有优势，其成员国的社会治理、市场体制和技术水平也明显落后。此外，阻碍欧亚经济联盟发展的另一个因素是“等量性障碍”，制约了俄罗斯向联盟的超国家机制让渡主权，也导致其他成员国不愿接受超国家机制。虽然加入欧亚经济联盟易于加入欧盟，但鉴于上述负面因素，目前的欧亚经济联盟对格鲁吉亚越来越难以产生更大的吸引力。

而与之相对应的是，中国提出的共建“一带一路”为世界经济发展创造了新的机遇。格鲁吉亚地处丝绸之路经济带建设规划中的中国—中亚—西亚经济走廊沿线。这成为格鲁吉亚经济发展的新路径。格鲁吉亚已与欧盟和中国签订自由贸易协定，可以在丝绸之路经济带建设中发挥经济枢纽作用。

2013 年 9 月，习近平主席提出建设丝绸之路经济带的倡议，并在一个月后又倡议建设 21 世纪海上丝绸之路，这两个地跨亚太、欧洲、中亚、南亚、东南亚、西亚和非洲地区的全球性倡议被称为“一带一路”倡议。丝绸之路经济带中包含多个经济走廊建设项目，例如，新亚欧大陆桥、中蒙俄经济走廊、中国—中亚—西亚经济走廊、中国—中南半岛经济走廊、中巴经济走廊、孟中印缅经济走廊等。值得注意的是，格鲁吉亚以及阿塞拜疆均地处中国—中亚—西亚经济走廊的沿线。格鲁吉亚有必要在这些全球和区域性倡议中找到自己的位置。欧洲—大西洋机制建立较早，欧亚经济联盟和中国的共建“一带一路”启动时间较晚。是参与欧洲—大西洋机制，还是加入欧亚经济联盟，或是参与共建“一带一路”，都需要格鲁吉亚进行深入研究。[①]

中国与欧盟正积极探讨建立自由贸易机制，这一设想对格鲁吉亚而言意义重大。丝绸之路经济带为中国和欧盟经济合作搭建了崭新的舞台。中国与格鲁吉亚均为世界贸易组织成员，两国已签署的自由贸易协定对发展两国贸易关系发挥了重要作用。格鲁吉亚与欧盟签署了《深入全面的自由贸易区协定》，与欧洲自由贸易联盟也签署了自由贸易协定。因此，欧盟与中国扩大贸易将使格鲁吉亚成为连接中国与欧洲的物流枢纽，并提升相关领域的合作。其中，巴库—第比利斯—卡尔斯铁路以及阿纳克利亚深水港项目将发挥重要作用。此外，格鲁吉亚在将里海的油气资源向土耳其运输的过程中发挥了能源运输枢纽的作用，未来，格鲁吉亚将与阿塞拜疆共同成为中亚—南高加索地区的交通和能源枢纽。

丝绸之路经济带为格鲁吉亚从能源运输枢纽向区域经济枢纽转型创造了机遇。欧盟与格鲁吉亚签署的《深入全面的自由贸易区协定》规定，格鲁吉亚向欧盟出口的商品必须产自格鲁吉亚。这将提升格鲁吉亚的投资吸引力。尤其是对于那些尚未与欧盟签署自由贸易协定的国家，这个自由贸易区协定为其在格鲁吉亚生产并向欧盟出口提供了机会，这当中就包括已经在格鲁吉亚投资的中国。因此，格鲁吉亚成为区域经济枢纽符合中国—中亚—西亚经济走廊的规划。

进入21世纪以来，中国在世界经济中的地位不断上升，经济影响日益扩大，并正在成为格鲁吉亚可靠的合作伙伴，这尤其体现在开展共建“一带一路”合作方面。值得注意的是，中国与格鲁吉亚正在制定多个重点项目规划并可能取得巨大成就，包括2018年一家中国公司与欧亚投资有限公司投资10亿美元创建格鲁吉亚开发银

---

① 包艳、崔日明：《“丝绸之路经济带”框架下中国—格鲁吉亚自由贸易区建设研究》，《辽宁大学学报（哲学社会科学版）》2017年第1期。

行；格鲁吉亚伙伴基金和另一家中国资产控股公司共同设立格鲁吉亚国家建设基金，双方分别出资49%和51%，共计5000万美元，资助格鲁吉亚新兴企业；建立“新丝绸之路共同市场合作区”，并创新贸易模式。丝绸之路经济带建设让中国与格鲁吉亚的经济关系变得更加紧密。中国对格鲁吉亚投资日益增加，在丝绸之路经济带建设的背景下这种趋势仍将持续。①

（二）格鲁吉亚对丝绸之路经济带的态度

格鲁吉亚独特的地理位置使其成为古丝绸之路上的重要国家，格鲁吉亚历届政府对此都有着深刻的认知，有意振兴“丝绸之路”，恢复其东西方跨境走廊的重要地位。

第一，格鲁吉亚国家领导人参与丝绸之路经济带建设的愿望迫切。

首任总统谢瓦尔德纳泽当政时就曾提出要复兴“丝绸之路”。谢瓦德纳泽数次运用“新丝绸之路”概念，主张实现东西方关系现代化。他表示，“新丝绸之路不是一个华丽辞藻，而是多边利益和彼此关照的平等尊重的和谐结合”，复兴“丝绸之路”是对格鲁吉亚安全和福祉的补充。② 萨卡什维利当选总统后也曾向中国记者表示格政府将继续重视“新丝绸之路”的振兴。然而，作为苏联加盟共和国内最贫穷的国家之一，窘迫的经济形势和连年的政局动荡使格鲁吉亚复兴“丝绸之路”的雄心仅仅停留在计划层面，难以真正付诸实施。直到中国提出丝绸之路经济带倡议，格鲁吉亚的这一计划才得到强有力的推动。

---

① ［格］陆雅晴：《中国与格鲁吉亚关系的现状分析与未来展望》，华中师范大学博士学位论文，2016年。

② 吕萍：《格鲁吉亚与丝绸之路经济带倡议：态度、意义与前景》，《俄罗斯学刊》2016年第5期。

中国提出共建“一带一路”后，多数合作伙伴国家予以响应和支持，格鲁吉亚的态度尤其积极。相较一些国家的纠结、疑虑和质疑，格鲁吉亚则是张开怀抱对这一倡议表示最热烈的欢迎。格鲁吉亚领导人在不同场合多次明确强调丝绸之路经济带的重要性及其对国家经济发展的意义，表达了强烈的参与意愿，并实打实地为推动其发展采取了各种具体措施，以实际行动表明了对丝绸之路经济带建设的坚定支持。

2014 年 8 月 20 日，中国丝绸之路万里行媒体团到访格鲁吉亚，对时任总统马尔格韦拉什维利和总理加里巴什维利进行了专访。他们均表示赞同中国共建“一带一路”，希望加强与中国在这一领域的合作。2014 年 10 月 29 日，时任格鲁吉亚总理加里巴什维利在第比利斯举行的国际投资论坛上特别强调恢复丝绸之路的重大意义，表示格鲁吉亚愿为这一事业做出自己的贡献，为此于 2015 年在格鲁吉亚举办丝绸之路论坛，而且将每年举办，探索在丝绸之路沿线交通、能源、贸易以及人文交流领域开展合作的新创意。

2015 年 2 月 10 日，从中国新疆奎屯市首发的新疆—格鲁吉亚国际货运列车抵达第比利斯，时任副总理克维里卡什维利率铁路部门官员出席了在车站举行的欢迎仪式，表示格鲁吉亚愿积极加入丝绸之路经济带建设。2015 年 9 月 9—11 日，加里巴什维利与同时任副总理兼外长的克维里卡什维利到中国参加在大连举行的夏季达沃斯论坛。格鲁吉亚总理首次访华成果丰硕：与李克强总理进行了会晤，就丝绸之路经济带问题接受了中央电视台的采访，并在北京对外经贸大学做了题为“发展丝绸伙伴关系——格中合作与远景展望”的主题演讲。在会晤、采访和演讲中加里巴什维利都特别强调格鲁吉亚对共建“一带一路”的支持，认为该倡议为格鲁吉亚和其他合作伙伴国家提供了宝贵的发展机会，格鲁吉亚愿意积极参与共建“一带一路”，愿与中国加强高层交往，扩大经贸合作，欢迎中国加大对格鲁吉亚的投资力度。2015 年 10 月 15 日，丝绸之路论坛如期在第比利斯举行，宗旨是“从讨论到行动”。来自 30 多个国家的 1000 多名代表参加了论坛，仅中国就有近 300 人参会。加里巴什维利重申了丝绸之路的意义，表示举办论坛“在格鲁吉亚的历史上是极其重要的时刻”，“格鲁吉亚连接着东方与西方，南方与北方”，“希望格鲁吉亚成为地区中心，成为合作中心”。[①] 2015 年 12 月 13 日，从中国连云港发出的首趟“丝绸之路”过境集装箱列车跨越哈萨克斯坦、阿塞拜疆抵达格鲁吉亚（随后过境抵达土耳其）。加里巴什维利再次亲赴第比利斯中央火车站迎接，表示这一贸易通道的恢复使几个世纪以来格鲁吉亚履行的使命重新回归，称这是对格鲁吉亚具有历史意义的一天，格鲁吉亚很快就会成为连接欧洲、东亚、南亚的印度、中亚和中东的地区中心。2016 年 4 月 6 日，时任格鲁吉亚总理的克维里卡什维利在接受新华社采访时再次高度评价共建“一带一路”，表达了希望与中国加深合作的意愿。[②]

第二，中国与格鲁吉亚已就共建丝绸之路经济带签署多项重要协议。

2015 年 3 月，格鲁吉亚与中国签署了《中国和格鲁吉亚关于加强共建丝绸之路经济带合作备忘录》。格鲁吉亚经济与可持续发展部表示，《中国和格鲁吉亚关于加强共建丝绸之路经济带合作备忘录》开启了两国在优化双边贸易、推进基础设施建设、加强投资合作等领域中的全新合作之路，具有历史性意义。两国同时还签署了《中华人民共和国商务部与格鲁吉亚经济与可持续发展部关于启动中国—格鲁吉亚自由贸易协定谈判可行性研究的联合声明》，对开展自由贸易的可行性进行研究，并于 2015 年 12 月 10 日签署了《中华人民

① 吕萍：《格鲁吉亚与丝绸之路经济带倡议：态度、意义与前景》，《俄罗斯学刊》2016 年第 5 期。

② 中国驻格鲁吉亚大使馆经济商务参赞处，ge. mofcom. gov. cn。

共和国商务部和格鲁吉亚经济与可持续发展部关于启动中格自由贸易协定谈判的谅解备忘录》，两国自贸协定谈判正式启动，2016 年 5 月 9—13 日双方完成第二轮谈判。2016 年 4 月 5 日，格鲁吉亚工商会加入了丝绸之路国际总商会，双方签署了旨在共同推动共建“一带一路”的合作协议。在格鲁吉亚总理访华期间，双方还签署了大连机车车辆制造厂与格鲁吉亚车辆制造公司合作备忘录、大连港自由贸易区与格鲁吉亚葡萄酒公司合作备忘录、格鲁吉亚铁路公司与中国铁建集团合作备忘录、大连市与格阿扎尔自治共和国友好城市谅解备忘录等。

两国自贸协定于 2017 年 5 月 13 日签署，并于 2018 年 1 月 1 日正式生效实施。协定生效后，格鲁吉亚对中国 96.5% 的产品将立即实施零关税，覆盖格鲁吉亚自中国进口总额的 99.6%。这意味着中国原产商品在对方市场将拥有更多机会。目前，一般原产地证书作为通关结汇的凭证，并没有关税减免的作用，而当协定正式实施后，中国的绝大多数原产货物均可凭借专用的“中国—格鲁吉亚自贸区原产地证书”享受到格鲁吉亚进口关税减免的待遇。届时对格鲁吉亚进出口贸易量有望得到大幅提高。① 格鲁吉亚作为欧盟“联系国”，和所有周边国家也都签订了自贸协定，彼此享受免税优惠政策。中国企业可借助格鲁吉亚这个“丝绸之路”经济带上的重要节点，向北进入俄罗斯等独联体市场，向南进入土耳其市场，向西进入欧盟市场，拓展和加深国货“走出去”的广度和深度。

第三，格鲁吉亚大力完善基础设施，为参与丝绸之路经济带创造条件。

独立后，由于战乱不断和政局动荡，加之技术落后，格鲁吉亚

---

① 沈之杰、邵立君：《中国与格鲁吉亚自贸协定正式生效》，《中华合作时报》2018 年 1 月 5 日。

经济增长缓慢，基础设施非常落后，无法满足丝绸之路经济带的发展需要，更无法保障其实现将国家建成欧亚商品物流中心、商贸通道和交通走廊的战略目标。为此，格鲁吉亚着手发展基础设施建设，改善道路交通状况，大力修建和完善公路、铁路和港口等设施，以确保国内基础设施能够在丝绸之路经济带建设上与沿线国家对接。

为了充分发挥地缘经济优势，格鲁吉亚与阿塞拜疆、土耳其三国联合修建了巴库—第比利斯—卡尔斯铁路。铁路于 2007 年动工，三国相关领导人多次会晤商讨铁路的修建问题。2015 年 1 月 28 日，该铁路线的格鲁吉亚段进行了首次试车。三国经过多次协商决定于 2016 年底完成铁路土耳其段的建设，实现全线贯通。该铁路线建成后第一阶段的年通过能力为 100 万名乘客和 500 万吨货物，第二阶段的年运输能力计划将达到 1500 万吨货物。铁路开始运营后还可安置 2500 人就业。三国都将巴库—第比利斯—卡尔斯铁路视作连接亚欧大陆一条新的极具竞争力的线路，它将促进丝绸之路的复兴，从而推动地区的经济发展。格鲁吉亚还宣布将在黑海岸边修建一亿吨级吞吐量的安纳克利亚深水港，工程竣工后中国货物运往欧洲的距离将减少 7000 千米，运输成本将大幅降低。此外，由中国铁建二十三局承建的格鲁吉亚现代化铁路全线重点工程 T8 隧道已于今年贯通，铁路的年运输能力因此得到大幅提升。[1] 2016 年 4 月 5 日，格鲁吉亚工商会与丝绸之路国际总商会签署合作协议之后，时任格鲁吉亚经济与发展部长库姆西什维利表示，发展丝绸之路是格鲁吉亚政府的重要方向之一，全国范围内进行的所有大型基础设施建设（如东西公路干线、铁路现代化、巴库—第比利斯—卡尔斯铁路和安纳克利亚港）都是丝绸之路的组成部分。

---

① Vakhtang Charaia and Vladimer Papava, “Belt and Road Initiative: Implications for Georgia and China-Georgia Economic Relations”, *China International Studies*, Vol. 6, 2016.

（三）丝绸之路经济带对格鲁吉亚的现实意义

格鲁吉亚之所以对丝绸之路经济带倡议的态度如此积极，主要原因在于丝绸之路经济带倡议与其国家战略发展目标和国家利益高度契合，同时也符合当前执政的“格鲁吉亚梦想”政党联盟巩固其执政地位的需要，对格鲁吉亚具有重要的现实意义。“玫瑰革命”后，以萨卡什维利为首的“统一民族运动”党带领格鲁吉亚走上了西方化道路。萨卡什维利政府在格鲁吉亚大力推行西式民主制度，并取得了一定成就，但国内窘迫的经济形势和民生问题并未因此而有丝毫改变，贫困人口逐年增加、失业率居高不下、贫富差距巨大。2008 年俄格冲突后，格鲁吉亚的经济更是陷入低谷。在 2012 年 10 月的议会选举中伊万尼什维利率领竞选联盟“格鲁吉亚梦想”针对政府的短板，凭借发展经济、降低失业率和改善民生的承诺赢得选举。组建新政府之后，执政联盟“格鲁吉亚梦想”开始寻求一条适合本国国情、摆脱贫困的发展道路。中国的丝绸之路经济带倡议恰好为格鲁吉亚提供了一个难逢的发展契机。

2015 年 3 月 28 日，中国国家发展改革委、外交部、商务部联合发布了《推动共建丝绸之路经济带和 21 世纪海上丝绸之路的愿景与行动》（以下简称《愿景与行动》）从时代背景、共建原则、框架思路、合作重点、合作机制等方面详细诠释了共建“一带一路”的内涵，说明了共建“一带一路”的具体任务和发展方向。共建“一带一路”的内涵和任务很大程度上与格鲁吉亚政府的优先方向相重合，参与丝绸之路经济带建设符合其国家利益。①

第一，参与丝绸之路经济带符合格鲁吉亚的国家定位和战略发

① 沈之杰、邵立君：《中国与格鲁吉亚自贸协定正式生效》，《中华合作时报》2018 年 1 月 5 日。

展目标。

伊万尼什维利2012年10月出任总理后，格鲁吉亚放弃了充当西方民主“桥头堡”的角色，转而奉行务实的外交政策，在西方和俄罗斯之间走均衡路线，并重新定位了格鲁吉亚在国际上的角色与地位。2013年5月16日，在一次主题为南高加索和中亚地区经济一体化的会议上，伊万尼什维利说：“东方—西方跨境走廊是一个战略性问题，很大程度上决定了格鲁吉亚和我们这个地区在全球经济中的角色。格鲁吉亚愿成为东西方经济关系的重要连接环节。我们的目标是建立一个能促进东西方贸易的现代、高效的过境贸易中心。……发展过境走廊是格鲁吉亚合情合理的战略利益。……为了实现这一目标，格鲁吉亚应当努力做好三个方向的工作，即改善基础设施、确保创造有吸引力的营商环境以及与邻国之间的有效合作。”① 从伊万尼什维利提出这一构想至今，格鲁吉亚历经了三位总理，但将国家建设为东西方过境走廊和地区贸易中心的目标没有改变，仍然是格鲁吉亚坚定不移的发展方向。

丝绸之路经济带倡议恰好对应了格鲁吉亚的全新国家定位。《愿景与行动》中对共建“一带一路”的努力方向作了说明：“共建‘一带一路’致力于亚欧非大陆及附近海洋的互联互通，建立和加强沿线各国互联互通伙伴关系，构建全方位、多层次、复合型的互联互通网络，实现沿线各国多元、自主、平衡、可持续的发展。”《愿景与行动》同时也明确指出了共建“一带一路”的主线：“丝绸之路经济带重点畅通中国经中亚、俄罗斯至欧洲（波罗的海）；中国经中亚、西亚至波斯湾、地中海；中国至东南亚、南亚、印度洋。21世纪海上丝绸之路重点方向是从中国沿海港口过南海到印度洋，延

① 瓦尔代国际辩论俱乐部，http：//ru. valdaiclub. com。

伸至欧洲；从中国沿海港口过南海到南太平洋。”[①] 格鲁吉亚正好位于丝绸之路经济带上，地处亚欧大陆“十字路口”，地理位置得天独厚，是欧亚之间相互往来距离最短、最便捷的通道。由于地理位置优越，格鲁吉亚成为欧洲能源“生命线”巴库—第比利斯—杰伊汉石油管线、巴库—第比利斯—埃尔祖鲁姆天然气管道的过境国，同样从格过境的“南部天然气走廊”项目也于 2014 年 9 月 20 日开工建设。丝绸之路经济带的建设将使格鲁吉亚的过境国作用更加凸显，有利于其充分发挥国际运输中转站的作用。[②] 基础设施联通是共建“一带一路”的主要内容和优先领域，主张合作伙伴国家加强基础设施建设规划、技术标准体系的对接，共同推进国际骨干通道建设，逐步形成连接亚洲各次区域以及亚欧非之间的基础设施网络。这一主张与格鲁吉亚将本国建设成为过境走廊和区域过境贸易中心的战略目标不谋而合。

第二，在丝绸之路经济带框架内与中国合作有利于格鲁吉亚经济快速发展和民生改善。

在格鲁吉亚的《国家安全构想》中，保持经济长期稳定增长是其国家利益的重要组成部分。《国家安全构想》中明确指出，经济的长期低增长将导致国家收入锐减、失业率上升，进而引发民众紧张情绪和社会动荡，国家的发展、稳定和安全将面临巨大挑战。为了使国家能够得到稳定、安全的发展，保持经济长期稳定增长极其重要。[③] 近年来中国与格鲁吉亚的关系日益密切，高层互访频繁，经济合作更趋紧密。2015 年中国是格鲁吉亚第六大直接投资国和第四大贸易伙伴国，与中国良好的经贸关系为格鲁吉亚国内经济状况的改

① 中国一带一路网，https：//www. yidaiyilu. gov. cn/zchj/qwfb/13745. htm。

② 吕萍：《格鲁吉亚在“一带一盟”对接中的作用》，《欧亚经济》2016 年第 5 期。

③ 格鲁吉亚政府，www. government. gov. ge。

善做出了贡献。以格鲁吉亚的支柱产业——葡萄酒产业为例，2006年3月，俄罗斯以存在质量问题为由下令禁止进口格鲁吉亚的葡萄酒。葡萄酒酿造业对格鲁吉亚经济的重要性从政府设有专门的国家葡萄酒局中可见一斑。在格鲁吉亚，约有10%的居民从事葡萄酒酿造业，间接从事这一产业的居民高达40%，每年生产的葡萄酒有80%出口至俄罗斯。俄罗斯的“禁酒令”沉重打击了原本就十分脆弱的格鲁吉亚经济。为了拯救葡萄酒酿造业、改善经济状况，格鲁吉亚一直在努力寻求新的市场，中国即是其努力方向之一。近年来，格鲁吉亚对中国的葡萄酒出口连年增长，2015年增长了122%，共出口了270万瓶，占格葡萄酒出口总量的7.4%，而2005年时出口量仅为3.75万瓶。2016年第一季度格鲁吉亚向中国出口了371295瓶，出口量居第五位，仅次于俄罗斯、乌克兰、哈萨克斯坦和波兰。[①] 中国已成为格鲁吉亚葡萄酒重要的出口市场。随着格鲁吉亚葡萄酒在中国知名度不断提高以及两国自贸协定的实施，格鲁吉亚葡萄酒在中国的市场将更加广阔，带来的经济效益将更巨大。

格鲁吉亚与中国围绕丝绸之路经济带建设签署的一系列协议以及格加入亚投行，都标志着两国将在丝绸之路经济带框架内在贸易、投资、技术合作以及基础设施建设等领域全面合作，共同推动丝绸之路经济带发展，实现共赢。目前中国在格鲁吉亚有30多家企业，涉及投资、工程承包、通信、物流、农业、金融、贸易、服务等行业。中国企业和公司为格鲁吉亚的社会经济发展做出了很大贡献。如中国铁建二十三局集团，在承建现代化铁路改造项目过程中雇用了300多名当地工作人员，为当地民众提供了更多的工作岗位。不仅如此，该项目的重点工程T8隧道的贯通极大地提升了格鲁吉亚铁路的年运输能力，将格鲁吉亚在建设过境走廊、国际物流中心的道

① 格鲁吉亚国家统计局，www.geostat.ge。

路上向前推进了一步，具有重要意义。[①] 新疆华凌集团自 2007 年开始在格鲁吉亚投资建厂，建设工业园，至今已向格鲁吉亚投资 5 亿多美元，提供了数百个工作岗位。为了表彰华凌集团为当地经济发展所做出的突出贡献，2014 年 12 月 20 日时任格鲁吉亚总理加里巴什维利向华凌集团总裁米恩华颁发了“最佳外资企业家”奖。

参与丝绸之路经济带建设还可以使格鲁吉亚获得更多的中国投资。2014 年 11 月习近平宣布中国将出资 400 亿美元成立丝路基金。12 月 29 日，丝路基金在北京注册成立，其宗旨是为在“一带一路”框架内的经贸合作和双边多边互联互通提供融资支持，促进中国与共建“一带一路”国家实现共同发展、共同繁荣。2015 年 6 月 12 日，丝路基金副总经理司欣波在青海举行的“一带一路”金融论坛上表示，丝路基金将侧重于投资基础设施、能源资源、产能合作和产业优势互补、金融合作四大方向和领域。对于一些难以承担基础设施建设巨大投入的合作伙伴国家，丝路基金将根据需要投资上述领域项目的建设。对于迫切希望将国家打造为地区贸易和物流中心、建成过境走廊，却又苦于资金不足的格鲁吉亚来说，参与丝绸之路经济带建设，获得来自中国的投资是其走出经济困境、谋求未来发展的必然选择。

资金融通是“一带一路”建设的重要支撑。资金融通的途径包括“深化金融合作”“扩大共建国家双边本币互换、结算的范围和规模”“共同推进亚洲基础设施投资银行”的筹建等。中国与格鲁吉亚在金融方面的合作已经起步。格鲁吉亚加入了亚投行，是亚投行第 45 个意向创始成员国，在所有 57 个意向创始成员国中，格鲁吉亚议会第一个批准了加入亚投行的协议。2015 年 9 月 26—27 日，

---

① Vakhtang Charaia and Vladimer Papava, “Belt and Road Initiative: Implications for Georgia and China-Georgia Economic Relations”, *China International Studies*, Vol. 6, 2016.

格鲁吉亚与中国签署了双边本币互换框架协议。该协议的签署将加强两国的货币合作，推动双边本币结算，推动两国贸易和投资便利化。在金融方面的合作将为格鲁吉亚参与丝绸之路经济带建设提供更多便利。[①]

第三，参与丝绸之路经济带有利于促进格鲁吉亚国内政局稳定。

2004 年 1 月的总统选举中，因发动“玫瑰革命”推翻谢瓦尔德纳泽统治而被格鲁吉亚老百姓视作“革命者”和“斗士”的萨卡什维利以 85.5% 的高得票率当选总统。民众对萨卡什维利寄予厚望，期待他能带领格鲁吉亚摆脱贪腐和贫困，走上民主、富强、百姓安康的道路。然而，在 2008 年 1 月的总统选举中，萨卡什维利虽然如愿再次当选总统，得票率却降至 52.21%，在第比利斯的支持率更是低至 31%。到了 2012 年 10 月的议会选举，萨卡什维利领导的“统一民族运动”党则彻底败给了伊万尼什维利领导的竞选联盟“格鲁吉亚梦想”。在次年 10 月的总统选举中，来自执政联盟“格鲁吉亚梦想”的候选人马尔格韦拉什维利也战胜“统一民族运动”党候选人当选总统。萨卡什维利及其政党从被民众寄予厚望到被民众抛弃，国家经济发展缓慢、失业率高企不下、生活在贫困线以下人数占比多、民生问题严重致使民众普遍失望是最根本原因。在萨卡什维利执政后期，格鲁吉亚社会矛盾尖锐、社会情绪紧张、冲突频发，俄格冲突后经济更是濒于崩溃边缘。尽管萨卡什维利在推行西方民主制度、消除政府部门基层腐败方面取得了显著成效，但是经济和民生问题得不到改善依然无法保证社会稳定，也无法保证其执政地位。[②]

---

① 刘文旭、梁影编：《“一带一路”国别概览：格鲁吉亚》，大连海事大学出版社 2018 年版。

② ［格］玛莉雅：《冷战以来格鲁吉亚与中国双边关系分析》，华中师范大学硕士学位论文，2012 年。

针对萨卡什维利政府的执政软肋，伊万尼什维利提出了振兴经济、降低失业率、改善民生的竞选口号，获得了选民的普遍支持，最终赢得议会选举。新政府吸取前任政府的教训，将发展经济作为政府的首要任务，着力解决民众最关心的民生问题。然而，经历多年动荡和战乱，格鲁吉亚基础设施建设落后、经济基础薄弱、产业结构单一，同时又不幸赶上国际金融危机，要快速改变现状、保持经济长期高速增长实非易事。尽管有着良好的初衷，但“格鲁吉亚梦想”执政以来在经济上取得的成效并不显著。根据格鲁吉亚国家统计局数据，2015 年格国内生产总值（GDP）增长了 2.8%（2014 年为 4.8%），全年对外贸易总额为 99.33 亿美元（2014 年为 114.54 亿美元），其中不论是出口还是进口均较前一年有所下降。根据 2016 年 2 月 23 日至 3 月 14 日期间的民调结果，66% 的格鲁吉亚民众对国家的经济状况不满，认为“格鲁吉亚梦想”执政失误造成经济困局的人数竟高达 81%。虽然国际整体经济环境不佳是格鲁吉亚经济发展缓慢的主要原因，但已成为反对党的“统一民族运动”党不失时机利用一切机会批评“格鲁吉亚梦想”的执政效果，对其执政能力提出质疑。由于民众的失望情绪开始在社会上蔓延，对“统一民族运动”党一度降至低谷的支持率也开始逐渐回升。在格鲁吉亚政府努力寻求摆脱经济困境、解决贫困问题的途径，提升民众对其支持率的背景下，共建“一带一路”倡议适时为格鲁吉亚的经济发展提供了契机。

共建“一带一路”倡议旨在促进经济要素有序自由流动、资源高效配置和市场深度融合，推动共建各国实现经济政策协调，开展更大范围、更高水平、更深层次的区域合作，共同打造开放、包容、均衡、普惠的区域经济合作架构。“一带一路”的互联互通项目将推动共建各国发展战略的对接与耦合，发掘区域内市场的潜力，促进投资和消费，创造需求和就业，增进沿线各国人民的人文交流与文明互鉴，其目标就是“让各国人民相逢相知、互信互敬，共享和谐、安宁、富裕的生活”。人民拥有安宁、富裕的生活是社会和谐、稳定和国家安全的基本保障，也是政府能够得到人民拥护的根源所在。得到民众的坚定支持毫无疑问是“格鲁吉亚梦想”执政孜孜以求的目标，借力丝绸之路经济带实现这一目标是执政联盟“格鲁吉亚梦想”的最佳选项。[①] 从格鲁吉亚围绕丝绸之路经济带建设的反应和实际行动可以看出，该国政府迫切希望参与丝绸之路经济带的建设，视其为实现国家战略目标、提升国家经济和国际影响力的宝贵机遇。而格鲁吉亚如此看重中国提出的丝绸之路经济带倡议，是因为其与格鲁吉亚的战略发展目标密切相关，意义重大。中国已是世界第二大经济体，有着巨大的市场、雄厚的资金，在很多领域拥有世界领先的技术，加强与中国在丝绸之路经济带建设中的合作必将使格鲁吉亚受益良多。

（四）格鲁吉亚在丝绸之路经济带建设中的前景

除了地理位置这一天然优越条件，格鲁吉亚参与丝绸之路经济带建设还有其独特的优势，其合作发展前景也值得期待。

第一，强烈的参与意愿是丝绸之路经济带能够在格顺利进行的保障和最大优势。“格鲁吉亚梦想”执政后重新确定了国家的发展方向和战略目标，将发展经济和改善民生作为政府的重要任务。共建“一带一路”在时间点和内容上都与格鲁吉亚的国家利益高度契合，因此得到社会各界的一致支持。为了招商引资，格鲁吉亚政府制定了多项政策减少政府对经济的干预，同时出台了各种优惠政策，努力打造良好的营商环境。在世界银行发布的《2016 年营商环境报

① 包艳、崔日明：《“丝绸之路经济带”框架下中国—格鲁吉亚自由贸易区建设研究》，《辽宁大学学报（哲学社会科学版）》2017 年第 1 期。

告》中，格鲁吉亚在189个国家中排第24位，格政府清廉指数排第11位。[①]

第二，社会相对稳定是格鲁吉亚参与丝绸之路经济带建设的另一优势。自1991年4月9日宣布独立以来，格鲁吉亚经历了1991年反对加姆萨胡尔季阿的大规模内战，1993年政府军、反对派和阿布哈兹势力的三方内战，2003年底颠覆谢瓦尔德纳泽政权的“玫瑰革命”。民众对每一次革命和选举都寄予厚望，希望新总统和新政府能带领国家走上稳定和发展的道路，但是历次革命和政权更迭却都未能如期带来社会经济的快速发展和民生的明显改善。民众普遍对革命结果感到失望，因而厌倦了街头革命、社会动荡和暴力更迭政权。2013年10月，总统选举的投票率仅为46.6%，是独立以来最低的一次。落败的“统一民族运动”党指控“格鲁吉亚梦想”在选举中舞弊造假，数次组织街头抗议活动，但参加人数很少，并未引起广泛关注，最终不了了之。乌克兰危机爆发后，虽然格鲁吉亚当局对俄罗斯进行了强烈谴责，表示克里米亚公投违反国际法，不承认公投结果，但同时也提醒乌克兰方面吸取2008年俄格冲突教训，主张俄乌双方通过政治途径解决矛盾与冲突，也提醒乌克兰应潜心发展经济。当前总统萨卡什维利呼吁格鲁吉亚政府加入西方制裁俄罗斯的队伍时，格鲁吉亚表示两国早已断绝外交关系，因此，“加入对俄罗斯的制裁与格鲁吉亚不相干”，也声明绝对不会对乌克兰实施军事援助。这些现象表明，经历过多年的社会动荡和战争，格鲁吉亚民众对革命、社会和未来的看法日趋现实和理性，更渴望社会稳定、经济增长和民生改善。人心向稳逐渐成为主流。丝绸之路经济带建设是一项长线工程，需要长期稳定的和平环境和连贯、持续的政策扶持，格鲁吉亚高层和民众在政治上能保持理性有助于形成专注于

① 世界银行，data. worldbank. org. cn/country/georgia? view = chart。

经济发展建设的社会氛围，有助于保障丝绸之路经济带建设所必需的和平环境。①

第三，格鲁吉亚目前的周边国际环境适宜丝绸之路经济带建设。萨卡什维利执政时期奉行一边倒的亲西方政策，一心谋求加入欧盟和北约，与俄罗斯关系急剧恶化，最终两国于 2008 年 8 月 8 日爆发了战争。战争虽仅持续了 5 天，却给格鲁吉亚带来了无法估量的巨大损失。俄罗斯承认南奥赛梯和阿布哈兹独立，使格鲁吉亚事实上失去了 20% 的领土。因安全问题严重，战后外国对格鲁吉亚的直接投资锐减，经济一片惨淡。新政府于 2012 年 10 月组阁后开始实行务实的均衡外交政策，加入欧盟和北约基本方向不变，同时也从经贸、人文方面开始缓和与俄罗斯的关系。经过双方的不断接触与磋商，目前格鲁吉亚的葡萄酒和矿泉水已经重回传统的俄罗斯市场，经济形势有了很大改善。虽然南奥赛梯和阿布哈兹问题仍然卡在两国之间，影响两国关系正常化，但双方都强调不使用武力解决问题，这在一定程度上能够使两国避免再度发生武装冲突（格鲁吉亚政府一再声明不会使用武力解决南奥赛梯和阿布哈兹问题）。格鲁吉亚与地区邻国之间也保持着良好关系。阿塞拜疆与亚美尼亚因“纳卡”问题向来关系紧张，时有冲突发生，但格鲁吉亚与这两国均关系良好，充当着调停人角色，同时“纳卡”问题也基本处于可控范围之内。格鲁吉亚与阿塞拜疆和土耳其一直保持着传统的合作伙伴关系，是石油、天然气和货物过境运输方面的命运共同体。②

第四，出口欧盟商品免除关税使格鲁吉亚得以享受自由进入欧盟市场的好处。格鲁吉亚在俄格冲突后退出了独联体，与俄罗斯断

① Vakhtang Charaia and Vladimer Papava, “Belt and Road Initiative: Implications for Georgia and China-Georgia Economic Relations”, *China International Studies*, Vol. 6, 2016.

② 方亮：《震撼独联体的“格鲁吉亚新路”》，《南风窗》2012 年第 25 期。

绝外交关系，也非欧亚经济联盟成员国，因此，在外交政策制定中能够最大限度地不受俄罗斯的监督和影响，在对外贸易方面不受《欧亚经济联盟条约》的限制和束缚，可依据本国国情和现实需要灵活制定自己的贸易政策。在这种情况下中国与其进行合作会更加便利和自由。① 有观察家在分析影响格鲁吉亚于2016年10月举行新一轮议会选举时认为，由于在改善经济、降低失业率方面成绩不佳，未能兑现竞选承诺，“格鲁吉亚梦想”执政后的支持率下降明显，民调显示，15%的民众打算投票给“格鲁吉亚梦想”，准备投票给“统一民族运动”党的为13%。在双方实力相当的情况下竞选将会异常激烈。此外，西方与俄罗斯在南高加索地区的对峙依然存在，作为一个在西方和俄罗斯的夹缝中求生存的小国，格鲁吉亚无疑面临着诸多影响国家安全和稳定的外部因素。格鲁吉亚谋求加入欧盟和北约，而俄罗斯的底线却是格鲁吉亚绝不能加入北约。②

从近几年情况来看，发展经济基本上已成为格鲁吉亚社会各界的普遍共识，民众都不愿再发生社会动荡，反对党（“统一民族运动”党）也对2012年议会选举失败进行了反思，承诺重振经济、改善民生，称将以全新的面貌迎接挑战。中国在格鲁吉亚企业为该国经济发展做出的贡献有目共睹，丝绸之路经济带建设为格鲁吉亚带来的机遇也得到历届政府的肯定。因此即使选举，再次带来政权更迭革命爆发（如2003年“玫瑰革命”式的革命）的可能性并不大，新政府对待丝绸之路经济带倡议也会给予充分支持。在西方与俄罗斯在格鲁吉亚的对峙问题上，经过2008年的俄格冲突，不论是西方还是格鲁吉亚和俄罗斯，都认识到战争无法解决任何问题，只会加

---

① ［格］陆雅晴：《中国与格鲁吉亚关系的现状分析与未来展望》，华中师范大学博士学位论文，2016年。

② 何南楠、海镜：《北约与格鲁吉亚“相拥”不易》，《解放军报》2018年8月11日。

剧对立，加剧地区形势的不稳定。因此，虽然双方经常彼此“秀肌肉”，但也都在尽力保持克制，对峙和矛盾基本处于可控范围之内。

近年来中国与格鲁吉亚的关系发展十分迅速，尤其是共建“一带一路”倡议以来，在很多领域都取得了巨大成果，向“五通”一步步靠近。政治上，2015 年格鲁吉亚总理、副总理、议长以及其他多名高级官员相继来访，积极进行“政策沟通”；经济上，格鲁吉亚积极参与丝绸之路经济带项目建设，加入亚投行，与中国开始自贸区谈判，使两国之间贸易额不断提高，“设施联通、贸易畅通、资金融通”不再遥远；人文上，两国都重视在本国介绍推广对方文化，格鲁吉亚国内举办了“中国日”活动，中国与格鲁吉亚合作成立了“格鲁吉亚葡萄酒推广中心”，在新疆打造格鲁吉亚葡萄酒文化基地，两国“民心相通”工程已经起步。[①]

中国将格鲁吉亚视为共建“一带一路”的重要组成部分，旨在通过改善基础设施连接“缩短中欧之间的距离”。2018 年格鲁吉亚和中国之间的自由贸易协定（FTA）生效，进一步巩固了两国之间的贸易关系。在两国的共同促进与政策支持下，两国之间的贸易规模在 2018 年首次超过 10 亿美元，中国也在 2021 年成为格鲁吉亚最大的出口市场，占格鲁吉亚出口贸易额的 14.5%。就两国的贸易竞争性而言，中国在 SITC 分类下的多部门商品上表现出了很强的竞争力，这与中国的产业结构完善以及充裕的劳动力市场有着很大的关系。格鲁吉亚的整体贸易竞争性水平在提高，但仍缺少强竞争力的行业，这是由于格鲁吉亚的商品以原材料为主，其他行业的进口量比出口量要大。格鲁吉亚地区的农业和畜牧业占了很大的比重，再加上格鲁吉亚很多商品都要靠进口来维持国内的需求，产业链有待

① 吕萍：《格鲁吉亚在“一带一盟”对接中的作用》，《欧亚经济》2016 年第 5 期。

进一步完善。从整体上来看，格鲁吉亚的技术密集型产品竞争力较弱，但是基于自然禀赋的自然资源存量丰富，而中国资本密集型和劳动力密集型产品竞争力较强，在双向贸易的过程中，将会提高彼此的优势产品竞争力，通过技术、人力交流共同发展弱势产业。

格鲁吉亚研究者认为，中国与格鲁吉亚的贸易具有巨大的发展空间，为了促进两国贸易进一步发展，转化更多的贸易潜力为实际贸易流量，未来还将有以下举措。一方面，逐步调整贸易结构，推动贸易转型升级。中国的综合竞争力水平较高，格鲁吉亚的贸易竞争力较弱，且缺乏强竞争力的产业。中国和格鲁吉亚的贸易商品主要是机械、交通工具等资本密集的商品，在资本密集型产业中具有很好的互补关系，贸易格局还需要进一步调整。这对中国的劳动力和格鲁吉亚的农业和畜牧业比较有利。两国均要发展人力资本，提高战略领域的技能，制定长期经济政策和相应的实施策略，在保留其主导工业的同时，充分利用各国的主要优势行业进行贸易协作，促进贸易结构的多元化。另一方面，增强政府间互信合作，营造良好贸易环境。中国与格鲁吉亚贸易潜力较大，中国充分发挥共建“一带一路”的优势，不断扩大经济对外开放程度。中国和格鲁吉亚要充分把握共建“一带一路”的契机，积极构建多层面的交流，创造一个有利的通商条件，应当朝着区域经济组织的整合方向发展，加强合作与协作的机制建设，加强区域协作的协调与发展，建立多样化的合作平台，充分发挥“一带一路”的作用和意义。①

2023 年，中国与格鲁吉亚的合作迈上新台阶。7 月 28 日，格鲁吉亚总理加里巴什维利在成都与习近平主席会见并出席第 31 届世界大学生运动会的开幕式，双方宣布建立中格战略伙伴关系。格鲁吉

---

① ［格］安娜：《“一带一路”倡议下中国与格鲁吉亚贸易竞争性与互补性研究》，《商场现代化》2023 年第 1 期。

亚欢迎中国提出的共建“一带一路”倡议，双方将在共建“一带一路”倡议框架内加强政策协调和发展规划对接，深化各领域交流合作，践行共商、共建、共享原则，弘扬开放、绿色、廉洁理念，实现“一带一路”合作目标，促进双方可持续发展。双方愿促进相互投资和贸易，在交通、通信、基础设施现代化建设、“中间走廊”建设与发展、数字技术、制造业、铁路网升级与拓展、农业与食品安全、水资源、环境保护、沙漠化防治、海水资源淡化、合格评定等领域加强合作，利用格鲁吉亚交通设施为中国产品畅通出口至西方市场提供便利，密切知识技术及人力资源培训等方面的交流。格鲁吉亚支持全球发展倡议，愿积极参与倡议合作，加快落实联合国2030年可持续发展议程；支持全球安全倡议，双方愿在倡议框架下加强交流合作，共同营造和平稳定的国际安全环境，促进和保障地区各国共同发展；支持全球文明倡议。双方将积极开展合作，共同落实好这一倡议。[①] 加里巴什维利表示，这是一次历史性的访问，格中关系提升为战略伙伴关系，将为格鲁吉亚带来更多机遇，具有重要意义。“格中关系提升到战略伙伴关系这样一个新的水平，我感到非常自豪也非常高兴。”[②]

2023年7月31日，中国与格鲁吉亚签署《中华人民共和国政府与格鲁吉亚政府共建“一带一路”合作规划》。该文件遵循共商、共建、共享原则，坚持开放、绿色、廉洁理念，以高标准、可持续、惠民生为目标，围绕政策沟通、设施联通、贸易畅通、资金融通、民心相通，明确了两国共建“一带一路”的重点合作领域与合作内容。文件的签署对深化两国政治互信和发展战略对接具有重要意义，

① 《中华人民共和国与格鲁吉亚关于建立战略伙伴关系的联合声明》，《人民日报》2023年8月1日。

② 《格鲁吉亚总理加里巴什维利：推动人文交流将增进两国友谊》，《北京日报》2023年7月31日。

有利于深化两国各领域务实合作，必将为两国合作创造新机遇，为共同发展增添新动力，更好造福两国及两国人民。作为丝绸之路经济带上据守欧洲和亚洲门户的重要节点国家，格鲁吉亚对丝绸之路经济带倡议的重视程度超过大多数沿线国，加之格鲁吉亚国内政治和社会形势基本能够长期保持稳定，能为丝绸之路经济带项目建设提供一个高安全、低风险的和平环境，这条新时代的“丝绸之路”必然成为中国与格鲁吉亚之间的一条共赢之路，也必然会助力格鲁吉亚实现其战略发展目标，给人民带来福祉。

二 共建“一带一路”下的亚美尼亚

党的二十大报告指出：“中国愿加大对全球发展合作的资源投入，致力于缩小南北差距，坚定支持和帮助广大发展中国家加快发展。”[①] 中国与亚美尼亚是传统友好合作伙伴。建交30年来，中亚关系保持健康稳定发展势头。双方政治互信深化，各领域合作扎实推进，人文交流日益密切。2022年4月6日，习近平主席同亚美尼亚总统哈恰图良互致贺电，庆祝两国建交30周年。作为古丝绸之路的重要一站，亚美尼亚处在东西方文明交会地带，为人类文明的融合曾做出重要贡献。由于该国地缘位置极其重要，又处在大国博弈的纷争地带，近代以来，亚美尼亚经济社会遇到了一定困难。尽管如此，该国仍积极寻求同中国在内的共建“一带一路”国家广泛开展合作，为共建“一带一路”在欧亚地区的深度拓展发挥纽带作用。

① 习近平：《高举中国特色社会主义伟大旗帜 为全面建设社会主义现代化国家而团结奋斗——在中国共产党第二十次全国代表大会上的报告》，《人民日报》2022年10月26日。

（一）中国和亚美尼亚的双边关系与合作

从历史上看，亚美尼亚文明和中国文明都是人类历史上的古老文明之一。“中国和罗马帝国及其继承者之间距离相当遥远，是高加索商人的沙漠商队穿越了这个距离。在这个过程中，高加索商人，尤其是亚美尼亚人扮演了非常活跃的角色”；“在大发现的时代，亚美尼亚人不自觉地成了西方殖民统治的开路先锋。然而，作为副手和联盟成员，他们很快就成了殖民强国的竞争对手，西方殖民者尽力把亚美尼亚人排挤出最能赚钱的生意”。[①] 两国通过古老的丝绸之路延续千年的相互联系。然而，历史并不是两国联系的唯一纽带。亚美尼亚人和中国人都非常重视保护自己的民族身份和传统。当然，这并不意味着亚美尼亚和中国对当前的全球化浪潮不感兴趣或不愿参与，两国都希望发展自己的文化，通过全球化带来的好处丰富自己的文明。这些共同的文化价值观是发展国家间双边关系的坚实基础。[②] 与此同时，亚美尼亚和中国不仅尊重彼此的历史底蕴和文化传统，在地缘政治和经济等因素上，两国确立的战略伙伴关系也能达到互惠互利的目标。从本质上看，共建“一带一路”在制度层面，“一方面，致力于推动全球经济治理制度体系向更具包容性、合法性和有效性的方向迈进；另一方面，注重新旧制度间的对话、兼容与合作”。[③]

一方面，亚美尼亚长期以来对华友好，与中国外交关系基础牢固，是上海合作组织对话伙伴国。这是中国与亚美尼亚合作的重要

---

① ［法］让－皮埃尔·马艾：《从埃及到高加索：探索未知的古文献世界》，阿米娜等译，生活·读书·新知三联书店 2015 年版，第 199、252 页。

② Benyamin Poghosyan, “Armenia – China: Strategic Partnership for Mutual Benefits”, *Armenia*, October, 2019.

③ 任琳、孙振民：《“一带一路”倡议与全球经济治理》，《党政研究》2019 年第 3 期。

政治基础。中国共建“一带一路”的提出和推进，为亚美尼亚带来了改善投资条件、调整经济结构、优化国际分工等诸多机遇。尽管中国与亚美尼亚在投资合作领域存在政治稳定风险、机制障碍风险、投资效益风险等，但是两国合作潜力大、合作领域多、合作需求强烈，中国企业只要认真选取那些有投资价值、亚美尼亚急需且欢迎的领域进行合作，就能化解风险，收获较高投资效益。在共建“一带一路”大力推进的背景下，中国与亚美尼亚在基础设施互联互通、科技、金融、农业、经贸等诸多领域合作的前景已经开始展现，双边在各领域合作的互补性优势也有望得到充分释放。[①] 另一方面，中国是最早承认亚美尼亚独立并与其建立外交关系的国家之一（1992年4月6日），亚美尼亚一直将对华关系置于“外交优先发展方向”，迄今已签署了40余项合作协议。2004年9月时任亚美尼亚总统罗伯特·科恰良（Robert Kocharyan）访华时指出，“两国在政治方面不存在任何问题，经济合作发展顺利，在国际问题上立场相近”，强调“双方将加强在能源、化工、农业科技各领域的合作”。迄今两国已签订了包括《两国政府联系公报》《中华人民共和国政府和亚美尼亚共和国政府关于对所得和财产避免双重征税和防止偷漏税的协定》《民用航空运输协定》《中央银行合作协议》《经济技术合作协议》等数十项涉及双边关系诸多领域的合作文件。[②]

2013年共建“一带一路”提出后，亚美尼亚官方积极响应中国的主张。2015年，时任亚美尼亚总统谢尔日·萨尔基相访华，与习近平主席会晤，签署《中华人民共和国和亚美尼亚共和国关于进一步发展和深化友好合作关系的联合声明》，强调“共同建设丝绸之路

---

① 杨进：《亚美尼亚政治危机探析——兼论中国与亚美尼亚“一带一路”合作》，《俄罗斯东欧中亚研究》2019年第5期。

② 杨进：《亚美尼亚政治危机探析——兼论中国与亚美尼亚“一带一路”合作》，《俄罗斯东欧中亚研究》2019年第5期。

经济带的倡议为两国开展全方位合作提供了新的历史机遇。双方将积极落实已签署的相关协议，共同推动丝绸之路经济带建设，开辟双方合作新的广阔前景”；“中方鼓励和支持中国企业在平等互利的基础上，按照商业原则赴亚投资兴业，将根据有关项目的经济和技术可行性，参与农业、交通、能源、通信、卫生和基础设施等领域建设和发展，愿继续向亚提供力所能及的援助，帮助亚方实施重大民生项目”。[①] 亚美尼亚是国际资金、信息、商品和人员交流的重要通道，在文化上的多元性和包容性则为亚美尼亚扮演本地区的重要角色奠定了较好的人文基础。

在亚美尼亚政府 2017 年 8 月 3 日发布的该国《“经济外交”优先国家名录》中，中国仅次于俄罗斯和美国，位居第三。[②] 2013 年，亚美尼亚出版了《亚美尼亚人看中国》（«Китай глазами армян»）一书，包括国家政要、社会活动家以及著名学者在内的著名人物，均在书中盛赞中国文化和中国经济奇迹。亚美尼亚人对中国抱有极大兴趣和好感，对中国改革开放所取得的伟大成就赞叹不已。孔子学院也对两国关系的提升起到了重要作用。目前，亚美尼亚孔子学院辐射 3 个孔子课堂和 10 个汉语语言文化中心，汉语学习人数稳步上升。而亚美尼亚国家广播电台播出《跟我学汉语》节目，仅 2016 年 1 月至 2017 年 7 月收听次数就达 4 万余人次。[③] 近年来，中国向

---

① 《中华人民共和国和亚美尼亚共和国关于进一步发展和深化友好合作关系的联合声明》，中华人民共和国外交部，https：//www. fmprc. gov. cn/web/ziliao_674904/1179_674909/t1248599. shtml。

② 根据该名录，今后亚美尼亚政府在经济发展中优先考虑合作的国家和组织分别是：俄罗斯、美国、中国、伊朗、格鲁吉亚、阿联酋、法国、德国、意大利、加拿大、黎巴嫩及比荷卢联盟。参阅 http：//novostink. ru/armenia/209014-armeniya-utverdila-prioritetnye-strany-dlya-ekonomicheskoy-diplomatii. html。

③ 孙玉华、任雪梅：《中国与亚美尼亚关系的历史、现状及前景展望》，《东北亚外语研究》2018 年第 1 期。

亚美尼亚捐赠了二百余辆公共汽车以及大批警用和医疗急救车辆，极大地缓解了该国政府社会服务资金投入不足的困境。2020 年新冠疫情在亚美尼亚传播并持续蔓延的时候，中国政府第一时间向亚美尼亚捐赠检测试剂盒，中国卫健委高级专家组多次与亚美尼亚卫生部专家视频连线，介绍中方预防、治疗新冠工作经验。中方还积极协助亚方包机先后 4 次赴华采购医疗防护物资，并向亚方捐赠了呼吸机、防护服、口罩等防疫物资。① 2021 年 7 月下旬，211 辆中通客车正式发往亚美尼亚首都埃里温市，以更绿色、舒适、便捷的服务，助力当地人民公共交通出行。此次交付亚美尼亚的订单，全部基于中通客车成熟的风采平台，产品可靠、性能优化，历经市场多年验证。此外，为了让产品更加匹配当地的运营实际需求，中通客车还为用户量身打造全方位运营服务解决方案。在此过程中，亚美尼亚驻华大使谢尔盖先生多次考察、调研中通客车，对于中通客车的整体实力与先进工艺给予高度认可。②

（二）亚美尼亚对共建“一带一路”的基本认知

一方面，亚美尼亚政府部门多次表达参与共建“一带一路”的希望。2019 年 6 月，亚美尼亚总理访华期间，亚美尼亚驻华大使谢尔盖·马纳萨良（Sergey Manassarian）明确表示发展同中国的良好合作关系是亚美尼亚政府外交政策的“优先事项”。亚美尼亚政府认同中国是亚美尼亚的重要伙伴。两国互免普通护照人员签证的措施证明了两国关系处在历史最好的水平，这是加强两国各方面关系和

① 《驻亚美尼亚大使田二龙就中亚两国抗疫合作发表署名文章》，中华人民共和国驻亚美尼亚共和国大使馆，http：//am. chineseembassy. org/chn/xwdt/t1796368. htm。

② 孙敬明：《211 辆中通客车成功发往亚美尼亚》，《人民公交》2021 年第 8 期。

建立两国直航联系的重要前提。“今天，我们可以肯定地说，中国是亚美尼亚可靠的合作伙伴。我们的关系是基于相互尊重和信任的，在亚美尼亚总理访问北京期间也清楚地看到了这一点。”[①] 目前中国公司已经承建起亚美尼亚贯通南北的高等级公路项目，同时，亚美尼亚正在积极探讨落实两国企业间多种基础设施的合作项目。他强调，对于共建“一带一路”，亚美尼亚“高举双手”表示赞同和欢迎，亚美尼亚官方已多次表达过上述立场。双方在多个领域的合作正稳步进入实施阶段，两国通力合作，特别是在资本市场和交通基础设施建设等方面取得了较大的成效。[②]

另一方面，亚美尼亚学术界也对参与共建“一带一路”开展综合研究和积极评价。从事亚美尼亚和中国关系研究的西蒙·萨拉德兹良（Simon Saradzhyan）于2012年4月发表了研究报告《亚美尼亚和中国——基于特殊伙伴关系的案例分析》。[③] 该文写于两国庆祝建立外交关系20周年之际，全面总结了亚美尼亚同中国之间的关系，并对亚美尼亚有效地回应了中国的持续崛起给予肯定。文章将亚美尼亚与中国的政策与格鲁吉亚和阿塞拜疆的政策进行比较，并确定亚美尼亚政府可以做更多的事情来促进双边关系。文章最后提出了亚美尼亚如何将与中国的关系转变为一种特殊的伙伴关系的具体建议。这将增加亚美尼亚从中国崛起中的受益和中国对亚美尼亚和平发展的利益。虽然一些“别有用心”的批评人士指责中国通过“债

---

① “Level of Chinese investments in Armenia low: Armenia’s ambassador”, https://www.aysor.am/en/news/2019/06/12/armenia-china/1574594.

② 《“我们会积极参与‘一带一路’建设”——访亚美尼亚驻华大使谢尔盖·马纳萨良》，《人民日报》2016年6月29日。

③ Simon Saradzhyan, “Armenia and China—Case for a Special Partnership”, Belfer Center for Science and International Affairs, 2012.

务陷阱外交”（*Debt-Trap Diplomacy*）来利用欠发达国家[1]，但是亚美尼亚驻华贸易代表赫兰特·阿巴良（Hrant Abajyan）并不担心。他指出，针对这些批评，亚美尼亚的态度是“没有妥协，因为没有问题。没有任何问题不匹配。中国一直是亚美尼亚的友好国家。我们身处在一段伟大的关系中”。[2] 经验表明，共建“一带一路”在亚美尼亚和南高加索地区的实施迄今被证明是积极乐观的。亚美尼亚籍学者麦哈尔·萨哈基扬（Mher Sahakyan）在南京大学获得博士学位后，回国创办了“中国—欧亚战略研究中心”（“China-Eurasia” Council for Political and Strategic Research，Foundation）。他撰写的《中国的“一带一路”倡议和亚美尼亚》一书于2018年以亚美尼亚文和俄文版出版。[3] 该书是亚美尼亚目前第一本分析共建“一带一路”的学术专著，所探讨的中国国内和外交政策方面的问题，在亚美尼亚学界几乎都是空白。其研究的主要目的是介绍亚美尼亚可以参与中国的共建“一带一路”倡议的路线图，在此过程中不断加强其与中国在政治、军事技术、金融和经济方面的合作。作者分析了中国共建“一带一路”在世界秩序框架内的影响，并从国家安全的角度介绍了上述倡议。通过向亚美尼亚国内介绍共建“一带一路”，可以从政治、经济和社会文化等多方面对“一带一路”进行客观解释，有助于加深中国和亚美尼亚各方面交流，帮助亚美尼亚政府通过直接实际而有效的方式强化与中国的双边关系。[4]

---

① Raffi Elliott，“Is Armenia Playing a Dangerous Game with China?”，*Armenia Weekly*，January，2019.

② Roie Yellinek，“Opinion – The Impact of China's Belt and Road Initiative on Central Asia and the South Caucasus”，*E-International Relations*，February，2020.

③ Mher Sahakyan，*China's One Belt*，*On Road Initiative and Armenia*，Yerevan，2018，p. 30.

④ 郑云天、[亚] 那斯雅：《亚美尼亚在“一带一路”倡议中的定位、认知与前景》，《党政研究》2020年第5期。

（三）亚美尼亚在丝绸之路经济带建设中的前景

从现实条件看，中国商务部对亚美尼亚的投资环境给予肯定。在欧亚地区中，亚美尼亚属于经济自由度较高的国家。美国发布的《2018 年经济自由度指数》中显示，该国在 180 个国家中位列第 44，在世界银行《2018 年全球营商环境报告》中排名第 47。有报告指出，2017 年以来亚美尼亚经济表现出强劲势头，工业、服务业、进出口总额和国内贸易均大幅增长，外汇储备和侨汇收入稳步增长，建筑业呈现难得的回暖迹象，宏观经济很多指数均超出专家预期。[①] 在经受了疫情和地区冲突的影响后，2022 年 GDP 逐渐止跌回稳，总值 195 亿美元，总体形势较为平稳。为吸引外国企业投资，亚美尼亚政府不断推进投资便利化，为大型投资项目提供定制服务，为外商营造更加有利的投资环境。有研究者认为，共建“一带一路”提出之后，亚美尼亚参与区域生产分工网络的选择多了一个重要选项。“在过去的十年里中亚欧大陆一直是加剧商业活动的重要领域。各国当下正在共同努力，争取进入新的贸易走廊。跨里海走廊是该竞争活动的一个关键区域。阿塞拜疆和格鲁吉亚由于其地理位置而被纳入跨里海走廊，这其中却不包括亚美尼亚。而中国在格鲁吉亚和阿塞拜疆的驻留将对亚美尼亚产生溢出效应。成为欧亚经济联盟会员会让亚美尼亚成为国际市场中更为突出的一部分，也可以使亚美尼亚对中国的投资更具有吸引力。”[②] 共建“一带一路”表明，中国高度重视与欧亚地区的合作。欧亚经济联盟成立后，对接丝绸之路经济带建设和欧亚经济联盟建设成为中国与欧亚经济联盟成员国合作

---

① 《2018 年对外投资合作国别（地区）指南——亚美尼亚》，中国一带一路网，https：//www. yidaiyilu. gov. cn/zchj/zcfg/6858. htm。

② ［亚］梅里妮·索菲扬：《南高加索经济走廊和中国“一带一路”亚美尼亚观点》，厦门大学硕士学位论文，2018 年。

的重要议题。在对接的实践中，形成了欧亚经济联盟+中国的“5+1”模式和中国+欧亚经济联盟成员国的5个“1+1”模式。两种模式和路径选择为“一带一盟”的对接奠定了坚实基础。[①] 作为欧亚联盟的成员，亚美尼亚与中国在经贸上的分歧最小，互补潜力巨大，发展与亚美尼亚的经贸关系，将会更有力地强化“丝绸之路经济带”与“欧亚经济联盟”的合作。

目前亚美尼亚参与共建“一带一路”还存在一些尚未解决的问题。第一，两国民众缺乏对彼此足够、深入的了解。亚美尼亚缺乏语言与文化推广的有效手段和机制，缺乏提升国家形象的公共外交手段，中国对亚美尼亚政治、经济、历史、文化等相关信息知之甚少。亚美尼亚只有一个关于亚美尼亚及其历史、文化的汉语网站（www. newsilkroad. am），[②] 需要更多的传播手段、传播平台以及媒体的积极介入，利用更多的公共外交手段扩大两国在对方国家的认知度，树立良好的国家形象。这对提升两国人民互信以及双边关系发展具有重要意义。第二，亚美尼亚国内资源禀赋和经济发展水平仍然相对薄弱。影响亚美尼亚经济发展的核心问题是，巨大的贸易赤字和财政赤字制约着国家的资本市场，固定资产投资率常年偏低，同时现代产业基础薄弱使国家缺乏经济自主性。加入欧亚经济联盟后，亚美尼亚力图将与俄罗斯的经济融合作为振兴本国的重要抓手。[③] 亚美尼亚的区域一体化路径选择固然与其所处的复杂不利的地缘政治经济环境有关，但这种单向度一体化无助于解决根本问题。

---

① 韦进深：《欧亚经济联盟的制度设计与“一带一盟”对接的模式与路径》，《国际关系研究》2020年第2期。

② 孙玉华、任雪梅：《中国与亚美尼亚关系的历史、现状及前景展望》，《东北亚外语研究》2018年第1期。

③ Tigran Sirekanyan, *It's Time for Armenia to become Part of New Silk Road – Armenian President Meets with Chinese Delegation*, Armen Press, April 2019, p. 11.

第三，亚美尼亚依附俄罗斯的外交困境始终存在。亚美尼亚的外交困境在于特殊的地缘位置、领土争端和历史包袱使其难以像其他国家那样，可以实施平衡外交战略。民众在文化和心理层面更加认同欧美生活方式，向往加入欧盟，强化与西方合作，但出于地缘政治和安全考虑，又不得不在外交上与俄罗斯形成紧密盟友关系，从而在战略上难以实现与欧美关系的进一步深化。[①] 在某种程度上，这一格局将有损亚美尼亚的长期经济社会发展利益。

近几年来，中国与亚美尼亚的合作取得了更大的进展，学界对此也进行了全面分析。

第一，产能合作的角度。中国和亚美尼亚之间开展产能合作对于加快推进共建“一带一路”、提升亚美尼亚经济可持续发展能力、促进中国经济结构转型、对接欧亚经济联盟与共建“一带一路”、深化中国与南高加索地区乃至相关共建“丝绸之路经济带”国家的合作具有重要意义。当前，两国产能合作已经具备坚实的基础，中国是亚美尼亚第二大贸易伙伴，两国经济具有较强的互补性，在基础设施和制造业领域已经开展了一系列合作项目，签署了多项贸易、投资、金融等合作文件。两国在交通、电信、电力、农业、制造业等领域具有广泛的合作前景，亚美尼亚对中国企业的技术、资金、优质产能、发展经验需求迫切，双方合作潜力巨大，扩大产能合作符合两国长远利益。发挥中国大型信息通信、设备制造、工程建设、科技研发企事业单位的国际竞争优势，采取资产收购、投资建设、设备供货、运营服务等方式在亚美尼亚电信市场拓展业务，提高中国信息通信网络、运营服务和设备的竞争力和市场占有率。在亚美尼亚建设信息通信网络、地面数字电视、数据中心、云服务平台、

① Sofia Bergmann, “Armenia in the Belt and Road Initiative”, EVN Report, December 2019.

网络服务提供点等基础设施，带动国产信息通信、网络、数据处理等设备出口，为客户提供“一揽子”通信解决方案。积极参与亚美尼亚新设立的区块链自由经济区建设，共同引领区块链等新型互联网技术和业态发展，以“网上丝绸之路”建设为契机促进亚美尼亚互联网经济发展。加强与当地电信运营商、集团用户的合作，发挥中企技术和管理优势，利用云计算、大数据、物联网等信息通信技术为亚美尼亚企业提供交易保障、供应链整合、智能物流等服务。强化设计研发、技术支持、运营维护信息安全等体系建设，推动亚美尼亚传统企业进行信息化转型和产业升级，共同发展互联网新兴产业。充分发挥政党、议会交往的桥梁作用，积极开展同亚美尼亚立法机构、主要党派和政治组织的友好往来，做好对政坛领袖、社会活动家、青年精英、媒体人士、网络意见领袖等重点群体的工作，不断拓展人脉，维系感情纽带。支持有条件的地方与亚美尼亚重要城市结为友好城市。积极发挥国内传统媒体和互联网新媒体的正面引导作用，提高国际产能合作对外透明度，避免进行不当炒作。加强与亚美尼亚主流媒体交流合作，做好与当地智库、非政府组织的沟通工作，主动宣传中国进行国际产能合作的政策主张、显著成效和鲜活案例，阐释平等合作、互利共赢、共同发展的合作理念，积极推介中国装备、技术、标准和服务优势，营造良好的舆论环境。围绕国际产能合作，举办论坛、展会、研讨会、推介会、洽谈会等形式多样的活动，增信释疑、促进合作、实现共赢。①

第二，矿业开发的角度。在亚美尼亚，矿业是国民经济的一个重要的支柱行业，矿石精矿和金属矿占亚美尼亚出口的一半以上。亚美尼亚开采的主要矿产资源是铜、金和钼。据亚美尼亚发展署资

① 管玉红、高国伟：《“一带一路”倡议下中国—亚美尼亚产能合作研究》，《国别和区域研究》2020 年第 4 期。

料，亚美尼亚有670多个建筑矿和骨料矿，30个贱金属和贵金属矿。中国富地石油公司（Fortune Oil）在亚美尼亚投资5亿美元进行铁矿石的勘探和开采。公司将分两个阶段实施投资，要进行勘探开采的3个矿区分别位于拉兹丹市、阿巴望市和斯瓦兰兹市。另外，富地石油公司以2400万美元购买了亚美尼亚邦蒂资源公司（Bounty Resources Armenia）35%的股权，该公司间接拥有上述三大铁矿的开采权。2009年，中国新疆鑫岩工贸有限责任公司与亚美尼亚塔慈通公司成立合资企业，双方投资6000万美元，用于共同开发艾格佐尔铜钼矿和利奇克铜矿。2019年9月，中矿公司与亚美尼亚Lusadjur Ventures Invest公司成功签署了卡苏金矿10×104t选矿厂的设备设计和采购合同，同时签署了5年期的选矿厂运营管理承包协议，标志着项目进入执行阶段。亚美尼亚法律较为健全、经济自由度较高，对外资持欢迎态度，社会治安相对较好。其丰富的铜钼矿资源是中国紧缺的战略性矿产，与中国形成了良好的互补性。同时，该地区周边形势存在较大变数，地缘环境更趋艰难复杂，为中国企业开展投资合作带来一定影响。尽管矿业投资存在一定的不确定性，企业在做好事前调查、风险评估和应对预案后积极利用担保、保险、银行等风险管理机构形成业务保障，妥善应对经营环境中的各类风险。亚美尼亚仍是中国矿业企业投资的优选目标国家之一，合作前景非常广阔。①

第三，电子商务的角度。受新冠疫情影响，2020年，亚美尼亚经济萎缩7.6%。欧亚经济联盟数据显示，亚美尼亚成为欧亚经济联盟内下降幅度最大的经济体，同期欧亚经济联盟整体GDP同比下降3.3%。世界银行报告显示，2020年，亚美尼亚贫困率超过51%，

---

① 张晋、赵建粮：《亚美尼亚地质矿产及矿业开发概况》，《地质与资源》2023年第2期。

同比约增长7%。报告指出，“纳卡”冲突发生后亚国内政局陷入动荡，加之疫情因素，贫困人口数量有所增长。近年，亚美尼亚旅游业发展较快，成为该国优先发展的重点。每年入境旅游200万人次，年均增长10%左右。疫情发生后，亚美尼亚政府出台了19项经济刺激和稳定就业政策，旨在恢复经济发展、减轻中小企业压力、稳定劳动力市场，主要方式包括共同融资、贷款补贴、降低再融资利率、一次性现金补助等。为配合政府抗疫政策，各在亚银行纷纷延长借贷人还款期限，减轻借款人还贷压力。同时，进一步简化小额贷款放贷手续，对信用记录良好的借款人提供更为宽松的信贷服务，缓解其资金压力。亚美尼亚的电子商务产业实现了长足发展，这一进展得益于一系列因素。亚美尼亚驻华大使马纳萨良介绍，高科技、金融、银行部门的持续扩张，互联网、信用卡的广泛使用，家庭收入的增长，还有B2B都是电商活动的强大助力。亚美尼亚中央银行官方统计显示，电商贸易量每年都呈现出稳定的两位数增长，来自国外的订单也呈现出强劲的增长态势。据马纳萨良介绍，亚消费者善于利用各种本地的、国际的平台（主要包括来自俄罗斯、中国的平台）来进行网上购物。①

从长远看，亚美尼亚参与共建“一带一路”的机遇大于挑战。利用共建“一带一路”搭建的全方位立体化的合作平台及网络，亚美尼亚将获取中国优惠贷款或投资，大力改善本国单一经济结构状态，为该国经济长期健康发展提供新动力。② 中国已经建立起丝路基金和亚投行等多边金融合作机制，在共建“一带一路”的框架内实

---

① 刘馨蔚：《亚美尼亚经济受疫情冲击大 电商发展成“重头戏”》，《中国对外贸易》2021年第9期。

② “China in the Caucasus: For Armenia, Azerbaijan, and Georgia, China is an Important Investor and Possible Regional Stabilizer”, ANI Armenian Research Center, February 2016.

现优势产业国际转移，充足的资金、技术和市场储备，为两国打开了产能合作的广阔前景。对中国而言，与经济体量相对较小的亚美尼亚开展共建“一带一路”的经贸、人文合作，能够以较小投入形成示范效应，带动南高加索地区共建“一带一路”合作向纵深发展，践行新时代中国特色大国外交。2019 年，中国从亚美尼亚进出口商品总值为 75723.6 万美元，同比增长 46.9%，其中中国对亚美尼亚出口商品总值为 22270.5 万美元，同比增长 4.5%，中国从亚美尼亚进口商品总值为 53453.1 万美元，同比增长 76.9%。[①] 2020 年双边贸易额跨过 10 亿美元关口，同比增长 34.8%。2021 年双边贸易额再创 14 亿美元历史新高，居南高加索三国之首。随着中国在欧亚地区的影响力日益增长，连接亚欧大陆的南高加索地区表现出积极参与的态度，合作深度和广度将持续加深和拓展。

亚美尼亚深度参与共建“一带一路”对于两国还具有以下重要意义。第一，有利于扩大中国企业在该国的投资与合作。目前，中国企业尚未深度参与该国的基础设施建设，作为中亚、西亚地区的旅游、会议中心和交通枢纽，该国具有较好的发展前景和广阔商机，亟须得到国外投资以提振国内经济和人民生活水平，扩大内需和就业。第二，有益于增强中国与亚美尼亚经济、政治和文化的互信和共赢。中国和亚美尼亚均有悠久历史和灿烂文化，自古代丝绸之路以来，两国友好交往源远流长。共建“一带一路”在该国的拓展将进一步增强两国间的相互了解与信任，为深化交流合作、实现共赢奠定坚实基础。第三，有助于提高共建“一带一路”在欧亚地区的影响力与认同感。南高加索地区位于亚欧大陆的连接处，历史悠久，地缘战略位置十分重要。正如国外学者所说：“一九九一年，亚美尼

① 中华人民共和国海关总署，http://www.customs.gov.cn//customs/302249/302274/302277/302276/2851396/index.html。

亚重新获得独立，中华人民共和国与这个新的国家建立了友谊关系，首都埃里温的亚美尼亚人把这份友谊铭记在心，因为他们每天都会乘坐用中国贷款购买的、穿梭行驶在首都大街小巷里的七十辆中国制造的紫色客车。这确实值得我们去铭记两个民族之间已经有着千年历史并且还在延伸的深厚友谊，我们今天所谈及的，只不过是这条友谊长河中的几个重要片断。"①

三 共建"一带一路"下的阿塞拜疆

2015 年 4 月，阿塞拜疆成为亚投行创始成员国，7 月成为上海合作组织对话伙伴国。2015 年 12 月，阿利耶夫总统成功访华，与习近平主席共同见证签署《中华人民共和国政府和阿塞拜疆共和国政府关于共同推进丝绸之路经济带建设的谅解备忘录》，为双边关系发展开辟了广阔前景。在"丝绸之路经济带"建设中，阿塞拜疆以上述备忘录为契机，积极促进本国发展战略与"丝绸之经济带"建设的对接。2022 年 4 月 2 日，习近平主席同阿塞拜疆总统阿利耶夫互致贺电，庆祝两国建交 30 周年。尽管机遇与挑战并存，但是中国与阿塞拜疆具备较为坚实的合作基础和共识，两国将积极开展产能合作，加强在基础设施建设、能源、化工、轻工、机械制造、农业、交通、通信和旅游等领域的深度合作，共同推进共建"一带一路"在欧亚地区的扩展。

---

① ［法］让－皮埃尔·马艾：《从埃及到高加索：探索未知的古文献世界》，阿米娜等译，生活·读书·新知三联书店 2015 年版，第 253 页。

（一）中国与阿塞拜疆合作的基础

中国与阿塞拜疆的合作基础表现在三个方面：经济方面互补性十分突出、政治方面在重大问题上能够相互尊重并支持、文化方面都具有悠久的古代丝绸之路历史底蕴。同时，两国也都具有较强的合作共识和愿望。

1. 经济基础

2014 年阿塞拜疆制定了 2020 年战略，其基本内容是为使经济可持续发展，争取不依赖石油工业，到 2020 年，其 80% 的 GDP 要来自非石油行业。有学者指出，可以想见，这对一个历史悠久的石油输出国是个相当艰巨的任务。复兴“伟大的丝绸之路”不仅让这种计划成为可能，也使中国与阿塞拜疆两国政治和经贸关系提升到新的水平。①

据阿塞拜疆国家海关委员会数据统计，2022 年，中国与阿塞拜疆双边贸易额为 21.6 亿美元，占阿塞拜疆对外贸易总额的 4.1%。其中，阿塞拜疆对中国出口 7276 万美元，占阿塞拜疆出口总额的 0.2%；阿塞拜疆自中国进口 20.9 亿美元，占阿塞拜疆进口总额的 14.4%。2022 年，中国保持阿塞拜疆第四大贸易伙伴国和第三大进口来源国地位。② 中国对阿塞拜疆投资主要集中在石油领域，中石油通过其海外公司与阿塞拜疆国家石油公司合作投资阿塞拜疆陆上油田“SALYAN”，投资总额 6 亿多美元，目前收益较好。在阿塞拜疆从事贸易和服务的主要中资企业包括中油国际（阿塞拜疆）公司、

---

① 谈谈、李娟娟：《阿塞拜疆：镶嵌在丝路上的一颗明珠——“一带一路”上的产油国之二》，《石油知识》2017 年第 2 期。

② 中华人民共和国商务部，http：//az.mofcom.gov.cn/article/jmxw/202302/202302 03392602.shtml。

中国石油长城钻探阿塞拜疆综合项目部、中国石油东方物探有限公司、中国石油技术开发有限公司、四川宏华石油设备公司、山东科瑞石油装备有限公司、华为技术有限公司、四川省机械设备股份有限公司、重庆力帆集团等。这些企业在开展贸易、支持产品出口或商品售后服务方面投入了较多资金，总额超过3000万美元。值得注意的是，近年来国内一些有实力的大型企业开始把投资目光转向阿塞拜疆市场，积极参与基础设施建设招投标项目，并取得了一定成效。此外，还有中国南方航空股份有限公司、中铁十九局集团、中国土木工程集团、中国地质工程集团、新疆贝肯能源工程股份有限公司、远大阿塞拜疆有限公司、环宇国际有限责任公司、浙江集海物流有限公司、中国一汽进出口公司等在阿塞拜疆开展各类业务。包括饭店、商铺、货物储存及加工企业等各类小型民营企业和个体商户在阿塞拜疆也有不少投资。阿塞拜疆驻华大使阿克拉姆·杰纳利希望以共建“一带一路”为契机，对接双方发展规划，增进阿中两国人民相互了解和友谊。他说：“我们必须指出，‘一带一路’作为一个全球性的倡议，它不仅仅为参与者带来经济红利，更多的是加强了贸易、旅游、民心相通和文化交流，并服务于欧亚大陆的稳定、安全与和平事业。”①

阿塞拜疆对中国基本没有大型投资。阿塞拜疆对中国开展的经贸合作以一般贸易居多，投资规模和数量很小，主要投资领域是商贸和加工企业，前者主要是注册公司代表处或子公司，以便开展对华贸易；后者主要是建立企业，加工对阿出口的服装、轻工产品等。另外，阿塞拜疆商人还在中国新疆设立了小型农产品加工企业。总体来看，这些企业多数投资项目规模较小、经营状况一般。经营较

① 刘旭颖：《加力向东看，阿塞拜疆期待更多》，《国际商报》2020年8月17日。

好的在华企业均是在阿塞拜疆国内有一定实力及背景的公司，主要从事对华贸易运输和货物清关等。阿塞拜疆驻华大使特穆尔·纳迪罗格鲁表示：“阿塞拜疆是‘一带一路’倡议的积极参与者，欢迎中国企业充分利用阿塞拜疆为投资者提供的优惠政策，前来投资。中国公民前往阿塞拜疆非常容易，北京和乌鲁木齐都有直飞巴库的航班。中国公民通过在线申请，即可在72小时内获得阿塞拜疆签证，或者抵达巴库—盖达尔·阿利耶夫国际机场办理落地签。”①

据中国商务部统计，2019年中国企业在阿塞拜疆新签承包工程合同13份，新签合同额1.24亿美元，完成营业额2625.69万美元。累计派出各类劳务人员30人，年末在阿塞拜疆劳务人员110人。新签大型承包工程项目，包括中国石油集团东方地球物理勘探有限责任公司承建阿塞拜疆2019年BP公司ACG海底节点OBN采集项目，华为技术有限公司承建阿塞拜疆电信项目，等等。② 据商务部有关负责人介绍，新冠疫情之初，阿方就向绵阳、西安捐赠了防疫物资，缓解了两地抗疫燃眉之急；在阿境内疫情暴发后，中方立即提供了医疗援助，并协助阿方在华采购医疗物资和药品，体现了两国人民的友好情谊和携手抗疫的决心。“我们要增强信心，于危机中寻新机，充分挖掘合作潜力，努力把疫情对双边经贸合作造成的不利影响降到最低，为下一阶段的高质量发展积蓄力量。”阿塞拜疆共和国经济部副部长罗夫尚·纳贾夫指出：“一直以来，阿塞拜疆都是中国可靠的伙伴。”2017年，巴库—第比利斯—卡尔斯铁路线和巴库国际海上贸易港投入运营，为从中国到欧洲的“跨里海东西贸易运输走廊”的列车提供了必要的基础设施支持。未来，该港口的吞吐能

① 王莉莉：《阿塞拜疆“线上推介”招商引资不停步》，《中国对外贸易》2020年第5期。

② 《2020年对外投资合作国别（地区）指南——阿塞拜疆》，中国一带一路网，https：//www. yidaiyilu. gov. cn/zchj/zcfg/159430. htm。

力可提高到 2500 万吨货物和 100 万集装箱标箱。“值得一提的是，欧盟对跨里海运输走廊的兴趣越来越大。我们正将铁路、主要公路和港口整合，希望在不久的将来，把这里打造成区域物流中心。”罗夫尚·纳贾夫指出：“数字经济的不可替代性正愈发明显。显然，应对第四次工业革命的挑战，适应全球数字化进程至关重要。”阿塞拜疆已将国民经济数字化、发展打造本地区的数字中心、实现技术飞跃和长期的创新解决方案确定为政府优先目标。“中国企业在数字经济领域有着丰富的经验，走在世界前列。我们非常乐意采用中国企业的专业技术，期待中国企业能赴阿投资该领域。”①

2. 政治基础

1992 年中阿两国建交以来，双方先后签署了《中华人民共和国政府和阿塞拜疆共和国政府关于鼓励和相互保护投资的协定》（1994 年）、《中华人民共和国政府和阿塞拜疆共和国政府经济贸易合作协定》（2005 年）、《中华人民共和国信息产业部与阿塞拜疆共和国通信与信息技术部合作谅解备忘录》（2005 年）、《中华人民共和国政府和阿塞拜疆共和国政府关于对所得避免双重征税和防止偷漏税的协定》（2005 年）、《中华人民共和国政府和阿塞拜疆共和国政府关于海关事务的互助协定》（2005 年）等文件，② 为两国深度合作确立了制度基础。

2015 年两国共同签署《中华人民共和国和阿塞拜疆共和国关于进一步发展和深化友好合作关系的联合声明》，在重大问题方面达成

---

① 刘旭颖：《加力向东看，阿塞拜疆期待更多》，《国际商报》2020 年 8 月 17 日。

② 目前，中国与阿塞拜疆尚未签署货币互换协议、产能合作协议和基础设施合作协议。参见《2020 年对外投资合作国别（地区）指南——阿塞拜疆》，中国一带一路网，https：//www. yidaiyilu. gov. cn/zchj/zcfg/159430. htm。

了共识，例如，将延续业已建立的相互尊重、平等互利的关系，恪守1994年3月7日签订的《关于中华人民共和国和阿塞拜疆共和国友好关系基础的联合声明》和2005年3月17日签订的《中华人民共和国和阿塞拜疆共和国联合声明》；将继续坚定支持对方根据本国国情选择的发展道路，支持对方在涉及核心利益和重大关切问题上的立场，支持对方为维护国家独立、主权、安全和领土完整所作的努力；阿方坚持一个中国原则，重申台湾问题完全属于中国内政，反对任何形式的“台独”，承诺不与台湾建立任何官方往来，支持两岸关系和平发展和中国政府为实现国家统一所作的努力；中方支持阿塞拜疆共和国的主权和领土完整，呼吁遵守联合国安理会通过的有关纳戈尔诺—卡拉巴赫冲突的决议，主张和平解决冲突，支持国际社会为此所作的努力；双方重申，不参与任何有损对方国家主权、安全和领土完整的同盟或集团，不采取任何此类行动，不同第三国缔结此类条约，不允许在本国领土上成立任何损害对方国家主权、安全和领土完整的组织和团体，并禁止其活动。①

2021年6月，习近平主席与阿利耶夫通电话。习近平主席指出，去年以来，面对新冠疫情全球大流行，双方相互支持、共克时艰，体现了真正的朋友情谊。中国共产党即将迎来百年华诞，中国开启全面建设社会主义现代化国家新征程，两国关系站在了新的历史起点上。双方要弘扬传统友谊，深化互利合作，加大相互支持，以2022年庆祝建交30周年为契机，推动两国关系得到更大发展，更好地造福两国人民。中国支持阿塞拜疆人民根据本国国情选择的发展道路，视阿塞拜疆为共建“一带一路”重要合作伙伴。双方要共享机遇、共谋发展，规划好、推进好共建“一带一路”合作。中国愿

---

① 《中华人民共和国和阿塞拜疆共和国关于进一步发展和深化友好合作关系的联合声明》，2015年12月11日，新华网，http://www.xinhuanet.com/world/2015-12/11/c_1117437272.htm。

从阿塞拜疆进口更多优质特色产品，支持中国企业赴阿塞拜疆投资兴业，开展基础设施建设等领域合作。双方要深化国际运输和物流合作，促进亚欧运输走廊建设，提升区域互联互通水平。中国愿同阿塞拜疆加强医学领域交流合作，继续为阿塞拜疆抗击新冠疫情提供疫苗等帮助。中国脱贫攻坚战取得全面胜利，愿同阿塞拜疆加强交流合作，共同推动全球减贫事业。阿利耶夫表示，热烈祝贺中国共产党成立100周年，感谢中国为阿塞拜疆抗击新冠疫情提供医疗物资、疫苗等宝贵援助。两国在政治、经济、交通运输等各领域合作良好，为促进阿塞拜疆经济发展发挥了积极作用。阿塞拜疆欢迎更多中国企业赴阿投资，愿同中国就地区事务加强沟通合作。中国是阿塞拜疆的真正伙伴，阿塞拜疆过去、现在、将来都坚定支持中国在涉台、涉港、涉疆问题上的立场，愿同中国共同努力，推动两国全面战略伙伴关系不断发展。① 这将有助于进一步夯实两国合作的政治基础。

3. 文化基础

中国与阿塞拜疆自古代丝绸之路起就有了文明交流的历史，两国的文化纽带十分牢固。阿塞拜疆驻华大使阿克拉姆·杰纳利表示："从几百年前开始，中国文化一直在阿塞拜疆深受欢迎。阿塞拜疆人知道中国源远流长的历史，知道中国盛产茶叶，也对中国民俗传说、书法、音乐、戏剧等十分感兴趣。"阿塞拜疆人普遍对中国文化持好奇和喜爱的态度，杰纳利指出："我很喜欢中国音乐，尤其是琵琶，它的音色非常美妙。我还喜欢京剧，它与其他戏剧截然不同。"②对

① 《习近平同阿塞拜疆总统阿利耶夫通电话》，《人民日报》2021年6月3日。

② 《"想把中国灯会带回阿塞拜疆"——访阿塞拜疆驻华大使阿克拉姆·杰纳利》，《人民日报（海外版）》2020年1月31日。

中国文化充满热情的杰纳利在中国履职后，专门聘请中文老师，每天都确保抽出 1 个小时学习中文。他还给自己的中文学习定了一个“小目标”：两三年后能够用中文接受采访。

2015 年《中华人民共和国和阿塞拜疆共和国关于进一步发展和深化友好合作关系的联合声明》明确指出：双方愿进一步加强和扩大教育、文化、科技、环保、旅游、影视等领域合作；在教育领域的交流与合作，将进一步挖掘合作潜力，共同推动双边教育交流合作向前发展；开展多种形式的人文交流，商签和落实新的年度文化合作议定书，挖掘丝绸之路文化内涵，共同围绕丝绸之路主题举办文化活动；积极推动科技领域互利合作，充分发挥两国互补性，推进双边科技合作取得进展；发展双边、区域和国际领域的环保合作；加强旅游合作，积极创造条件促进双向旅游往来人数不断增长；加强广播影视交流合作，鼓励合作制作并相互播出反映两国历史文化、社会发展的广播影视作品，相互参加对方举办的广播影视节展。①

人文交流合作不断促进中阿两国民心相通，经贸合作也日益拉紧两国利益纽带。“中国茶、食品、高科技产品、家具、纺织品在阿塞拜疆很受欢迎。”杰纳利表示，阿塞拜疆红酒、果汁、果酱也在中国市场销路不错。目前阿塞拜疆红酒屋已经在乌鲁木齐、上海落户，未来希望进入北京、成都等更多中国城市。随着中国与阿塞拜疆共建“一带一路”的顺利推进，双方商品流通将更加顺畅。杰纳利强调，虽然阿塞拜疆是内陆国家，但得益于跨里海国际运输通道的建设，阿塞拜疆正在成为连接亚欧大陆的能源、交通、物流枢纽。共建“一带一路”与阿塞拜疆国家发展战略高度契合。阿塞拜疆跨里海国际运输通道建设与共建“一带一路”对接已产生明显效果。

① 《中华人民共和国和阿塞拜疆共和国关于进一步发展和深化友好合作关系的联合声明》，新华网，2015 年 12 月 11 日，http：//www. xinhuanet. com/world/2015 – 12/11/c_1117437272. htm。

2019年7月，从西安始发的中欧班列“长安号”仅用17天就顺利抵达巴库，这趟班列抵达巴库所用时间比海路快了近20天。这为中国和欧洲之间的货物运输提供了更便捷的通道。“阿塞拜疆从一开始就非常支持‘一带一路’倡议，我们也准备好了与中国共同努力完成目标，助力沿线国家实现共赢、共同繁荣。”①

（二）中国与阿塞拜疆能源合作现状

阿塞拜疆在南高加索地区占有能源地缘政治的重要地位。该国具有丰富的油气资源，而本国需求较少，有较大的能源出口潜力，目前已经吸引了众多西方石油公司来此“掘金”。但是，阿塞拜疆向国外输出能源资源的项目需要大量的资金支持。“在外高加索地区有些能源项目尚未确定的条件下，中国积极有效地参加与阿塞拜疆的能源合作，应该说是必要和可能的。”② 然而，阿塞拜疆油气领域竞争激烈。海上油气田基本被英国、美国、俄罗斯、法国等国际石油巨头瓜分。西方国家通过地缘优势、政治影响力和传统的经济联系，并凭借资金、技术等优势在油气勘探开发、管道建设、过境运输等领域已经抢占先机。随着里海石油开发步伐加快和外资的不断增加，阿塞拜疆开始重新审视包括外资政策在内的能源开发政策，确定了自主开发有利区块，引导外资开发高风险区块和项目的基本思路，并全面加强对外国公司作业和经营的监管。这使外国公司在阿塞拜疆面临的国有化风险不断加强，必须不断调整经营策略，以适应阿塞拜疆的变化。

与西方公司相比，中国企业进入阿塞拜疆油气领域较晚，中国

---

① 《“想把中国灯会带回阿塞拜疆”——访阿塞拜疆驻华大使阿克拉姆·杰纳利》，《人民日报（海外版）》2020年1月31日。

② 孙永祥：《从阿塞拜疆油气现状看外高加索地区的能源争夺》，《俄罗斯中亚东欧市场》2011年第3期。

在阿塞拜疆上游领域合作规模不大。中国石油企业2002年开始进入阿塞拜疆油气开发领域，先后获得了K&K油田开发、古布斯坦（Gobustan）勘探和Pirsagat老油田开发等项目的权益。目前，K&K项目是中国企业在阿塞拜疆唯一运营的上游项目。K&K油田是一个老油田，已经进入开发后期，中国石油公司能成功运营至今，主要是因为公司介入后，实现了老井持续稳产，与阿塞拜疆政府谈判，解决合同义务油问题；加强成本控制，实现安全生产、无污染事故，新项目开发工作得以进行；努力改善与阿塞拜疆当地政府、工会的关系，援建社区托儿所，资助当地员工特困家庭，并与阿塞拜疆国家石油公司各部门及高层建立了良好密切的关系。

近几年，随着共建“一带一路”的推进，两国能源合作不断深入，油气合作已延伸至下游领域。2017年5月，中国石油和阿塞拜疆国家石油公司签署了油气加工和石化综合体项目（OGPC）合作谅解备忘录。该项目是两国有史以来最大的合作项目，由两国企业、金融机构协同合作。项目实施对阿塞拜疆改善能源结构、提升当地经济发展动力具有重要意义，对拓展中国与南高加索地区国家的务实合作起到良好示范效应。[①] 2018年9月，中国石油东方地球物理勘探公司在巴库同阿塞拜疆国家石油公司联合签署了关于成立海上油气勘探合资公司的协议。合资公司将为阿塞拜疆及环里海区域的油气勘探提供采集、处理、装备等一体化服务，并将为阿塞拜疆培养更多的地球物理技术专业人才。此次海上油气勘探合资公司的成立，使双方合作向全产业链拓展，将进一步推动双方在各领域的合作。

同时，中国电工在阿塞拜疆参与330千伏输变电工程具有重要

① 张燕云等：《中国与阿塞拜疆油气合作前景分析》，《国际石油经济》2019年第8期。

意义。这是阿塞拜疆第一个授予中国电气设备公司的项目，充分展示了中国能源企业在阿塞拜疆能源市场上立足的能力，也为中国其他能源企业提供了信心和经验，促进了两国能源合作进一步向着更广阔的天地发展。巴库是阿塞拜疆的一个重要石油城，在阿塞拜疆的传统能源工业中发挥着不容小觑的作用。它是阿塞拜疆与其他能源消费国之间不可或缺的石油和天然气资源合作中心。2015 年，位于巴库东北约 20 千米的霍夫桑镇最近成为石油和天然气行业的焦点。2015 年 7 月底，中国长城 GW69 工作组钻探的 H1870 井在这里完成了试验。当地政府形容这口油井“可能会改变阿塞拜疆能源储量”。这一事件让阿塞拜疆这个曾经的“世界油库”被重新点燃，成为“希望的灯塔”。这个项目耗时很长，效果很好，测试进行了两次，持续了将近一个月。GW69 使用 10 毫米油嘴排放燃料，每天生产 130 吨轻质油和 60 万立方米天然气，最高日产量大于 500 吨。全球能源公司负责人伊戈尔·伊万诺维奇·克尔多达和政府官员在参观该油井后表示：“这口油井的成功钻探开创了阿塞拜疆钻探史上的一个新篇章，实现了阿塞拜疆多年来一直想实现的目标。”[①]这个事件也让中国和阿塞拜疆在能源合作上更加紧密，两国能源合作进程进入了巩固和深化的历史时期，取得了一系列重要成果。尽管不可避免地遇到了许多挑战和问题，但两国都在积极寻找对策，进一步促进能源合作。阿塞拜疆能源丰富，有着良好的能源发展前景，中国在能源领域也有着旺盛的需求和巨大的消费潜力，相信两国的能源合作有着光明的前景。

（三）阿塞拜疆在丝绸之路经济带建设中的前景

阿塞拜疆独立以后，中国是最早承认其独立的国家之一，两国

---

① ［阿塞拜疆］卡塔娜：《中国与阿塞拜疆能源合作路径》，《中国外资》2022 年第 18 期。

政府于1992年4月2日在巴库签署建交公报。经过近30年的发展，中国已成为阿塞拜疆第四大贸易伙伴，仅次于意大利、土耳其和俄罗斯；中国是阿塞拜疆第三大进口来源国，仅次于俄罗斯和土耳其；中国在阿塞拜疆对外出口国中位列第八，位于意大利、土耳其、以色列、俄罗斯、加拿大、捷克和德国之后。阿塞拜疆向中国出口的商品主要有石油、矿物燃料、塑料及其制品等；自中国进口商品比较多元化，主要有机械器具及零件、服装及服装配件、电器和音像设备、车辆及其零配件、家具和灯具等。[①] 中国提出共建“一带一路”以来，广泛受到沿线各国的关注和支持。阿塞拜疆明确提出自己是“积极参与者”。这一倡议将充分依靠中国与相关各国的双边协作机制，借助既有的、行之有效的区域合作平台，借用古代丝绸之路历史符号的同时积极发展中国与合作伙伴国家的经济合作伙伴关系，共同打造政治互信、经济融合的利益共同体，为欧亚地区的可持续发展提供崭新动力。

1. 阿塞拜疆在共建“一带一路”中的机遇

第一，政治经济形势总体稳定。21世纪初，阿塞拜疆开始进一步推动国家转型与发展。现任总统伊利哈姆·阿利耶夫自2003年10月28日初次当选总统后，于2008年10月、2013年10月、2018年4月三次连任总统职务，主政已近20年。2016年9月，阿塞拜疆以全民公投形式修改宪法，将总统任期由5年延长至7年。2017年2月，总统任命第一夫人梅赫丽班·阿利耶娃担任第一副总统。阿塞拜疆当局维稳能力较强，尽管反对派势力较弱，但政府还是采取坚决手段打压国内反对势力，严防“颜色革命”和乌克兰政治危机外

---

① 李勇慧：《浅析阿塞拜疆经济转型与“一带一路”倡议对接的战略合作》，《欧亚经济》2018年第3期。

溢至本国。同时，依托油气出口赚取外汇，加强对民生的改善，提高民众福利，加大反腐力度。因此，阿利耶夫总统的支持率一直保持在60%左右。阿塞拜疆对维护中国的核心利益态度明确。2015年两国发表联合声明，强调不参与任何有损对方国家主权、安全和领土完整的同盟或集团；不采取任何此类行动；不同第三国缔结此类条约；不允许在本国领土上成立任何损害对方国家主权、安全和领土完整的组织和团体，并禁止其活动。密切的经济合作将为两国在安全领域的合作提供牢固的平台，特别是对打击国内东突分裂势力和防范“三股势力”具有特别的意义。从国际组织和机构对阿塞拜疆未来中期走势的预判看，国民经济或在2%至3%的区间增长，价格涨幅在5%上下波动，大体呈现增长回稳、通胀趋降的态势。

第二，阿塞拜疆经济结构转型稳步推进。阿塞拜疆一直是世界上重要的能源生产国和出口国。早在苏联时期就是全苏联的油气中心，也是除俄罗斯以外唯一不依靠中央财政补贴就能够实现自给的加盟共和国。独立后，随着“世纪合同”的签署，阿塞拜疆进一步奠定了能源产业的立国基础。为应对资源依赖型产业结构受国际油价波动的影响较大，容易导致国内经济增长不稳定的状况，阿塞拜疆致力于推动国民经济多样化。为此，阿塞拜疆政府提出了中长期经济发展战略，其核心要点是大力发展非油气产业，降低对油气产业的过度依赖。阿塞拜疆早在2010年就开始进行产业结构的转型和发展战略的重构。2017年非油气领域发展取得一定成果。非油气领域的发展集中在农业、交通和旅游领域，政府推出一系列重点项目和优惠政策。一方面，大力发展农业。由于阿塞拜疆农业资源较为丰富，在发展非油气经济的过程中，重心适度向农业领域倾斜。根据2016年4月总统令成立的阿塞拜疆食品采购和供应股份公司，其宗旨在于促进国内农产品的生产和加工，实施政府订单中食品类商品集中采购。政府加大对农业基础设施的投入力度，制订了“40条道路项目”计划。这项计划得到国家投资，将在全国200多个村庄铺设道路，不仅给当地农民出行带来方便，而且为他们的产品运输到市场提供便利。“40条道路项目”计划将为阿塞拜疆的农业发展起到巨大的推动作用。另一方面，挖掘旅游业的发展潜力。2016年，阿塞拜疆总统签署命令，制定了发展旅游的战略路线图。为吸引游客，自2016年起阿塞拜疆逐步对东亚（包括中国）、西亚多个国家开放落地签证，并推出外国游客消费退税政策，游客人数大幅增加。[①]

第三，充分利用地理位置的优势，加大交通基础设施建设力度。阿塞拜疆希望以发展跨国交通为突破口，将阿塞拜疆的地缘战略优势转变为经济红利，恢复阿塞拜疆在“古丝绸之路”上的地位。“阿塞拜疆建设各类基础设施，目的就是重建从中国到伦敦的‘丝绸之路’。”[②] 阿塞拜疆提出复兴古“丝绸之路”的国家发展战略，力争将自身打造成连接亚欧大陆的重要枢纽。为此，阿塞拜疆政府参与了多个大型国际合作项目，形成了一定规模的交通基础设施运营网络，通过TRACECA（欧洲—高加索—亚洲运输走廊）、TITR（跨里海国际运输线路）、BTC（巴库—第比利斯—杰伊汉管线）、BTK（巴库—第比利斯—卡尔斯铁路）、TANAP（跨安纳托利亚天然气管道）、TAP（跨亚德里亚海天然气管道）等各区域交通项目为深度参与共建“一带一路”发挥了重要作用。[③] 地缘经济红利正在成为阿塞拜疆非油气经济发展的一个重要增长点，连接中国、欧洲国家以

---

① 李勇慧：《浅析阿塞拜疆经济转型与“一带一路”倡议对接的战略合作》，《欧亚经济》2018年第3期。

② 白联磊：《阿塞拜疆的“大丝绸之路”计划》，《世界知识》2016年第3期。

③ ［阿塞拜疆］布桑：《从阿塞拜疆的视角看中国“一带一路”及其在南高加索的机遇与挑战》，上海外国语大学硕士学位论文，2018年。

及独联体国家的铁路联运网包括集装箱过境运输，线路经过中国、哈萨克斯坦、阿塞拜疆、格鲁吉亚、土耳其，跨越亚洲、高加索到欧洲。与此同时，阿塞拜疆还大力推动“南北”运输走廊建设，从伊朗的列什特到阿塞拜疆的阿斯塔拉。海路主要连接里海沿岸各国，巴库海港成为里海地区最大、最繁忙的客运、货运、油品港口。在航空领域，阿塞拜疆境内共有 6 个国际机场，其中巴库机场是南高加索地区最为繁忙的机场。阿塞拜疆正在成为南高加索地区越来越重要的物流中转中心，其阿拉特港是中国、中亚国家和欧洲国家之间的货物运输和成功贸易的重要保障。从区域重要性来看，这将成为“新丝绸之路的重要节点”。[①] 跨国交通项目往往牵涉复杂的地缘政治博弈，对阿塞拜疆而言，无论是当前还是今后一段时期，最大限度利用国际环境都是该国发展所遵循的基本原则。

2. 阿塞拜疆在共建“一带一路”中的挑战

其一，当前南高加索地区安全形势严峻，存在诸多不确定性。首先“纳卡”问题仍然是地区安全的火药桶。由于 2015 年俄罗斯与土耳其关系恶化，“纳卡”地区停火线上的冲突在 2016 年 4 月和 2020 年 9 月以后愈加严重。随后俄罗斯与土耳其关系缓和，阿塞拜疆与亚美尼亚关系出现改善迹象，但是“纳卡”地区停火线上并不平静，双方小规模武装冲突逐渐常态化，纳卡局势进入新的发展阶段。其次，南高加索地区反恐任务艰巨。叙利亚的“伊斯兰国”恐怖分子被基本消灭后，仍存在小股势力回流到该地区的可能。再次，多元文化形成的地区冲突不断挑战着该地区的安全和稳定局势，并对该地区的能源设施构成威胁。最后，随着伊拉克库尔德人的独立

---

① ［阿塞拜疆］阿丽亚：《在丝绸之路经济带中的阿塞拜疆问题研究》，山东大学硕士学位论文，2018 年。

公决，美国要废除伊朗核协议，西亚、北非地区局势的不确定性增大。乌克兰危机爆发后，大国对南高加索地区利益的争夺异常激烈，博弈不断加深。此外，阿塞拜疆与地区大国土耳其关系密切，阿塞拜疆与伊朗的关系因为伊朗境内2500万阿塞拜疆族人而不冷不热。[①]南高加索地区国家间关系有进一步复杂化的趋势。

其二，阿塞拜疆的金融风险与贪腐现象阻碍本国发展。阿塞拜疆货币马纳特汇率的稳定性容易受到国际油价以及欧洲和俄罗斯等大型经济体货币波动的影响。2014年下半年国际油价大幅下跌以来，阿塞拜疆央行宣布取消马纳特的“盯住美元汇率”机制，实施自由浮动汇率。马纳特汇率已经历两次大幅贬值，外汇储备不断下降，外债比例不断攀升，外国投资风险增加。全球经济低迷、欧美对俄罗斯制裁、地区地缘政治危机波澜起伏以及各国量化宽松政策等，这些外部事件都给阿塞拜疆经济增长造成了不利影响。阿塞拜疆金融市场封闭，对本国金融资本实行高度保护。阿塞拜疆银行资金实力、国际认知度以及运营水平参差不齐，外资银行与其合作的愿望不强烈。由于阿塞拜疆国内银行体系脆弱，资本市场欠发达，银行业美元化程度高，缺乏有效的风险管理体系，金融体系易受外部环境冲击。目前，阿塞拜疆的金融风险已经显现，银行业不良贷款比重维持在20%的高水平。根据世界经济论坛（WEF）发布的《2017—2018年全球竞争力报告》，阿塞拜疆的银行稳定性在参与排名的137个经济体中位列第85。缺少稳定和长期的发展目标，导致阿塞拜疆金融体系难以适应复杂的新经济形势。不开放的金融市场导致对外资吸引力下降，据世界银行数据，2017年阿塞拜疆的外国直接投资净流入为28.7亿元，比上年下降36.3%。

① 李勇慧：《浅析阿塞拜疆经济转型与“一带一路”倡议对接的战略合作》，《欧亚经济》2018年第3期。

阿塞拜疆贪腐现象较为严重，行政效率低。2017 年，“透明国际”发布的全球清廉指数排名中，阿塞拜疆排名第 122 位。在世界银行公布的全球营商环境指数中，以获得建筑许可、获得电力和授信业务的情况来衡量行政效率，阿塞拜疆这 3 项指标的排名分别为第 127 位、第 118 位和第 105 位，反映出阿塞拜疆的行政效率较低。总体上看，阿塞拜疆还没有建立起健康发展的市场经济体制，这不仅在一定程度上制约了国家经济发展模式的切实转换，而且加大了外国企业的投资风险。①

其三，长期的环境污染是阿塞拜疆应对的重要问题。阿塞拜疆面临严重的水资源供应和水质问题。河流是主要的水源，地下水含水层提供耗水量的 10%。河流 70% 发源于境外（如土耳其、亚美尼亚、格鲁吉亚、伊朗和俄罗斯），对于阿塞拜疆控制水资源造成了一定难度，该国的水质也难以得到足够保障。阿塞拜疆人均水资源是亚美尼亚的 47%，是格鲁吉亚的 13%，是俄罗斯的 8%。使问题变得更为复杂的是，由于该国水源输送渠道管线化不足，导致大约 50% 的水源在途中就已损失掉，致使地下水位升高、盐碱化程度增加，还使灌溉用水面临短缺。在巴库—苏姆盖特地区以外，仅有 9% 的污水进行了生物处理，而有 36% 未进行任何处理。来自农业区的径流又将大量的化肥、杀虫剂、沉淀物排放到水中。阿塞拜疆 80% 的人口生活在没有现代化的供水和污水排放管网的地方。该国土壤资源也正在受到破坏，其原因包括风和水流的侵蚀、积水和盐碱化、过度使用无机肥料和杀虫剂、工业废物和大气中污染物的沉积等。因此，阿塞拜疆的内陆水源——河流、湖泊、水库和运河——中的鱼类正面临大量的污染物和沉积物进入水体和捕鱼业过度捕捞的严

① 张燕云等：《中国与阿塞拜疆油气合作前景分析》，《国际石油经济》2019 年第 8 期。

重威胁。[①]

总体来看，现阶段阿塞拜疆政府注重经济结构的优化和调整，重视非油气经济的发展，寻求注入新的活力以带动经济的多元化发展以此来完成经济结构的转型。产业结构单一和对油气工业的严重依赖，使阿塞拜疆政府重视经济结构的调整，强调非油气产业的发展，但是在短时间内依赖油气的经济结构是不容易改变的。另外，阿塞拜疆的金融市场比较封闭，缺乏有效的风险管理并且金融体系易受外部环境冲击，这不利于共建“一带一路”的资金融通，对于两国的金融合作也有一定的阻碍。因此在改善阿塞拜疆国内营商、投资环境，完善基础设施等方面还需要做出更大的努力，这对于阿塞拜疆发展战略与共建“一带一路”顺利对接非常必要。从外部情况来看，地区热点、多元文化以及外部势力的干预和争夺在一定程度上会使中国与阿塞拜疆的合作具有不确定性。[②]

阿塞拜疆是亚欧大陆的“心脏地带”和东西南北交通走廊交会的“十字路口”，地理位置十分重要。共建“一带一路”为该国与中国在贸易、能源、科技、信息、农业和旅游业等多个领域的合作创造了新的机会。尽管复杂的地区形势给两国深度合作带来了一些不确定因素，但阿塞拜疆政府一直在努力使该国成为欧洲和亚洲之间的桥梁。从地理距离来看，中国与阿塞拜疆距离较远，但是两国民间交往历史悠久。在共建“一带一路”不断推进的过程中，中阿之间不断拓展的合作将为两国发展乃至欧亚地区的繁荣注入新的生机活力。

---

① ［美］纳皮尔·谢尔顿、孙颖：《阿塞拜疆的环境现状及展望》，《AMBIO—人类环境杂志》2003 年第 4 期。

② 马小妹、陈菊霞：《“一带一路”倡议下中国与阿塞拜疆的新型合作及其前景探析》，《四川省社会主义学院学报》2020 年第 3 期。

结　　语

南高加索地区凝结着亚欧大陆人类文明的交会，也承受着世界范围内域外大国的角逐博弈，是大变局时代全球地缘政治的现实缩影。

格鲁吉亚为摆脱苏联和俄罗斯的地缘压制并融入欧盟和北约，付出了巨大努力。在俄罗斯与西方关系充满不确定性的今天，地处复杂敏感地带的格鲁吉亚确立欧盟联系国地位，折射出该国与俄罗斯千丝万缕的关系以及欧亚地区复杂的历史和地缘政治现实。一方面，由于夹在俄罗斯和美国之间，格鲁吉亚在具备一系列地缘意义和优势的同时，也相应地有着诸多地缘战略风险，包括政治、经济和军事三方面，国内和周边局势在相当长的时期内都始终存在变数。另一方面，作为古代丝绸之路上的关键地区，格鲁吉亚也期待在共建“一带一路”中扮演重要角色。2018 年，中国与格鲁吉亚自由贸易协定，正式生效，这是中国签署生效的第 15 个自贸协定，也是中国与丝绸之路经济带合作伙伴国家签署的首个自贸协定。该协定的生效会对促进两国贸易便利化、自由化产生积极影响。作为丝绸之路经济带上据守亚洲和欧洲门户的重要节点国家，格鲁吉亚对丝绸之路经济带倡议的重视程度较高，加之该国国内政治和社会形势目前基本保持稳定，有意愿为丝绸之路经济带建设提供相对安全的和平环境。因此这条新时代的“丝绸之路”将成为两国之间的一条共赢之路，既有助于格鲁吉亚在实现其战略发展目标的道路上稳步推进，为人民带来福祉，也有助于提高中国在南高加索地区的认同感和影响力。

亚美尼亚经济社会发展正经历从低谷到复苏的过程，地缘环境更加错综交织。南高加索三国的领土紧密衔接，但风格各有不同。东边的格鲁吉亚毗邻黑海，与俄罗斯接壤，两国关系曾十分密切，但2008年俄格冲突后，关系出现震荡，格鲁吉亚日益向北约和欧盟靠拢；西边的阿塞拜疆毗邻里海，能源储备丰富，令众多国家艳羡，其世俗化的伊斯兰教信仰也能够在中亚和中东地区国家中博得一席之地；唯独夹在中间的亚美尼亚从资源禀赋到地缘优势均难以与上述两国相提并论，因而长期以来不得不凭借其善于经商的传统和海外离散族裔的影响力，在逆境中求生，一方面时常表现出哀婉悲切的内在气质，另一方面也具有坚韧不拔的精神和强烈的民族凝聚力。亚美尼亚是拥有悠久历史和灿烂文化的文明古国，传说挪亚方舟曾停泊于此，《圣经》中的伊甸园也在这片土地上。考古发现，亚美尼亚的文明痕迹最早可追溯至公元前4000年。中国和亚美尼亚虽远隔万里，但双方友好交往的历史源远流长。2000多年前，古老的丝绸之路将中国和亚美尼亚紧密连接在一起。建交30年来，中国与亚美尼亚一直保持着良好的双边关系，亚美尼亚也对深度参与共建“一带一路”抱有强烈意愿，并具备一定的基础条件，能够为共建“一带一路”在该地区的拓展营造有利环境。尽管亚美尼亚从地缘政治现状看还存在一定风险性和不确定性，但从长远看，该国通过积极参与共建“一带一路”，将为中国及沿线发展中国家的合作共赢带来更多助力、便利与机遇。

阿塞拜疆以等距离外交政策为出发点，既加强与美国等西方国家合作，也注重保持并改善与俄罗斯、中国等国的关系。阿塞拜疆的基本立场在于，要在俄罗斯与美国围绕里海地缘政治和能源战略之争的夹缝中求生存，就必须与这两个大国搞好关系，取得自身的最大利益。所有这些都奠定了阿塞拜疆独特而重要的地缘政治地位。该国与格鲁吉亚、土耳其、伊朗等国也都建有战略合作与伙伴关系，甚至与宗教信仰完全不同的以色列也建立起了战略合作关系，在相互冲突的文明和大国的夹缝中左右逢源、游刃有余而又保持自主。多年来，中国与阿塞拜疆交流频繁，就共建“丝绸之路经济带”和深化各领域务实合作达成重要共识，对双方关系未来发展作出全面规划和战略部署，为两国经贸关系的发展注入强大动力。以共建“丝绸之路经济带”为引领，两国在油气、基础设施建设、产能与装备制造、交通、物流、可再生能源、冶金、信息通信、农业、工业园区建设、高新技术产业、旅游业等领域都有巨大的合作潜力。共建“一带一路”有助于阿塞拜疆保持其在南高加索的优势地位，充分发挥着其作为过境国在全球贸易的重要作用。阿塞拜疆各界为传统能源国家经济转型提供了难得的历史机遇，阿塞拜疆有意愿充分利用自己位于亚欧接合部的地缘区位优势，积极响应和参与该倡议。

共建“一带一路”倡议提出以来，中国与南高加索三国围绕推动发展战略对接这一主线，将“五通”作为共建“一带一路”的重点领域和优先方向，取得了令人瞩目的成绩。但是，随着“一带一路”建设向纵深推进，“在多重因素的影响下，南高加索地区越来越受到域外国家的重视，各国在此展开激烈博弈，带来了政治、安全、经济等方面的风险和挑战”。① 中国和南高加索三国应该把握机遇、正视挑战、规避风险，不断提升互联互通水平，打造通往欧洲的南高加索走廊，让共建“一带一路”实现硬连通、软连通和心连通的有机统一，开拓出一条造福各国、惠及亚欧大陆的幸福路。

① 丁鹏：《中国与南高加索国家共建“一带一路”的风险与应对》，《西伯利亚研究》2022 年第 5 期。

参考文献

一　中文文献

（一）专著

［英］埃里克·霍布斯鲍姆：《民族与民族主义》（第 2 版），李金梅译，上海人民出版社 2020 年版。

［英］彼得·弗兰科潘：《丝绸之路：一部全新的世界史》，邵旭东、孙芳译，浙江大学出版社 2016 年版。

［英］彼得·霍普柯克：《新大博弈：一战中亚争霸记》，邓财英译，民主与建设出版社 2020 年版。

常颖、田欣欣：《“一带一路”国别概览：亚美尼亚》，大连海事大学出版社 2018 年版。

李敬等：《“一带一路”相关国家贸易投资关系研究：俄罗斯、蒙古、独联体其他六国》，经济日报出版社 2017 年版。

［苏］苏联百科全书出版社学术委员会、苏联科学院历史学部编：《世界历史百科全书（人物卷）》，商务印书馆 1992 年版。

刘文旭、梁影编：《“一带一路”国别概览：格鲁吉亚》，大连海事大学出版社 2018 年版。

［美］罗伯特·D. 卡普兰：《即将到来的地缘战争：无法回避的大国冲突及对地理宿命的抗争》，涵朴译，广东人民出版社 2016 年版。

［德］马克思、恩格斯：《共产党宣言》，中共中央马克思恩格斯列宁斯大林著作编译局编译，人民出版社 2014 年版。

［苏］涅尔西襄：《邵武勉：为共产主义而奋斗的光辉战士》，金星译，新知识出版社 1955 年版。

裴长洪、［阿塞拜疆］纳吉姆·伊曼诺夫主编：《中国与阿塞拜疆经济比较研究》，中国社会科学出版社 2018 年版。

［法］让－皮埃尔·马艾：《从埃及到高加索：探索未知的古文献世界》，阿米娜等译，生活·读书·新知三联书店 2015 年版。

任飞、狄飞：《中亚五国与南高加索三国投资环境》，经济科学出版社 2018 年版。

［美］斯塔夫里阿诺斯：《全球通史：从史前史到 21 世纪》（第 7 版/修订版），吴象婴等译，北京大学出版社 2012 年版。

王利众等编：《“一带一路”国别概览：阿塞拜疆》，大连海事大学出版社 2018 年版。

［美］威廉·恩道尔：《“一带一路”共创欧亚新世纪》，戴健译，中国民主法制出版社 2016 年版。

薛力：《“一带一路”与“亚欧世纪”的到来》，中国社会科学出版社 2016 年版。

于立新等编：《国家战略：“一带一路”政策与投资沿线若干国家案例分析》，浙江大学出版社 2016 年版。

郑云天：《地缘政治节点上的亚美尼亚》，中国社会科学出版社 2023 年版。

郑云天：《地缘政治节点上的阿塞拜疆》，中国社会科学出版社 2023 年版。

郑云天：《“一带一路”国别研究：格鲁吉亚地缘政治分析》，中国社会科学出版社 2020 年版。

(二) 期刊

[法] S·拉克鲁瓦等:《亚美尼亚沃罗特纳小水电站的重建》,《水利水电快报》2009 年第 2 期。

[格] 安娜:《“一带一路”倡议下中国与格鲁吉亚贸易竞争性与互补性研究》,《商场现代化》2023 年第 1 期。

巴士奇、牛雪利、姚宇阳、陈瑛:《基于地缘位势模型的中国与南高加索三国地缘关系探讨》,《地理科学进展》2022 年第 11 期。

白联磊:《阿塞拜疆的“大丝绸之路”计划》,《世界知识》2016 年第 3 期。

白晓光:《独联体国家发生颜色革命的文化因素及给我国带来的启示》,《西伯利亚研究》2016 年第 3 期。

柏舟:《阿塞拜疆和亚美尼亚的恩怨从何说起》,《党员文摘》2020 年第 11 期。

包艳、崔日明:《“丝绸之路经济带”框架下中国—格鲁吉亚自由贸易区建设研究》,《辽宁大学学报(哲学社会科学版)》2017 年第 1 期。

毕洪业:《俄罗斯与美欧在阿塞拜疆油气管线上的争夺及前景》,《国际石油经济》2014 年第 Z1 期。

车效梅、张静雪:《17 世纪波斯亚美尼亚人跨区域贸易网络的形成、发展与地位》,《西亚非洲》2023 年第 1 期。

陈爱茹:《格鲁吉亚、亚美尼亚、阿塞拜疆三国共产主义运动评析》,《当代世界与社会主义》2014 年第 5 期。

褚颖春:《俄罗斯对格鲁吉亚的国家地缘政治解析》,《成都大学学报(社会科学版)》2009 年第 5 期。

[阿塞拜疆] 道明:《试析阿塞拜疆在俄美对外战略中的地位》,《俄罗斯学刊》2011 年第 4 期。

邓浩：《纳卡战争后的亚美尼亚政局动荡不休》，《世界知识》2021年第7期。

邓浩：《中亚和外高加索地区形势的演变及其走向》，《俄罗斯东欧中亚研究》2017年第6期。

丁鹏：《中国与南高加索国家共建“一带一路”的风险与应对》，《西伯利亚研究》2022年第5期。

杜春国等：《阿塞拜疆油气工业综述》，《国际石油经济》2012年第8期。

段君泽：《亚美尼亚大规模抗议事件探析》，《国际研究参考》2015年第7期。

［阿塞拜疆］福阿德·纳季耶夫：《发展旅游业是阿塞拜疆的战略目标》，《中国会展》2019年第23期。

方亮：《震撼独联体的“格鲁吉亚新路”》，《南风窗》2012年第25期。

［格］弗拉基米尔·帕帕瓦、王凡妹：《格鲁吉亚在后革命时代的经济成就：误区与现实》，《北京科技大学学报（社会科学版）》2017年第6期。

［格］弗拉基米尔·帕帕瓦、徐晓岚：《处于地缘十字路口的格鲁吉亚及其战略选择》，《国际展望》2018年第2期。

关钢：《世界经济危机对亚美尼亚经济的影响》，《俄罗斯中亚东欧市场》2010年第2期。

管玉红、高国伟：《“一带一路”倡议下中国—亚美尼亚产能合作研究》，《国别和区域研究》2020年第4期。

郭秉鑫、黄子逸、刘子煇、王梓杭：《格鲁吉亚军队北约化缘何牵动世界神经》，《军事文摘》2023年第5期。

胡健：《近代历史上的亚美尼亚问题》，《求索》2005年第8期。

黄孟芳、卢山冰、余淑秀：《以“欧亚经济联盟”为标志的独联体经济一体化发展及对“一带一路”建设的启示》,《人文杂志》2015 年第 1 期。

［哈］吉戈尔·贾那布尔、朱世恒:《对欧亚经济联盟及其表现的初步评估》,《东北亚经济研究》2019 年第 6 期。

［俄］季莫菲·博尔达切夫、周佳:《中国可靠的合作伙伴——欧亚经济联盟这五年》,《中国投资(中英文)》2020 年第 1 期。

贾迎亮、张雅梅:《阿塞拜疆多元文化政策探析》,《西伯利亚研究》2019 年第 5 期。

姜磊:《外高加索国家与俄罗斯安全关系的双重结构分析》,《俄罗斯东欧中亚研究》2014 年第 1 期。

［亚］卡拉佩特·卡连强、徐燕霞:《世界新秩序和亚美尼亚安全》,《俄罗斯中亚东欧研究》2009 年第 3 期。

［阿塞拜疆］卡塔娜:《中国与阿塞拜疆能源合作路径》,《中国外资》2022 年第 18 期。

康杰:《亚美尼亚与阿塞拜疆再起冲突》,《世界知识》2022 年第 20 期。

［阿塞拜疆］拉希姆·穆萨别科夫:《处于地缘政治利益交叉口的阿塞拜疆共和国》,《东欧中亚市场研究》1999 年第 6 期。

李福泉、张雅梅:《多维视角下的阿塞拜疆什叶派问题》,《阿拉伯世界研究》2021 年第 1 期。

李静雅:《亚美尼亚“天鹅绒革命”初探》,《国际研究参考》2019 年第 1 期。

李世辉、贺雨佳:《格鲁吉亚统一共产党的历史演变与发展前景》,《当代世界社会主义问题》2022 年第 4 期。

李勇慧:《浅析阿塞拜疆经济转型与“一带一路”倡议对接的战略合作》,《欧亚经济》2018 年第 3 期。

梁强:《石油与革命——对阿塞拜疆当前政局的一种解释》,《南风窗》2005 年第 13 期。
梁雪秋：《独联体国家“颜色革命”的危机背景研究》，《经济研究导刊》2016 年第 20 期。
刘馨蔚：《亚美尼亚经济受疫情冲击大 电商发展成“重头戏”》，《中国对外贸易》2021 年第 9 期。
刘燕平：《世界一些大石油公司积极参加阿塞拜疆里海油气田的开发》，《东欧中亚市场研究》1998 年第 3 期。
陆齐华：《美国地缘战略中的亚美尼亚》，《东欧中亚研究》2001 年第 5 期。
吕萍：《格鲁吉亚与丝绸之路经济带倡议：态度、意义与前景》，《俄罗斯学刊》2016 年第 5 期。
吕萍：《格鲁吉亚在“一带一盟”对接中的作用》，《欧亚经济》2016 年第 5 期。
［美］罗兰：《中国在东欧及南高加索地区的规划》，杨莉编译，《国外社会科学》2019 年第 2 期。
马小妹、陈菊霞：《“一带一路”倡议下中国与阿塞拜疆的新型合作及其前景探析》，《四川省社会主义学院学报》2020 年第 3 期。
马晓华：《近年中国和亚美尼亚两国的双边关系》，《中外企业家》2015 年第 2 期。
［美］纳皮尔·谢尔顿、孙颖：《阿塞拜疆的环境现状及展望》，《AMBIO—人类环境杂志》2003 年第 4 期。
潘金宽：《阿塞拜疆和亚美尼亚在纳卡的恩怨情仇》，《军事文摘》2021 年第 1 期。
裴超、Aura Fu：《中国和阿塞拜疆旅游合作将富有成果——专访阿塞拜疆旅游局局长福阿德·那黑耶夫》，《中国会展》2019 年第 21 期。
秦彦洋、昝涛：《“亚美尼亚大屠杀”用词之争折射土美关系深层分歧》，《世界知识》2021 年第 12 期。

［法］让－皮埃尔·马艾：《亚美尼亚人和中国》，《复旦学报（社会科学版）》2014 年第 3 期。

沈剑锋：《阿塞拜疆的石油地位与国际石油合作》，《国际石油经济》2005 年第 7 期。

沈健：《亚美尼亚进入“一带一路”电影合作视野》，《世界知识》2018 年第 24 期。

沈骚：《漫步“童话国度”——亚美尼亚》，《就业与保障》2019 年第 20 期下。

舒笙：《亚美尼亚：在夹缝中生存》，《国际展望》1996 年第 19 期。

宋艳梅：《阿塞拜疆对里海石油的开发和管道运输》，《东欧中亚市场研究》2000 年第 3 期。

孙超：《南高加索安全复合体的生成困境探析》，《俄罗斯研究》2017 年第 2 期。

孙敬明：《211 辆中通客车成功发往亚美尼亚》，《人民公交》2021 年第 8 期。

孙永祥：《从阿塞拜疆油气现状看外高加索地区的能源争夺》，《俄罗斯中亚东欧市场》2011 年第 3 期。

孙玉华、任雪梅：《中国与亚美尼亚关系的历史、现状及前景展望》，《东北亚外语研究》2018 年第 1 期。

孙壮志：《欧亚区域秩序变革与中国—中亚关系》，《当代世界》2023 年第 6 期。

孙壮志、王海媚：《21 世纪以来中国的中亚研究：进展与不足——孙壮志研究员访谈》，《国际政治研究》2019 年第 2 期。

谈谈、李娟娟：《阿塞拜疆：镶嵌在丝路上的一颗明珠——“一带一路”上的产油国之二》，《石油知识》2017 年第 2 期。

［日］田畑朋子、封安全：《苏联解体后阿塞拜疆人口动态》，《西伯

利亚研究》2018 年第 6 期。
汪金国、王志远：《论冷战后俄罗斯对南高加索战略的演变》，《俄罗斯中亚东欧研究》2009 年第 5 期。
汪金国、杨忞：《外高加索三国的“去俄罗斯化”：动因、路径、影响及前景》，《俄罗斯东欧中亚研究》2022 年第 6 期。
王晨星、姜磊：《欧亚经济联盟的理论与实践——兼议中国的战略选择》，《当代亚太》2019 年第 6 期。
王晨星：《欧亚经济联盟发展态势评估及中国的战略选择》，《世界知识》2020 年第 6 期。
王凡妹、［格］Kristina Papia、王子轩：《20 世纪 90 年代以来的格鲁吉亚经济状况研究——以欧盟、俄罗斯及国际金融组织关系为视点的分析》，《北京科技大学学报（社会科学版）》2017 年第 1 期。
王莉莉：《阿塞拜疆“线上推介”招商引资不停步》，《中国对外贸易》2020 年第 5 期。
王郦久：《南奥赛梯冲突及其影响》，《国际资料信息》2008 年第 9 期。
王淼：《政府助推：阿塞拜疆高质量葡萄酒进入中国市场》，《中国质量万里行》2019 年第 10 期。
王鸣野：《亚美尼亚的人口发展趋势及其影响》，《新疆社会科学》2019 年第 2 期。
王然：《阿塞拜疆石油工业史述略》，《西安石油大学学报（社会科学版）》2013 年第 6 期。
韦进深：《欧亚经济联盟的制度设计与“一带一盟”对接的模式与路径》，《国际关系研究》2020 年第 2 期。
魏明：《阿塞拜疆共和国职业教育现状与发展趋势》，《深圳职业技术学院学报》2018 年第 4 期。
吴鹏：《格鲁吉亚——背弃俄罗斯转投北约》，《当代世界》2006 年第11期。

肖斌：《2012年中亚及外高加索国家经济社会发展报告》，《俄罗斯中亚东欧市场》2013年第2期。

肖斌、张晓慧：《日本与中亚及外高加索地区的能源关系：政策及实践》，《新疆社会科学》2013年第2期。

肖斌：《中国中亚研究：知识增长、知识发现和努力方向》，《俄罗斯东欧中亚研究》2019年第5期。

肖影：《独联体地区国家贸易便利化进展评析》，《俄罗斯研究》2014年第4期。

徐坡岭、韩爽：《中东欧独联体政治经济转型20年：约束条件与转型政策、策略选择》，《俄罗斯研究》2011年第5期。

徐坡岭、黄茜：《地缘与区域生产分工网络对亚美尼亚经济发展的影响》，《欧亚经济》2019年第5期。

徐坡岭、那振芳：《亚美尼亚经济一体化选择及在"一带一路"建设中的机遇》，《俄罗斯学刊》2018年第1期。

许涛：《阿塞拜疆：里海西岸的明珠》，《中国投资》2015年第10期。

杨进：《饱经风霜的民族——亚美尼亚人》，《俄罗斯中亚东欧市场》2008年第6期。

杨进：《亚美尼亚：亚拉腊山一般的民族》，《世界知识》2007年第24期。

杨进：《亚美尼亚"天鹅绒革命"及其逻辑》，《世界知识》2018年第10期。

杨进：《亚美尼亚政局将进入动荡期吗》，《世界知识》2016年第16期。

杨进：《亚美尼亚政治危机探析——兼论中国与亚美尼亚"一带一路"合作》，《俄罗斯东欧中亚研究》2019年第5期。

杨进：《欧美国家的亚美尼亚人》，《世界知识》2012 年第 5 期。
杨进：《小国大角色——地缘政治中的格鲁吉亚》，《世界知识》2014 年第 15 期。
杨进：《中俄与南高加索三国外交关系模式比较及辨析》，《俄罗斯学刊》2020 年第 5 期。
杨忞、汪金国：《“一带一路”背景下中国与外高加索三国教育文化交流》，《甘肃教育研究》2022 年第 4 期。
杨石乔：《亚美尼亚移民的血泪与欢歌》，《戏剧文学》2008 年第 12 期。
[亚] 阿依科·马尔季罗相：《亚美尼亚的经济发展与后苏联时代的对外经济联系》，《俄罗斯中亚东欧市场》2009 年第 2 期。
[亚] 阿依科·马尔季罗相：《亚美尼亚加入欧盟的前景分析》，《俄罗斯中亚东欧研究》2008 年第 3 期。
殷晓阳：《阿塞拜疆军力及军贸发展现状》，《国防科技工业》2018 年第 9 期。
于洪君：《格鲁吉亚在兄弟阋墙的浩劫中痛苦挣扎》，《东欧中亚研究》1996 年第 2 期。
俞毅、潘奇杰：《中国同独联体国家自贸区建设的经济效应分析——基于“欧亚经济联盟”背景下》，《当代经济》2016 年第 12 期。
袁剑：《欧亚边疆：中国知识视野中的亚美尼亚形象变迁及其时代性》，《俄罗斯研究》2021 年第 5 期。
曾向红：《深入研究中亚地区合作的意义与路径》，《国际关系研究》2020 年第 2 期。
曾向红、杨恕：《中国中亚研究 30 年来进展评估——基于观察视角与研究主题的评估框架》，《国际观察》2020 年第 6 期。
曾向红：《“一带一路”倡议的智力支持——中亚研究的现状与未来》，《国际展望》2016 年第 5 期。

张海朋、刘卫东、刘志高：《“一带一路”倡议下中国与重要节点地区的贸易格局及影响因素——以外高加索国家为例》，《地理与地理信息科学》2021 年第 1 期。
张弘：《独联体经济一体化中的认同困境》，《俄罗斯东欧中亚研究》2014 年第 3 期。
张弘：《民族主义与政治转型的相互影响——以亚美尼亚为案例的研究》，《俄罗斯东欧中亚研究》2018 年第 3 期。
张晋、赵建粮：《亚美尼亚地质矿产及矿业开发概况》，《地质与资源》2023 年第 2 期。
张晓玲、梁英超：《浅析亚美尼亚和阿塞拜疆关系正常化的阻碍性因素》，《西伯利亚研究》2013 年第 6 期。
张晓涛、蒙思丞：《“一带一路”倡议下的中国与亚美尼亚能源合作》，《海外投资与出口信贷》2019 年第 2 期。
张燕云等：《中国与阿塞拜疆油气合作前景分析》，《国际石油经济》2019 年第 8 期。
郑异凡：《格鲁吉亚民主共和国及其被兼并》，《探索与争鸣》2011 年第 2 期。
郑云天、［亚］那斯雅：《亚美尼亚在“一带一路”倡议中的定位、认知与前景》，《党政研究》2020 年第 5 期。
郑云天：《议题 · 特征 · 动因：欧亚地区智库关于新时代中国大国担当的再审视》，《教学与研究》2023 年第 1 期。
中国驻亚美尼亚使馆经商参处：《亚美尼亚需要中国的优质商品》，《中国经贸》2013 年第 8 期。
《重庆与阿塞拜疆纳希切万自治共和国签订关于建立友好合作关系备忘录》，《重庆与世界》2021 年第 5 期。
周媛、丛鹏：《解读俄美博弈格鲁吉亚的地缘战略因素》，《国际观察》2008 年第 2 期。

（三）学位论文

［亚］Armine Harutyunyan：《亚美尼亚旅游业及“中”“亚”旅游发展研究》，山西大学硕士学位论文，2016 年。

［亚］Bella Uasilyan：《IT 行业对亚美尼亚经济增长的影响研究》，江西财经大学硕士学位论文，2018 年。

［亚］Gasparyan Gevorg：《论析亚美尼亚族群在所在国外交决策中的影响及其局限性——以美国和俄罗斯为例》，吉林大学博士学位论文，2019 年。

［亚］Gevory Gasparyan：《非对称同盟之间的贸易——以俄罗斯与亚美尼亚在南高加索地区的同盟与贸易为例》，吉林大学硕士学位论文，2016 年。

［亚］Hakob Abrahamyan：《亚美尼亚竞争力提升问题研究——以农业和食品加工业为例》，武汉理工大学硕士学位论文，2012 年。

［亚］Hripsime Aghabekyan：《亚美尼亚吸引外资影响因素实证研究》，江西财经大学硕士学位论文，2018 年。

［格］Nona Songulashvili：《格鲁吉亚的可持续发展及绿色能源计划项目研究》，厦门大学硕士学位论文，2014 年。

［阿塞拜疆］阿丽亚：《在丝绸之路经济带中的阿塞拜疆问题研究》，山东大学硕士学位论文，2018 年。

［阿塞拜疆］阿诺：《“一带一路”背景下阿塞拜疆与中国贸易关系研究》，首都经济贸易大学硕士学位论文，2018 年。

［阿塞拜疆］艾达：《阿塞拜疆参与中国“一带一路”倡议的影响与对策研究》，安徽大学硕士学位论文，2019 年。

［阿塞拜疆］布桑：《从阿塞拜疆的视角看中国“一带一路”及其在南高加索的机遇与挑战》，上海外国语大学硕士学位论文，2018 年。

［阿塞拜疆］道明：《阿塞拜疆在欧亚格局中的战略地位研究》，外交学院博士学位论文，2011 年。

［阿塞拜疆］法伊克：《阿塞拜疆与中国“新丝绸之路经济带”倡议倡议：地缘经济政治意义与阿中关系》，南京大学硕士学位论文，2016 年。

［阿塞拜疆］杰伊洪：《中国品牌手机在阿塞拜疆市场营销策略调查研究》，安徽大学硕士学位论文，2017 年。

［阿塞拜疆］拉海姆：《贸易开放度对阿塞拜疆经济增长的影响》，大连理工大学硕士学位论文，2014 年。

［格］陆雅晴：《中国与格鲁吉亚关系的现状分析与未来展望》，华中师范大学博士学位论文，2016 年。

［格］玛莉雅：《冷战以来格鲁吉亚与中国双边关系分析》，华中师范大学硕士学位论文，2012 年。

［亚］安娜：《〈骆驼祥子〉在亚美尼亚的传播》，华东师范大学硕士学位论文，2012 年。

［亚］盖夫：《中国与亚美尼亚经济合作及其增长》，复旦大学硕士学位论文，2009 年。

［亚］郜勇（Koryun Ghazaryan）：《亚美尼亚与俄罗斯的关系探析》，吉林大学硕士学位论文，2014 年。

［亚］露西娜：《来自国际贸易的技术外溢——以亚美尼亚和中国为例》，复旦大学博士学位论文，2005 年。

［亚］梅里妮·索菲扬：《南高加索经济走廊和中国“一带一路”亚美尼亚观点》，厦门大学硕士学位论文，2018 年。

［亚］米丽娜：《亚美尼亚的汉语教育》，陕西师范大学硕士学位论文，2015 年。

韩亚伟：《冷战后俄罗斯对阿塞拜疆政策研究》，兰州大学硕士学位论文，2014 年。

李迪：《亚美尼亚民族主义与纳卡冲突的爆发》，华东师范大学硕士学位论文，2019年。

梁英超：《苏联解体后的俄罗斯与格鲁吉亚关系研究》，北京外国语大学博士学位论文，2016年。

宋波：《苏联解体后俄罗斯与阿塞拜疆的关系研究》，黑龙江大学硕士学位论文，2015年。

王皓：《试析亚美尼亚大屠杀与美国的反应》，云南大学硕士学位论文，2018年。

吴彦：《格鲁吉亚"玫瑰革命"中的美国因素分析》，外交学院硕士学位论文，2007年。

武志杰：《离散族裔对母国影响评析——基于俄美亚美尼亚离散族裔的比较》，华东师范大学硕士学位论文，2018年。

（四）报纸

《格鲁吉亚总理加里巴什维利：推动人文交流将增进两国友谊》，《北京日报》2023年7月31日。

《"古阿姆"集团强化四国合作以应对俄罗斯压力》，《中国青年报》2018年10月9日。

关健斌：《格鲁吉亚："玫瑰革命"四年之痒》，《中国青年报》2007年11月13日。

何南楠、海镜：《北约与格鲁吉亚"相拥"不易》，《解放军报》2018年8月11日。

兰顺正：《纳卡冲突迎来停火的背后》，《解放军报》2020年11月17日。

刘旭颖：《加力向东看，阿塞拜疆期待更多》，《国际商报》2020年8月17日。

柳直：《英国"脱欧"，格鲁吉亚愿意填补空缺》，《环球时报》2019

年5月16日。
渠洋：《格鲁吉亚危机："玫瑰革命"的"二次革命"》，《世界报》2007年11月14日。
沈之杰、邵立君：《中国与格鲁吉亚自贸协定正式生效》，《中华合作时报》2018年1月5日。
隋鑫等：《格鲁吉亚骚乱，西方插手》，《环球时报》2023年3月10日。
田二龙：《牵手亚美尼亚》，《人民日报》2015年8月14日。
《"我们会积极参与'一带一路'建设"——访亚美尼亚驻华大使谢尔盖·马纳萨良》，《人民日报》2016年6月29日。
《习近平出席欧亚经济联盟第二届欧亚经济论坛全会开幕式并致辞》，《人民日报》2023年5月25日。
习近平：《高举中国特色社会主义伟大旗帜　为全面建设社会主义现代化国家而团结奋斗——在中国共产党第二十次全国代表大会上的报告》，《人民日报》2022年10月26日。
《习近平同阿塞拜疆总统阿利耶夫通电话》，《人民日报》2021年6月3日。
《"想把中国灯会带回阿塞拜疆"——访阿塞拜疆驻华大使阿克拉姆·杰纳利》，《人民日报海外版》2020年1月31日。
笑飞：《中亚与南高加索地区问题研讨会召开》，《中国社会科学院院报》2003年11月13日。
杨子岩、胡楠：《格鲁吉亚：第二次玫瑰革命?》，《人民日报海外版》2009年4月18日。
张全：《纳卡博弈："暗战"可能取代"热战"》，《解放军报》2020年12月8日。
赵忠奇：《亚阿同意相互承认领土完整》，《文汇报》2023年5月27日。

郑青亭:《亚美尼亚:“诺亚方舟之国”静候中国投资者》,《21 世纪经济报道》2017 年 8 月 21 日。

《中华人民共和国与格鲁吉亚关于建立战略伙伴关系的联合声明》,《人民日报》2023 年 8 月 1 日。

周翰博:《五国签署〈里海法律地位公约〉》,《人民日报》2018 年 8 月 14 日。

二 外文文献

(一) 专著

Christopher J. Walker, *Armenia: The Survival of A Nation*, London: Croom Helm, 1980.

Edited by Mher Sahakyan and Heinz Gärtner, *China and Eurasia: Rethinking Cooperation and Contradictions in the Era of Changing World Order*, Abingdon (UK) and New York (USA): Routledge, 2022.

Edited by Mher Sahakyan, *China and Eurasian Powers in a Multipolar World Order 2.0*, Abingdon (UK) and New York (USA): Routledge, 2023.

Mher Sahakyan, *China's One Belt, On Road Initiative and Armenia*, Yerevan, 2018.

Sassoon Grigorian, *Smart Nation: A Blueprint for Modern Armenia*, London: Gomidas Institute, 2016.

Stiina Loytomaki, *Law and the Politics of Memory: Confronting the Past*, Routledge, 2014.

Svante Cornell, *Small Nations and Great Powers: A Study of Ethnopolitical Conflict in the Caucasus*, Routledge, 2005.

Thomas De Waal, "*Black garden*", *Armenia and Azerbaijan through Peace and War*, New York: NYU Press, 2003.

（二）期刊

Angelika Nußberger, "The War between Russia and Georgia – Consequences and Unresolved Questions", *Göttingen Journal of International Law*, Vol. 1, No. 2, 2009.

Craig Dunkerley, "Russia, Georgia and the United States: Dealing with New Realities", *Israel Journal of Foreign Affairs*, Vol. 3, No. 2, 2008.

David Rinnert, "The Politics of Civil Service and Administrative Reforms in Development-Explaining Within-Country Variation of Reform Outcomes in Georgia after the Rose Revolution", *Public Administration and Development*, Vol. 35, No. 1, 2015.

Faruk Gursoy, "Changing of the Investment Climate of Georgia after the War", *Procedia-Social and Behavioral Sciences*, Vol. 62, 2012.

Hans Oversloot, "Georgia, A Political History Since Independence", *East European Politics*, Vol. 9, No. 4, 2013.

Julie A. George, "The Dangers of Reform: State Building and National Minorities in Georgia", *Central Asian Survey*, Vol. 28, No. 2, 2009.

Julien Zarifian, "The Armenian-American Lobby and Its Impact on U. S. Foreign Policy", *Society*, Vol. 51, No. 5, 2014.

Oksan Bayulgen, Ekim Arbatli, "Cold War Redux in US – Russia Relations? The Effects of US Media Framing and Public Opinion of the 2008 Russia – Georgia War", *Communist and Post-Communist Studies*, Vol. 46, No. 4, 2013.

Robert Bruce Ware, "The Politics of Ethnic Separatism in Russia and Georgia", *Central Asian Survey*, Vol. 30, No. 2, 2011.

Robert L. Larsson, "The Enemy Within: Russia's Military Withdrawal from Georgia", *The Journal of Slavic Military Studies*, Vol. 17, No. 3, 2004.

Roy Allison, "The Russian Case for Military Intervention in Georgia: International Law, Norms and Political Calculation", *European Security*, Vol. 18, No. 2, 2009.

Salome Gogiashvili, "Current Issues of the Formation of the Investment Environment and Potential in Georgia", *Creative and Knowledge Society*, Vol. 6, No. 1, 2016.

Tamar Charkviani, "The Police System Reform in Georgia (Informal Power its Forms, Types and Spheres of Influence)", *International Journal of Area Studies*, Vol. 9, No. 2, 2014.

Timothy K. Blauvelt, "Ideology Meets Practice in the Struggle for the Transcaucasus: Stepan Shaumyan and the Evolution of Bolshevik Nationality Policy", *Caucasus Survey*, Vol. 8, No. 1, 2020.

Vakhtang Charaia and Vladimer Papava, "Belt and Road Initiative: Implications for Georgia and China-Georgia Economic Relations", *China International Studies*, Vol. 6, 2016.

Vladimer Papava, "The Political Economy of Georgia's Rose Revolution", *Orbis*, Vol. 50, No. 4, 2006.

(三) 报告

"China in the Caucasus: For Armenia, Azerbaijan, and Georgia, China is An Important Investor and Possible Regional Stabilizer", ANI Armenian Research Center, February 2016.

Benyamin Poghosyan, "Armenia-China: Strategic Partnership for Mutual Benefits", Armenia, October 2019.

Mher Sahakyan, "Prospects of Developments of Sino-Armenian Political and Military Cooperation", "China-Eurasia" Council for Political and Strategic Research, Armenia, December 2019.

Mher Sahakyan, "The New Great Power Competition in Central Asia: Opportunities and Challenges for the Gulf", Anwar Gargash Diplomatic Academy, United Arab Emirates, May 2021.

Raffi Elliott, "Is Armenia Playing a Dangerous Game with China?", *Armenia Weekly*, January 2019.

Roie Yellinek, "Opinion-The Impact of China's Belt and Road Initiative on Central Asia and the South Caucasus", *E-International Relations*, February 2020.

Simon Saradzhyan, "Armenia and China-Case for a Special Partnership", Belfer Center for Science and International Affairs, 2012.

Sofia Bergmann, "Armenia in the Belt and Road Initiative", *EVN Report*, December 2019.

Tigran Sirekanyan, *It's Time for Armenia to become Part of New Silk Road-Armenian President Meets with Chinese Delegation*, Armen Press, April 2019.